AUFGANG 12 • 2015

AUFGANG
Jahrbuch für Denken, Dichten, Kunst

Band 12
Musik und Spiritualität
Herausgegeben von
José Sánchez de Murillo

Mit Beiträgen von:

Heinrich Beck, Yvonne Bockmaier, Gisela Dischner, Genja Gerber, Rüdiger Haas, Peter Michael Hamel, Stephan Heuberger, Saale Kareda, Jochen Kirchhoff, Natascha Nikeprelevic, Thomas Ogger, Heinrich Poos, José Sánchez de Murillo und Wolfgang-Andreas Schultz

AUFGANG

Jahrbuch für Denken, Dichten, Kunst

Herausgeber:
Prof. Dr. Dr. José Sánchez de Murillo
Schriftleitung:
Dr. phil. Rüdiger Haas
Bgm.-Bohl-Str.68 H
86157 Augsburg
Tel.0821-5895325
E-mail: RHaas@kabelmail.de

Redaktion:
Renate Bürckmann, Dagmar Lick-Haas,
Renate M. Romor, Elke C. Tilk
www: edith-stein-institut-muenchen.de

AUFGANG erscheint einmal jährlich, in der Regel im Frühsommer. Der Jahrgang 2015 kostet als Paperback € 20,00, zuzüglich Versandkosten, als eBook € 5,90. In den Bezugspreisen sind 7% MWSt. enthalten.
Verlag: Aufgang Verlag ◆ Bgm. Bohl-Str. 68H ◆ 86157 Augsburg
e-mail: aufgang@rinser.de
Bestellungen über tredition. de oder über e-mail.
Sonderdrucke bitte über aufgang@rinser.de bestellen. Preis € 0,80/Stück + Porto
Umschlaggestaltung: express-grafic.com Gil Ziner Caleta de Vélez (MA)

 Gedruckt auf umweltfreundlichem Papier.

ISBN:
978-3-945732-03-8 (Paperback) 978-3-945732-05-2 (eBook)

INHALTSVERZEICHNIS

II. Dem Dichter das Wort

III. Zeitgeschehen

Vorbemerkung: Aufgang Verlag gegründet

Mit leicht verändertem Untertitel: *Jahrbuch für Denken, Dichten, Kunst* (bisher: *Denken, Dichten, Musik*) erscheint nun Band 12 (2015) von AUFGANG im 2014 gegründeten gleichnamigen Verlag mit Sitz in Augsburg. Inhaber und Verleger ist Christoph Rinser.

Aufgewachsen mitten im literarischen Betrieb der Nachkriegszeit verfügt Rinser über fundierte Kenntnisse des deutschen Verlagswesens seit Mitte des vergangenen Jahrhunderts. Seine langjährigen Auslandsaufenthalte in verschiedenen europäischen Ländern (Deutschland, Italien, Spanien) haben zudem seinen Blick für internationale Geschäftszusammenhänge geschult. Als Förderer und Mitherausgeber des Jahrbuchs AUFGANG (bisher 12 Bände) hat er an der regen wissenschaftlichen Tätigkeit in den Disziplinen Dichtung und Literatur, Naturwissenschaft, Philosophie und Theologie mitgewirkt, die das Jahrbuch seit 2004 entfaltet.

Die Schwerpunkte des neuen Verlags sind deutsche und romanische (französische, italienische, spanische) *Sprache, Literatur* und *Dichtung, Natur* (besonders Aspekte ökologischer Problematik); *Gesellschaftskritik;* die Zusammenarbeit von klassischer und alternativer *Medizin;* aktuelle Themen der *Weltreligionen.*

Die verschiedenen Aspekte des Verlagskonzeptes werden durch einen bestimmenden Faden zusammengebunden: die Ernsthaftigkeit der denkerischen Einstellung. Im Hintergrund wirkt also ein zutiefst philosophisches Anliegen: das Bedürfnis des Menschen, die problematische Befindlichkeit von Natur, Gesellschaft und Politik zu ergründen. Das Interesse des Verlages ist folglich auf die Veröffentlichung von Arbeiten ausgerichtet, die diese Zusammenhänge in einer leserfreundlichen Sprache zu erörtern vermögen.

In diesem Sinne startet der Aufgang Verlag nun mit folgenden Arbeiten:

Literatur

UTE ZYDEK, *Hat wohl jemand eine Harfe in den Baum gehängt* (Gedichte und kleine Prosa); erschienen, 424 S. ISBN 978-3-945732-014; Paperback € 18,90.

LUISE RINSER / HERMANN HESSE, *Auf die Zukunft gespannt.* (Arbeitstitel) Briefwechsel (Herbst 2015)

LUISE RINSER, *Kleinere Schriften aus dem Nachlass* (vorauss. Frühjahr 2016)

Monographien

AUFGANG, *Jahrbuch für Denken, Dichten, Kunst.* Band 12: Musik und Spiritualität (Sommer 2015)

CARMELO FAILLA, *Revolutionäre Gedanken fast vergessener Philosophen. Philosophische Essays eines Künstlers.* (Arbeitstitel) Italienisch-Deutsch (Herbst 2015)

JOSÉ SÁNCHEZ DE MURILLO, *Die Kraft der Sehnsucht.* (Herbst 2015)

Reihe: Gesellschaftskritik

Es werden wichtige, aber kaum beachtete Aspekte, Fakten und Ereignisse des geistigen Lebens (vor allem im deutschen Sprachraum) untersucht, z.B. berufliche Tragödien im Universitätsbetrieb, Willkür der Medien und ähnliches.

Darüber hinaus sollen Probleme ans Licht gebracht werden, die die unmittelbaren Bedürfnisse des Menschen betreffen, wie der kommerzielle Umgang mit Wasser und Strom in europäischen Industrieländern.

Der Herausgeber

Vorwort
Zur Tagung „Musik und Spiritualität" in St. Ottilien

Im vorliegenden Band werden die Beiträge der Tagung zum Thema *Musik und Spiritualität* veröffentlicht, die in der Benediktinerabtei St. Ottilien (Bayern) vom 20. bis 22. Juni 2014 stattfand. Einige Informationen zu Konzept und Verlauf der Veranstaltung seien vorausgeschickt:

1. Konzept

Über kulturelle und religiöse Unterschiede hinaus können sich Menschen wohl am natürlichsten in der Musik begegnen. Musik vermag den Menschen schon vor der Geburt zu berühren und im Laufe seines Lebens immer wieder zu sich zu bringen. Was könnte der Grund dafür sein?

Als allgemeine Erfahrung kann gelten: Im Medium des Klanges gehen neue Dimensionen auf. Selbst wenn es sich um alltägliche Situationen handelt, werden sie musikalisch so verwandelt, dass sie den Hörer über das hinausführen, was theoretisch begriffen und in der Sprache ausgesagt werden kann.

Musik

Das Tiefenphänomen der Musik könnte so bezeichnet werden: *Das Unaussprechliche wird Wirklichkeit, Unzeitliches wird in der Zeit erfahren.* Der Kern der Dinge, die Grunderfahrung von Epochen, Urgefühle des Menschen, die nicht in Begriffe zu fassen sind, werden durch die Musik präsent.

Das Paradoxon: Die individuelle Situation wird transzendiert – der Mensch aber jeweils individuell in seiner Mitte getroffen. Stimmungen werden hervorgerufen, entfaltet, überwältigend zur Gestalt gebracht. Die Seele wird angesprochen, der Leib geht mit. Doch auch die Helle und Schärfe der Erkenntnisorgane werden durch die Musik potenziert. Das Ganze lebt in jedem Teil, wenn es Ton wird.

Im Hören von Musik kann der Mensch zum Erlebnis einer Freiheit gelangen, die ihn ekstatisch verwandelt. Da durch sie der Mensch in der vorbegrifflichen, vorsprachlichen Dimension angetroffen wird, können sowohl behinderte Menschen als auch Kinder und Ungeborene musikalisch erreicht werden.

Musik und Spiritualität

Das menschliche Wesen ist mehrdimensional paradox – dunkel und hell, leidenschaftlich und ruhig, niederträchtig und erhaben. So kann Musik sowohl betroffen machen, anfeuern, umwerfen, als auch besänftigen, anrühren, beglücken. Es gibt einerseits Verzweiflungsmusik, Revolutionsmusik, Kriegsmusik, – andrerseits religiöse, romantische, therapeutische Musik.

Unter Spiritualität wird die Beschäftigung mit der Innenseite des Menschen, mit seinem Drang zur Transzendenz, mit dem Reifungsprozess seines Geistes verstanden. Nennt Seele die Stimmungs- und Gefühlswelt des Menschen, so nennt Spiritualität jene Denkrichtung, welche sich mit der seelischen und geistigen Entwicklung befasst.

Musik und Spiritualität treffen sich in der Mitte. Von dieser aus kann eine menschlich fördernde, beruhigende, heilende Wirkung erzielt werden.

Wie kommt dieser transzendierende Grundzug der Musik zustande? Welche Bedeutung kann er haben für das Verständnis des Menschen, für dessen Erziehung und Gesundheit, für seine Hoffnungen und Sehnsüchte, für seine Schöpfungskraft?

2. Tagungsverlauf

Das Thema ergab sich aus Diskussionen bei der Tagung „Der siebte Schöpfungstag" in Ávila 2010. Es wurde die Frage gestellt, wie sich Musik und Spiritualität verhalten.

Um dies zu erfahren, plante das Edith Stein Institut e.V. München in Zusammenarbeit mit der Luise Rinser-Stiftung eine einschlägige Tagung in der Benediktinerabtei St. Ottilien. Verantwortlich zeichneten Prof. Dr. Dr. José Sánchez de Murillo und Renate Bürckmann. Im Januar 2013 begannen die Vorbereitungen. Zur Sache haben sich dann vom 20. bis 22. Juni 2014 hervorragende Interpreten geäußert. Die Beiträge reichten vom *Weg der abendländischen Musik* über den *Klangraum der Seele*, die *energetischen Felder in der Musik und ihre Wirkkraft* bis hin zur *Musik als Träger spiritueller Erfahrung* und wurden mit musikalischen Beispielen erläutert. Das Kloster St. Ottilien bot für diese Tagung den idealen Rahmen.

St. Ottilien wurde 1884 vom Beuroner Benediktinerpater Amrhein im oberpfälzischen Reichenbach als Gemeinschaft gegründet, die nach mittelalterlichem Vorbild das traditionelle benediktinische Leben mit der Missionstätigkeit verbinden wollte. Die Gemeinschaft wurde 1887 nach Emming in Oberbayern verlegt. Der alte Weiler besaß eine kleine Kapelle, die der Hl. Ottilia geweiht ist, somit stand der Name des Klosters sofort fest: St. Ottilien. Bis heute ist St. Ottiliens größte Aufgabe die Unterstützung junger Kirchen im Aufbau und die Mithilfe bei der Einpflanzung benediktinischen Klosterlebens in überseeischen Ländern.

1941 hob die Geheime Staatspolizei das Kloster auf; die vertriebenen Mönche konnten erst nach Kriegsende 1945 zurückkehren. Bis 1948 diente ein Teil des Klosters als Hospital für befreite KZ-Häftlinge; ein jüdischer Friedhof ist noch heute vorhanden. Viele berühmte Äbte wie Heinrich Suso Brechter, Viktor-Josef Dammerts, Notker Wolf und Jeremias Schröder haben mitgewirkt, dass heute St. Ottilien ein Klosterdorf geworden ist, mit Gymnasium, Exerzitien- und Gästehäusern, einem Verlag, zahlreichen Werkstätten, einer großen Landwirtschaft und Gartenbau.

Die Herz-Jesu-Kirche, die sich an mittelalterliche Zisterziensermodelle anlehnt, wurde 1897−99 erbaut. Ihr massiver Turm (75m) dominiert das ganze Klostergebäude und ist von weit her sichtbar. Im Untergeschoss der Sakristei ist heute das Missionsmuseum untergebracht.[1]

In dieser wunderbaren Atmosphäre wurden die Tage vom 20. bis 22. Juni 2014 für die Teilnehmer zu einem ganz besonderen Erlebnis. Das Exerzitienhaus mit seinen gemütlichen Räumen, die gute leibliche Versorgung und der harmonische Geist des Hauses sorgten dafür, dass alle Teilnehmer sich rundum wohl fühlten. So entstand eine Gemeinschaft, die nicht nur von den Vorträgen und dem genialen Orgel-, Klavier- und Santurspiel begeistert war, sondern sich auch menschlich verstand. Zitat aus dem Schreiben einer Teilnehmerin: „Es war wirklich die schönste Tagung, an der ich je teilgenommen habe".

Die Redaktion

---

[1] Aus Geschichte von St. Ottilien: https://www.erzabtei.de/index.php?q=geschichte

Eröffnung

José Sánchez de Murillo
Über Spiritualität – tiefenphänomenologisch

Motto
Vom Geist weiß derjenige,
der seine Abgründe kennt

Absicht

Beim Menschen ist das Biologische grundlegend, das Wirtschaftliche lebenswichtig; durch Überbetonung jedoch verzerrt sich deren Sinn. Der Bezug zum Ab-soluten ist wesenskonstituierend; doch personifiziert vorgestellt wird das Transzendente dinghaft zu Menschenwerk. Bekanntlich wirken diese Verzerrungen seit eh und je in der Menschheitsgeschichte. Und ebenso lang wirkt das entgegengesetzte Bestreben, die geistigen Dimensionen zu entfalten.

Doch auch hier lauert die Gefahr der Einseitigkeit. Auf den Geist hin fixiert schaut der Blick wiederum am Menschen vorbei. Gleichwohl zeigt das zunehmende Interesse für diese Dimension mitten im technischen Zeitalter die Aktualität des Problems an.

Oberflächlich aufgefasst wird das geistige Verlangen kommerzialisiert, somit im Keim erstickt. Diese Verdrehung gehört zur Tragik der epochalen Sehnsucht. Schon das Wort Spiritualität, unter dem sich die Unruhe (vielleicht philologisch etwas unglücklich) verbirgt, deutet auf Orientierungslosigkeit.

Spiritualität ist ein bescheidenes Wort für ein großes Thema, ein harmloser Ausdruck für ein tiefes Anliegen. Darauf versucht die vorliegende Abhandlung hinzuweisen.[1]

---

[1] Die Entfaltung des hier skizzierten Grundgedankens wird demnächst in einer Abhandlung zum Thema *Sehnsucht* mitgeteilt. Zu den historischen, methodischen und wissenschaftlichen Voraussetzungen vgl. Verf., *Der Geist der deutschen Romantik. Der Übergang vom logischen zum dichterischen Denken und der Hervorgang der Tiefen-phänomenologie.* München 1986; *Durchbruch der Tiefenphänomenologie. Die neue Vorsokratik.* Stuttgart 2002.

Inhalt:

6. Ja und Nein
7. Rückfall
8. Zentrierung
9. Die Gespräche und das Gespräch
10. Essen, Lieben, Schlafen
11. Das Schweigen und die Stille

Vorbemerkung

Das Streben nach einer über die materiellen Bedürfnisse hinaus zielenden Lebensgestaltung ist vermutlich so alt wie der Mensch. Als reflektiertes Anliegen kann es auf eine lange Tradition zurückblicken. Abendländische wie morgenländische Kultur sind davon geprägt. Doch gegenwärtig schwimmt das Wort in einer uferlosen Vielfalt von Auffassungen, die den Ernst des ursprünglichen Phänomens verdecken. So stellt sich die Frage: Was kann mit „Spiritualität" von der Sache her gemeint sein? Oder besser: Wie könnte man heute das Phänomen interpretieren? Es folgt ein Vorschlag.

I. Problemstellung

1. *Das Wort* Spiritualität geht auf das lateinische spiritus (Atem, Hauch) zurück. Davon leiten sich romanische Ausdrücke wie espíritu, esprit, spirito (kulturell, religiös, theologisch) ab. Das deutsche Wort Geist hat aufgrund der eigenen philosophischen Tradition ein anderes, bisweilen (wie bei Hegel) weltgeschichtliches, wissenschaftliches Gewicht, etwa: Eigenart einer Bewegung, einer Sache.

2. *Der Begriff*: Durch die Vielfalt hindurch lässt sich ein gemeinsamer Nenner herausstellen: Spiritualität deutet auf eine von einem bestimmten Glauben getragene eigenartige Lebensgestaltung. So sich diese auf eine religiöse Tradition beruft, wird etwa von buddhistischer, hinduistischer, jüdischer, christlicher, islamischer usw. Spiritualität gesprochen. Je nach Glaubensrichtung ändert sich zwar die praktische Form der Ausübung, die verschiedenen Auffassungen werden jedoch durch eine existenzielle Grundhaltung miteinander verbunden, die durch Abhebung von Alltäglichkeit und Materialismus gewonnen wird.

3. *Das Phänomen*: Die Grundeinstellung ist an sich unabhängig von konkreten Glaubensvorstellungen. So gibt es akonfessionelle, areligiöse, atheistische Formen von Spiritualität. Während der Begriff also erst durch den jeweiligen Bereich bestimmt wird (z.B. spirituelle Quantenphysik), wird unter Phänomen die Eigendynamik der gemeinten Grunddimension verstanden. Das Phänomen ist folglich theoretisch neutral, geht sowohl der begrifflichen Festlegung als auch den konkreten Prägungen voraus. Es meint: Vorrang des Geistigen im Hinblick auf das Weltverständnis und beim persönlichen Lebensvollzug.

4. *Das Tiefenphänomen*: Der Lebensprozess weist auf eine Höhe und auf eine Tiefe hin. Im vorliegenden Zusammenhang bezeichnet „Höhe" das Insgesamt von Wünschen und Sehnsüchten des Menschen, sein Verlangen nach Transzendenz, seine Verbindung mit dem kosmischen Geschehen. „Tiefe" nennt seine Verankerung in der Natur und Gattungsgeschichte, seine Triebe und Leidenschaften. Eine tiefenphänomenologische Untersuchung hat die dynamische Verbindung beider Pole herzustellen und deren Wirkung im konkreten Lebensgeschehen zu erhellen.

II. Die Wesensfrage: Was ist Geist – was ist Leib?

1. Über die Einseitigkeit von Definitionen

Aussagen engen die Phänomene ein, geben ihre Lebendigkeit nicht wieder. Trotzdem stellen Definitionen eine Stütze dar, um in einen Gedankengang einzusteigen: Was verstehen wir also unter Geist, was unter Leib beim Versuch, das Phänomen Spiritualität darzulegen?

Die meisten Auffassungen von Geist gehen entweder auf religiöse Traditionen oder auf die Philosophiegeschichte zurück, die, vornehmlich im Abendland, gelegentlich zusammenschmelzen. Bei aller Verwicklung der Problematik scheint sich ein gemeinsamer Nenner herausstellen zu lassen: Geist ist etwas anderes als der Leib, nämlich das, was sich leiblich nicht erklären lässt. Doch worin besteht diese Andersheit? Handelt es sich um ein Prinzip, eine Dimension, einen Aspekt? Ist Leib geronnener Geist – ist Geist Dynamik des Leibes? Was ist die Seele?

Ferner: Haben kognitive Tätigkeiten, seelische Gefühle, künstlerische Hervorbringungen, religiöse Erfahrungen einen biologisch lokalisierbaren Ort, z.B. im Gehirn, wie einige Wissenschaften im digitalen Zeitalter annehmen? Derartige Theorien sind alt. In manchen antiken Traditionen wurde der Sitz des Geistes als Ursprung von höheren Funktionen im Blut, im Hauch, und, konkreter, im Herzen, in der Lunge, im Kopf angesiedelt. Damit arbeiten nach wie vor Zaubermänner, Schamanen aus Gemeinschaften früherer Kulturen – mit unterschiedlichem Erfolg, genauso wie bei akademisch ausgebildeten Neurologen.

Allen gemeinsam scheint die Einsicht zu sein: Der Leib erklärt nicht alle Fähigkeiten des Menschen. Der Leib erklärt nicht einmal den Leib. Doch alle Erfahrungen des Menschen (auch die sogenannten geistigen, mystischen u.ä.) setzen – und sei es als die zu Negierenden – das Leibliche voraus.

Die Frage, was die Leiblichkeit des Leibes ausmache, kann je nach Gesichtspunkt verschieden angegangen werden. Im Hinblick auf die infrage stehende Thematik verstehen wir unter Leiblichkeit die eigenartige Dynamik des fleischlichen Gebäudes, in dem und als das der Mensch lebt. Der Aspekt, dass dieses Gebäude fühlt und seine Empfindungen teilen und mitzuteilen vermag, wird Seele genannt. Dieses seelisch-leibliche Gebilde hat Grundbedürfnisse (etwa essen, trinken, schlafen), die nach entsprechenden Gesetzen ablaufen.

Mühsamer als andere Lebewesen muss der Mensch den Umgang mit der Leiblichkeit und der Befriedigung seiner Bedürfnisse erlernen. Nun gibt es aber Menschen, für welche diese Schulung eine besondere Rolle spielt, weil sie den Drang nach höheren Dimensionen spüren, die – so die These – durch Beherrschung der unteren Naturebenen gewonnen werden. Die Fähigkeit und Kraft, das seelisch-leibliche Gebilde in eine höhere dynamische Dimension zu erheben, nennen wir Geist.

Kurzum: Geist ist nicht identisch mit Leib, kann aber ohne diesen nicht sein. Sie bedingen sich gegenseitig. Die „obere" Dimension beruht auf der „unteren" so, wie diese jene trägt. Stimmen beide Dimensionen miteinander überein, ereignet sich zwischen Geistigkeit des Leibes und Leiblichkeit des Geistes Einklang.

Doch wie schwierig das so einfach formulierte Verhältnis ist, zeigt die jahrtausendealte Geschichte von gesellschaftlichen Kämpfen und individuellen Bemühungen. Die Herrschaft der Niederungen erstickt den Drang nach oben. Die höheren Dimensionen meinen nur durch Unterdrückung der unteren aufgehen zu können. Stets pflegt sich die eine Seite auf Kosten der anderen zu behaupten. In der Regel gilt es als notwendig für ein würdevolles Menschsein, das Untere zu bestrafen. Warum? Vielleicht deshalb, weil die Wesensart des Basalen nicht verstanden und nicht akzeptiert wird? Doch ohne das Fundament vermag das Lebensgebäude nicht zu bestehen.

2. Elementardynamik der menschlichen Natur

Naturgemäß tendiert der Mensch in erster Linie zu sich. Der Selbstdrang ist Grundlage des Daseins und Kern seiner Dynamik. Er ergibt sich daraus, dass jeder eine Mitte ist, auf welche das Ganze zuläuft. Wenn sich also der Mensch vorreflexiv als Zentrum empfindet, so erscheint dadurch die zentripetale Kraft des Ganzen in personifizierter Gestalt.

Da dies für jeden gilt, geht von diesem Wesenszug eine unvermeidliche Energie der Selbstbehauptung aus. Der Mensch kommt also nicht in die Welt und wird dann in Konflikte verwickelt. Sein Erscheinen als Individuum ist, da Infragestellung aller anderen, eo ipso ein Problem.

Dieser schwerwiegende Umstand wird oft durch die umgekehrte Problemstellung gemildert: Dasein sei für den Menschen Mitsein; erst durch die anderen komme er zu sich. Gewiss. Doch die treffliche, aber gutwillige Formulierung verrät sogleich die andere, gefürchtete Seite. Das Ganze wird von jedem Einzelnen als Peripherie empfunden.

Der Lebensverlauf illustriert das tiefenphänomenologische Geschehen.

Anfänglich kennt und will das Kind nur sich. Durch Erziehung soll es lernen, die anderen als solche wahrzunehmen. Auch die anderen Kinder haben Mütter, Heimat, Familie, Bedürfnisse und Rechte. Rücksichtnahme bringt die menschliche Natur nicht mit. Rücksichtnehmen ist eigentlich ein unnatürliches Ziel, um das sich der Mensch durch Erziehung zunächst und dann durch Arbeit an sich zu bemühen hat.

Denn die Forderung, den anderen als solchen (nicht bloß als Projektion unserer selbst) wahrzunehmen, verlangt die Unmöglichkeit eines Sprunges weit über den eigenen Schatten hinaus. Doch ich kann niemals der andere sein noch werden.

Vor diesem Los hat der Mensch die Alternative: a) entweder sich einzubilden, es doch zu können, b) oder die Ohnmacht zu akzeptieren und die eigene Existenz entsprechend zu gestalten.

Die erste Wahl unterstreicht die große Bedeutung der Pädagogik samt Begleitwissenschaften. Da geht es nicht um die Wahrheit des Menschen, sondern darum, ihn zur Lebensbewältigung zu befähigen. Die Grenze kennt jeder erfahrene Pädagoge: Warum ein Mensch so ist und nicht anders, ist trotz genetischer und andersartiger Forschungen nicht zu beantworten. Bei jedem Kind steht der Pädagoge vor einem Rätsel.

Die zweite Wahl besteht darin, das Schicksal als Bestandteil des Daseins anzunehmen. Da ich den anderen niemals vollständig verstehen noch von ihm vollständig verstanden werden kann (ein unvollständiges Verständnis ist keines), sehe ich ein, worauf es beim Menschen ankommt. Es geht um gegenseitige Achtung, um Hilfsbereitschaft bei gleichzeitigem Seinlassen. Da ist der andere genauso eine Insel wie ich.

Der eigentliche Lebensprozess (zum Selbstsein hin) überfordert Pädagogik und Erziehung, deren Aufgabe darin besteht, den Einzelnen an die herrschenden Vorstellungen anzupassen. Dieses Ziel bleibt innerhalb der „Normalität": Der angehende Mensch soll für gemeinschaftliche Prozesse vorbereitet, in die Mechanismen des Berufs- und Gesellschaftslebens eingeübt werden. Das Selbstsein dagegen ereignet sich in anderen Dimensionen. Von der Erziehung in die Allgemeinheit bis zur Selbstbegegnung führt ein Umbruch, wovon im Folgenden die Rede sein soll.

Spiritualität nennt die Dimension, auf welcher die unverhüllte Begegnung mit sich selbst, das Annehmen des Schicksals des Menschseins stattfindet. Dazu gehört das Paradoxon, ein unerreichbares Ziel anzustreben. Sich mit dieser Grundbefindlichkeit auseinanderzusetzen, ist nicht jedermanns Sache. Der Sprung ereignet sich infolge des Umbruchs. Dahin führen weder Natur noch Bildung. Doch beide sind wichtige Komponenten des Prozesses.

Die Natur ist wesenhaft zweideutig. Sie ermöglicht dem Menschen zu sein – und macht es ihm zugleich schwer, zu sich selbst zu kommen. Geist ist das im Menschen, was zu sich kommen will, obwohl die Natur es davon abhält. Doch wenn der Mensch die Spitze des Geistes erklimmt, dann erreicht auch die Natur ihr Ziel. Dies gehört auch zum Paradoxon dieser Bewegung.

Das Gelingen des Anliegens des Geistes wird durch Kenntnis der Eigenart des Bodens begünstigt, auf welchem der Prozess der Selbstwerdung des Menschen stattfindet.

3. Hauptmomente der Naturdynamik

a) Beengung, Durchbruch, Begeisterung: Das Leben entsteht aus der Enge – und geht durch Beengung wieder ein. Das Faktum wird empirisch immer wieder festgestellt; das Phänomen jedoch ist oft unerklärlich: Unbehagen ohne Grund, Luftmangel, Ersticken, das die Handlungsfähigkeit lähmt. Dann treibt ebenso unerwartet ein Drang nach vorne, bis es durchbricht. Bisweilen kausal unableitbar – doch stets lebensrettend. Es ist der Lebenswille – der Wille des Lebens selbst – im Menschen, der immer wieder aus der eigenen Asche hervorgeht.

Der Durchbruch kann sich biologisch als Geburt oder geistig als Neubeginn ereignen. Doch das Phänomen erfasst den ganzen Menschen, der in allen Dimensionen ab ovo zu sein anfängt. Er war gerade am Ende – keine Zukunft, kein Horizont. Nun hat er plötzlich das ganze Leben vor sich.

Dieses Aufleben erfahren wir empirisch als Begeisterung. Es ist die Fähigkeit, berührt und befruchtet und geöffnet zu werden – die urmenschliche Eigenschaft, in den Geist einer Sache einzugehen, sich davon mitreißen zu lassen. Doch zum Phänomen gehört ebenso ursprünglich die kurzfristige Dauer des Aufflammens. Man war am Ende; es ging unerwartet weiter; nun bin ich erneut lebensmüde.

b) Trägheit, Langeweile, Zerfall: Dem Aufgang folgt der Untergang, der Begeisterung die Langeweile, dem Aufblühen der Zerfall. Was sich bewegt, braucht irgendwann eine Pause; was produziert, verbraucht sich auch. Gegen den Drang des Lebens, immer wieder neu aus sich hervorzugehen, wirkt die Tendenz, im gleichen Zustand zu beharren. Dieses Naturphänomen – Trägheit genannt – ist genauso ursprünglich wie der Selbsthervorgang. Alles, was entsteht, will meistens fortbestehen, gegebenenfalls wachsen. Alles, was ist, muss vergehen, gegebenenfalls im Wachstum eingehen.

c) Selbsterneuerung: Aufgang und Untergang, Leben und Tod sind Seiten desselben, Momente der einen Bewegung. Sie sind nicht gegen-, sondern zueinander gerichtet. Oberflächig sind sie verschieden und folgen einander. In Wirklichkeit gehören sie zusammen, gehen ineinander, als die Spannung, die den Kern der Dinge ausmacht. Auf den Menschen angewandt: Er hält sich am Leben, indem er dem Tode zu entgehen trachtet. Er besteht, solange er sich zu erneuern vermag.

4. Die Tendenz zu verfallen

Die Selbsterneuerung kann, wie beim Mineral, kaum sichtbar sein. Beim Lebendigen ist sie augenscheinlich. Je beweglicher das Wesen, umso deutlicher erscheint das Phänomen.

Sich verbrauchen, verfaulen sind für das Leben des Ganzen notwendig. Bezüglich der geistigen Dimensionen im Bereich des Menschen dreht sich die Logik um. Altern, sich Verbrauchen von Idealen und Beziehungen,

Gefühlsverflachung, berufliche Müdigkeit, Lebenslangweile, Todessehnsucht stellen eine Herausforderung dar, deren Regeln eigenartig sind.

Beim Leben des Geistes gilt:

Wer nicht wachsen will, wird immer kleiner. Wer sich nicht ständig bessert, wird zunehmend schlechter. Wer nicht aufsteigt, fällt zurück.

Stehen bleiben ist im geistigen Leben nicht fruchtbar. Während aber der Aufstieg mit Arbeit und Mühe verbunden ist, geschieht der Verfall von selbst.

Es handelt sich nicht um einen moralischen, sondern um einen seinsmäßigen Vorgang. Situationen ändern, Beziehungen verbrauchen sich. Es wird eintönig, langweilig. Der Mensch verliert den Antrieb, wird schwächer. Die Lust nimmt ab. Die kreative Stimmung schläft ein.

Nach unten geht es leichter – und jeweils anders in den verschiedenen Bereichen: Extreme Formen des Verfallens können als Pathologie bezeichnet werden, die Lustlosigkeit etwa als Depression. An sich jedoch gehört die Verflachung zum Dasein, und zwar positiv, wenn sie die Wiederaufrichtung ermöglicht.

Die Wiederaufrichtung erfolgt nicht von selbst. Die Abgründe ziehen an, drohen stets, den Geist zu verschlingen.

III. Die Abgründe des Menschen

1. Über die Gier als blinde Urkraft

Der zentripetale Drang erhält in der Menschenwelt eine eigenartige Prägung. Die lebenserhaltende Tendenz zu sich neigt instinktiv zur Übermäßigkeit, durch welche der Einzelne alles auf sich bezieht. Diesen eigentlich unkontrollierbaren Ur-Drang nennen wir tiefenphänomenologische Gier. Deren Bedeutung sei präzisiert:

Unter Gier wird gewöhnlich der Antrieb zur Aufhebung eines belastenden Mangels verstanden. Dabei werden die abgeleiteten Ausdrücke Begehren vorwiegend mit geistigen Empfindungen (Sehnsüchten, Vorstellungen, Wünschen), Begierde jedoch eher mit körperlichen Bedürfnissen (Hunger, Durst, Süchten, Trieben) in Verbindung gebracht. Ferner wird Begierde literarisch als Bezeichnung für sexuelle Lust verwendet, während Begehren (französisch désir) einen ausgezeichneten Gebrauch im Bereich der Psychoanalyse gefunden hat.

Tiefenphänomenologisch dagegen wird Gier als radikaler Grundzug, also Wurzel der Wesensdynamik des Menschen aufgefasst, der in entsprechenden Abwandlungen alle Neigungen und Handlungen des Menschen nicht nur prägt, sondern vorbestimmt. Es ist gleichsam ein ontologischer Hunger, das grundsätzliche Ungesättigtsein also, welches am Umliegenden vorreflexiv zu zehren trachtet. Ihr Kreis dehnt sich immer weiter. Das Ziel der Gier ist unendlich.

2. Erscheinungsformen der Gier

Die Gier entwickelt sich blind geradewegs: a) sie wächst über sich hinaus, b) sie sammelt übermäßig, also mehr, als sie zum Bestehen braucht, c) sie nimmt keine Rücksicht, nicht einmal auf sich selbst, dreht sich also um, wirkt zurück, verschlingt schließlich das Subjekt.

Die Gier pflegt sich vor sich selbst zu verschleiern, indem sie im Zeichen einer angeblichen Großzügigkeit im Dienste des Gemeinwohls auftritt. Dergestalt getarnt beherrscht sie die Welt – vom menschlichen Alltag über die große Politik bis zur Spitze von Kunst, Religion und Wissenschaft.

Die Gier unterscheidet keine Bereiche, überschreitet alle Grenzen, kennt kein Gewissen. Ob Besitz, menschliche Beziehungen, Familie, Vaterland, Welt oder Kosmos – die Gier will nur immer mehr haben, drängt rücksichtslos nach vorne, ohne zu beachten, dass sie dabei sogar die Voraussetzungen ihrer selbst verschlingt.

Die Abgründe des Menschen sind zahlreich. Doch sie werden alle von der hungrigen Mutter Gier geöffnet und offenbaren in ihrer Vielfalt eigentlich einen einzigen Abgrund: Den Drang nach Selbstzerstörung, welcher die Kehrseite der Sehnsucht nach Anerkennung und Liebe darstellt. Vom Unendlichen herkommend fühlt sich der Mensch mit Partialitäten früher oder später unzufrieden. Beide – Ganzheitsliebe und Selbstzerstörung – sind Seiten ein und desselben Elans, deshalb in gleicher Weise absolut. Es sind Ausdrücke der Sehnsucht nach dem Urgrund, nach Verschmelzung mit dem Ganzen, nach dem Tod, mithin als Befreiung von der Beengung der Irdigkeit.

Der Selbstauflösungsdrang wird in einer Anzahl von „Aktionen" tätig. Allen gemeinsam aber ist das Übermäßige, das Zuviel. Entsprechend wirkt die Selbstzerstörung meistens unter dem Deckmantel der Zufriedenheit (des Abgesichert-sein-Wollens) durch zu viel Besitz, zu viel Macht, zu viel Religion, zu viel Wissen, zu viel Kunst, zu viel Essen, zu viel Trinken, zu viel Sex, zu viel Arbeit, zu viel Armut, zu viel Hunger, zu viel Gebet, zu viel Geist. Trunken vom Übermäßigen torkelt der Mensch auf der Flucht vor dem Gleichgewicht der geeigneten Proportionen.

Pädagogik, Religion, Familie und gesellschaftliche Organisationen bezwecken, den Menschen vor der Herrschaft der Gier zu schützen – offensichtlich mit geringem Erfolg. Der Grund für das Scheitern: Geistiges Leben ist kein Ergebnis von Erziehung und Bildung, kein Erzeugnis der Wissenschaft. Kämpfen ist zwar vonnöten. Aber der Kampf muss tiefer ansetzen. Denn die Gier verkleidet sich gekonnt. Salonfähig gemacht, ja institutionalisiert, mit entsprechenden Paragraphen gerichtlich beschützt, nistet sie sich im Individuum ein. Dank des durchtrainierten Einsatzes ihrer Lieblingswaffe – Neid – beherrscht Gier die Welt.[2]

---

[2] Zur Bedeutung des Neides vgl. Verfasser, *Fundamentalethik.* München 1988.

Die Verkleidungen der tiefenphänomenologischen Gier haben abendländische und morgenländische Traditionen im Wesentlichen übereinstimmend offengelegt:

a) Im christlichen Abendland sind sie unter dem Begriff der Hauptlaster bekannt: *Hochmut, Neid, Völlerei, Geiz, Faulheit* oder *Trägheit, Zorn, Wollust.* (Mit den lateinischen Bezeichnungen: superbia, invidia, gula, avaritia, acedia, ira, luxuria.)

b) Im morgenländischen Buddhismus werden drei *Geistesgifte* als Wurzeln des Unheilsamen hervorgehoben: Gier, Hass und Verblendung oder Unwissenheit.

Es ist aber die eine Urkraft, die sich vervielfältigt, ihre Fangarme überallhin ausstreckt und im Rausch alles zu verschlingen droht.

3. Über die Ekstasen nach unten: Genuss der Selbstauflösung

Gier ist einziehend – blinde Lust, grenzenlos zuzugreifen. Obwohl sie voll ist, fehlt ihr immer etwas. Sie kennt nur ein Hauptziel: sich selbst.

Natur ist gierig – breitet sich aus, wuchert wesenhaft. Handelt im Menschen ausschließlich die Natur, entfaltet sich die Gier pur. Ohne Geschichte. Keine Erinnerung. Weder Ursache noch Folgen. Es herrschen nur Lust und Laune des Augenblicks.

Ekstase, die aus der Fassung bringt, nach unten zieht, nur um sich kreist. Vollrausch. Die Konturen verschwinden. Genuss der Selbstauflösung. Unbestimmtheit ist verlockend. Unerkannt, von der Anonymität beschützt, lässt es sich entgehen – rasant auf der Suche nach dem Ungrund, wo noch nichts es selbst zu sein hat.

Die Grenzenlosigkeit ist eine Urneigung im Wesen des Menschen. Bisweilen treibt sie gerade dort unwiderstehlich nach vorne, wo die äußeren Regeln am strengsten sind. Ebenso gibt es eine Kultur des Ungeregelten, die nicht minder kräftig anzieht, wie die Heiligkeit. Oder ist die Selbstauflösung nicht auch eine Form anspruchsvoller Spiritualität? Jedenfalls hat sie oft in der Geschichte – als Pendant zur herrschenden Heuchelei der institutionalisierten Moral – mitten in aufblühenden Zivilisationen treffliche Organisationsformen gefunden. In Ägypten, in Babylon, in Griechenland, in Rom. Da begründeten Gemeinschaften mythologisch sich selbst und bejubelten in orgiastischen Zeremonien die Geburt der Kreativität.

Lobpreis der ekstatischen Selbstauflösung in Elitekreisen der europäischen Neuzeit. Das Etablierte wird eng, Karrieredenken banal – die Bequemlichkeit wirkt abstoßend. Dagegen lehnt sich die Stimmung im Parnass auf: *lieber kurz aber tief als lang und flach.* Der Dichter Charles Baudelaire (1821– 1867) besang in *Les fleurs du mal* („Die Blumen des Bösen") Ortschaften und Höhepunkte des Genies und brachte damit die französische Gesellschaft in Aufruhr. Auch danach wirken immer wieder Bemühungen, gegen die Eintönigkeit der gesetzlich geregelten Sterilität das Lebensfeuer lebendig zu halten. Anonym natürlich. Denn nicht jeder hat den Mut, sich offen zum

Eigentlichen zu bekennen. Über Freiheit zu reden, kommt öfters gut an; nicht jedoch sie zu leben. Das Bestehende war und bleibt gegen Ausbrüche der Spontaneität unbarmherzig. Wer mag schon den Spiegel, der ihm das Elend der eigenen Flachheit zeigt?

Wie die Ekstasen des Geistes führen auch die Ekstasen des Fleisches auf den Urquell zurück. Es gibt Menschen, denen beides ein und dasselbe ist und deshalb sowohl mitten im Ozean als auch auf der Spitze des Berges der Eigenheit gedeihen. Andere dagegen fühlen sich sicher nur in beruhigten Gewässern. Es ist dasselbe Gebirge und derselbe Strom – aber in zwei grundverschiedenen Momenten des Geschehens.

IV. Über die Institutionalisierung des Geistes

Hauptlaster und Geistesgifte begleiten den Menschen dergestalt, dass sie von jeher als Eigenschaften seiner Natur angesehen werden. Doch ebenso altehrwürdig ist die Einsicht, dass die Sehnsucht nach dem Höheren zwar nicht so eindeutig allgemein wirkt, aber ebenso ursprünglich zum Wesen gehört. So haben sich der Kampf gegen die Verfallstendenz und der mühevolle Aufstieg von den Niederungen in höhere Gefilde zu einer elitären Lebensform gestaltet, die für die kulturelle Entwicklung der Menschheit von großer Bedeutung war und bleibt.

1. Mönchtum und Ordensleben

Durch Mönchtum und Ordensgemeinschaften hat das transzendentale Streben geradezu institutionalisierte Gestalt angenommen. Den zahlreichen Institutionen ist die Überzeugung gemeinsam, dass der Mensch in höheren Dimensionen seine wahre Heimat habe; deshalb sei er erst vom Geiste her adäquat aufzufassen; das Ziel seines Daseins bestünde folglich in der geistigen Vollkommenheit. Dass die empirische Geschichte geradezu das Gegenteil zeigt, wird nicht als Beweis gegen die These betrachtet, sondern als Bestätigung dafür, dass der Mensch an sich selbst vorbeilebt.

Dem jahrtausendealten Projekt der Institutionalisierung geistigen Lebens liegt also nicht die historische Faktizität, sondern die Idee einer höheren Bestimmung des Menschseins zugrunde. So sind die Grundsäulen monastischer Daseinsgestaltung zwar nicht ohne Weiteres auf die Gesellschaft bzw. auf das Berufs- und Familienleben zu übertragen. Aber sie haben hierfür zweifelsohne paradigmatische Bedeutung.

2. Aufbruch vom Ich zum Wir

Grundlegend ist der Gedanke, dass nur in der Gemeinschaft die Individualität zu gedeihen vermag. Er ist in der Wesenseigenart verankert.

Die erste Grunderfahrung des Menschen ist (vorreflexiv im Mutterleib) das Wir. Das Ich gestaltet sich danach in einem Selbstbehauptungsprozess, bei dem es sich von Bindungen zu lösen trachtet. Später muss es lernen, sich durch das Du als ich zu erfahren und, in einem weiteren Moment, wieder ins Ganze einzugliedern. So erreicht es in der Rückkehr zum Wir den ursprünglichen Ort seiner Entstehung.

Infolgedessen wird als die vollkommene Lebensform diejenige betrachtet, in welcher die Gemeinschaft Grundinhalt der Individualität und die Individualität im Nachvollzug dieser Identität aufgeht. Das heißt exakt: Auch empirisch konkret soll das Wir zum Inhalt des Ichs werden.

Nach dieser Vorstellung schließen sich Gemeinschaft und Einzelleben nicht aus, sondern ermöglichen sich vielmehr gegenseitig, wobei die Gemeinschaft die Grundlage darstellt. Im Dienste des Ganzen soll die Kreativität des Einzelnen gedeihen. Durch diese hierarchische Form der Zusammenarbeit werden die unfruchtbaren Extreme vermieden: die Starrheit der dogmatischen Institutionalisierung und die Enge der in sich abgekapselten Ichheit.

Doch das Zusammenwirken von Gemeinschaft und Individuum ist keineswegs vorgegeben; es ist die Aufgabe, ein Ideal. Dessen Verwirklichung geschieht aufgrund einer geistigen Dynamik, durch welche die niederen Kräfte gereinigt und nach oben gerichtet werden. Diese Verwandlung gehört zum Wesen der monastischen Idee und kommt daher in der auch rechtlichen Organisation konkret zum Ausdruck.

Der Verzicht auf natürliche Angebote des Fleischlichen und Materiellen sowie der Kampf gegen deren sich lebenslang wiederholende Sollizitation erhalten den Rang einer individuellen und kollektiven Grundentscheidung mit entsprechend feierlichem Beschluss. Phänomen und Vorgang werden durch den Begriff Gelübde erfasst.

Die Erhebung des alltäglichen Geschehens in die geistige Dimension ereignet sich durch das Stundengebet (Horen).

3. Die ideale Funktion von Gelübden und Chorgebet

Die Gelübde (in christlichen Institutionen gelegentlich Evangelische Räte genannt) stellen den Versuch dar, die Hauptbastionen der Gier zu demontieren und in Schach zu halten. Davon sind drei allgemein bekannt, die vierte jedoch genauso radikal:

a) *Gehorsam* („oboedientia"): Bei seiner Aufnahme in den Orden verspricht das Mitglied, gegen seinen eigenen Willen zu handeln, wenn das von ihm verlangt wird. Das setzt die Annahme voraus, der eigene Wille stelle ein Hindernis für die eigentliche Selbstverwirklichung dar. Diese bestehe darin, dass der Einzelne mit dem Orden übereinkomme. Folglich muss die Eigenwilligkeit eliminiert werden.

b) *Keuschheit* („castitas"): Bei seiner Aufnahme in den Orden verspricht das Mitglied, der Wollust zu widerstehen. Das setzt die Annahme voraus, die Bedürfnisse des Fleisches verdunkelten den Verstand und befleckten die

Reinheit des Geistes. Folglich muss die sexuelle Betätigung ausgeschaltet werden.

c) *Armut* („paupertas"): Bei seiner Aufnahme in den Orden verspricht das Mitglied, auf Besitz zu verzichten. Das setzt die Annahme voraus, Besitzenwollen verhindere die innere Freiheit. Folglich darf nichts als persönliches Eigentum betrachtet werden.

d) *Bescheidenheit* (Zurückhaltung) im Umgang mit Ämtern („de non ambiendi voto"). Bei seiner Aufnahme in den Orden verspricht das Mitglied, niemals von sich aus ein Amt anzustreben. Das setzt die Annahme voraus, Macht verderbe den Menschen. Folglich darf der Ordensmann bei Wahlen niemals für sich werben, bei Geheimwahlen niemals für sich selbst stimmen.

e) *Ortsgebundenheit* (stabilitas loci), bindet das Mitglied an ein bestimmtes Kloster – oder umgekehrt: Klösterlicher Lebenswandel (conversatio morum suorum) wird nicht allgemein, sondern nur von bestimmten Gemeinschaften verlangt.

f) *Arbeit und Gebet* (ora et labora): Der Bezug zum Leben wird horizontal (immanent) durch Arbeit im Dienste der Gemeinschaft und durch diese im Dienste der Menschheit, vertikal (transzendent) durch Lobpreisung des Höchsten und Einkehr ins Innere bestimmt. So wird der Tag in gemeinschaftlichen Gebetseinheiten (Horen) eingeteilt, welche die Arbeit umrahmen und ihr eine übernatürliche Prägung verleihen. Dem entspricht die Verinnerlichung des geistigen Gestaltungsprozesses durch persönliche Sammlung (Betrachtung=Meditation, Beschauung=Kontemplation).

Diese Lebensform hat im Laufe der Jahrhunderte gewiss ungewöhnliche Gestalten sowie bemerkenswerte religiöse und kulturelle Werke hervorgebracht. Doch es gibt theoretische und historische Gründe, welche Zweifel aufkommen lassen: Wurde diese Vorstellung im eigentlichen Sinne je verwirklicht? Ist sie überhaupt zu realisieren? Sein oder nur Schein? Wahrheit oder Ästhetik?

4. Scheitern der Idee an der Realität des Menschen

Die irdische Vorwegnahme der jenseitig erhofften Vollkommenheit („anticipatio vitae coelestis") ist erklärtes Ziel. Bedingung dafür: die Beherrschung fleischlicher und eigenwilliger Neigungen.

Sowohl das Ziel als auch die Mittel haben bezüglich ihrer Realisierbarkeit verständliche Skepsis hervorgerufen, da sie die Grenzen des Subjekts übersteigen, die Möglichkeiten seiner Natur sprengen. Doch die Einwände werden von den Befürwortern auf der Grundlage einer bestimmten Philosophie, meistens mittelalterlicher Prägung, abgefangen. Dabei ist die Unterscheidung zwischen Werk (opus) und Subjekt (operans) wesentlich. Denn sie offenbaren zwei zusammenwirkende, aber voneinander unabhängige Ontologien. Die Handlungen des Subjekts („opus operantis") können fehlerhaft, gar illegitim sein; die Sache wirkt trotzdem aufgrund ihrer Eigendynamik („opus operatum"). Das Prinzip wird ausdrücklich in der Sakramentenlehre, bei

Wahlen u.ä. angewandt. Doch es gilt allgemein als Grundlage für die juristische Organisation geistigen Lebens. Die Individuen können wohl versagen; der Orden bleibt dennoch als Garant für die Verkörperung der Idee von den empirischen Unvollkommenheiten unangetastet. Im Kloster bleiben die Menschen genau wie anderswo schwach, gierig und unstet; nichtsdestoweniger lebt darin durch sie die Idee – verkörpert in der Gestalt des Ordens. Die Idee wird durch die Menschen, aber nicht als die Menschen reell. Das ist eine Abwandlung des Grundsatzes „homo peccator, ecclesia tamen sancta".

Gedanke wie Beweisführung sind bekannt. Die Konstruktion bleibt problematisch. Das Subjekt mag zwar faul sein, die Sache bliebe trotzdem echt. Das ist mehr als nur ein Trick – mehr als eine kollektive Einbildung. Warum konnten sich Menschen über die Jahrtausende hinweg vom monastischen Ideal ansprechen lassen? Vielleicht weil die Sehnsucht nach Vollkommenheit so stark ist, dass sie mit dem Wesen des Menschen identifiziert wird?

Doch die Abgründe des Menschen lassen sich nicht weginterpretieren. Die Gier lässt sich mit Versprechungen und Gebeten nicht ausschalten. Dabei geht es nicht um moralische Werte. Es handelt sich um die Frage nach dem Menschen – radikal gestellt. Wenn das Streben nach einem unerreichbaren Ziel zu seinem Wesenskern gehört, was ist dann der Mensch? Wenn sich durch ihn das Sein, ja Gott selbst offenbart, was heißt dann Sein, was bedeutet dann Gott?

Es sei gestattet, den schwerwiegenden Gedanken mit einem literarischen Beispiel zu erläutern.

5. Ein Fall: Josef Knecht und das Glasperlenspiel

Die Problematik des Dranges nach Vollkommenheit und der Unerreichbarkeit des Zieles wird in der Erzählung des Dichters Hermann Hesse Das Glasperlenspiel thematisiert. Da wird von der Gründung des imaginären Staates Kastalien berichtet, in welchem eine Eliteschule Glasperlenspieler ausbildet. Durch strenge Disziplin und Ehelosigkeit werden junge Männer befähigt, sich ausschließlich der Wissenschaft, insbesondere der Mathematik, der Sprachkunst und der Musik zu widmen. Sie bilden eine auf das Wesentliche konzentrierte Gemeinschaftlichkeit mit erlesenen Umgangsformen.

Das Projekt hat eine Ähnlichkeit mit dem monastischen Ideal, was im Vergleich und in der Beziehung mit der ebenso imaginären Benediktinerabtei Mariafels zum Ausdruck kommt. Mit einer entscheidenden Korrektur: Anders als die Abtei bekennt sich Kastalien zu keinem Gott, schließt sich keiner Religion an. Es geht vielmehr um den Entwurf eines Menschentums, das sich auf der Grundlage einer hohen wissenschaftlichen und künstlerischen Bildung zu gestalten versucht. Das Glasperlenspiel stellt die Realisierung einer universalen Wissenschaft zur Erreichung der geistigen

Selbstverwirklichung dar. Angezielt ist, durch alle möglichen Kombinationen von mathematischen Formeln, Tönen, Sätzen usw. das Sein zu erhellen, in die Mitte seines Geheimnisses zu gelangen. Doch als solches ist das Glasperlenspiel eigentlich nichts an sich, sondern die Fähigkeit, Seinskonstruktionen zustande zu bringen. Sein als Spielen. Hervorbringung von verborgenen, transparent werdenden Möglichkeiten (Glas-Perlen), welche der Mensch mitgestaltet. Als Mitgestalter des unendlichen Wir im kosmischen Geschehen erreicht der Mensch den Gipfel seiner Bestimmung.

Doch diese ästhetische Welt, diese anspruchsvolle Realisierung des Wir-Phänomens scheitert. Die Hauptperson der Erzählung, Josef Knecht, der den höchsten Rang eines Glasperlenspielmeisters (Magister ludi), mithin die Spitze der Gemeinschaft erreicht, hält die Spannung eines elitären, rein geistigen Daseins nicht aus und verlässt den Orden. Daraufhin widmet er sich der bescheideneren Aufgabe eines Hauslehrers und verunglückt beim Schwimmen tödlich vor den Augen seines Schülers Titus.

Hermann Hesse lässt die Fragen offen: Nimmt sich Josef Knecht das Leben oder kommt er vielmehr um? Bedeutet dieses Umkommen im Wasser Abbruch des sinnlosen Strebens nach absoluter Vollkommenheit?

Von daher stellt sich dem Leser die weitere Frage: Wird Titus durch den tragischen Tod seines Lehrers lernen, dass der Mensch kein Wesen der Höhe, aber auch kein Kriechtier ist? Weder Adler noch Schlange noch Fisch, hätte der Mensch noch die eigentliche Dimension seines Daseins zu entdecken: die Erde, auf der er als unruhiges fleischliches und ätherisches Wesen zu gehen hat. Der Lehrer kommt im Wasser, dem Urelement, um, wo das Leben beginnt. In Kastalien spielt die Musik eine zentrale Rolle. Die Schlussfolgerung scheint auf der Hand zu liegen: Der Mensch hat die Symphonie seines Daseins von vorne, da capo, neu zu komponieren.

In der utopischen Konstruktion des Glasperlenspiels wird die Handlung im 23. Jahrhundert situiert. Wie hat Hesse dieses Datum aufgefasst? Meinte er etwa, der Mensch könnte bis dahin das Naheliegende einsehen?

Der mathematisch und musikalisch ausgebildete Josef Knecht bekennt sich schließlich zu seiner wahren Natur. Der Mensch ist eigentlich kein Vernunftwesen, sondern das Gegenteil. Er wird von Gefühlen geformt und von Gefühlen getragen und ist nur auf dem Wege der Gefühle zu erreichen. Dies unterdrücken zu wollen, führt zur Verzweiflung, zum Unglück.

In der Eliteschule zu Waldzell wurde Josef Knecht getrimmt, das Eigentliche zu vernachlässigen: das Herz. Doch nur von daher vermöchten Gesellschaftsleben, Künste und Wissenschaften zu gedeihen. Wie aber diese ersehnte Welt aussehen soll, sagt der Dichter nicht. Er zeigt nicht einmal, was das Glasperlenspiel konkret ist. Wie sollte er auch? Eine solche Welt und ein solches Glasperlenspiel hat es noch nie gegeben – nicht einmal in den Mythologien. Haben wir aber nicht vielleicht aufgrund unserer Sehnsucht eine Vor-Ahnung davon?

6. Die Plage der Authentizität:

Die Wellen von Enthüllungen, die unsere Zeit überfluten, entspringen zwar oft dem Bedürfnis nach Selbstdarstellung auf der Suche nach Ruhm und Geld. Darin bekundet sich aber nicht selten Drang nach Echtheit. Alles wird entkleidet. Das ist nicht neu. In früheren Epochen finden sich erschütternde Beispiele von schonungsloser Aufdeckung. Dantes Göttliche Komödie ist als radikale Offenlegung von Scheinhaftem kaum zu übertreffen. Der Unterschied ist allerdings gewichtig. Damals wagten dies wenige – und mussten dafür mit der Freiheit oder gar mit dem Leben bezahlen. Im Medienzeitalter kann sich fast jeder Bürger erlauben, als Richter über alle anderen aufzutreten.

Allerorts wird der Kluft zwischen Worten und Taten erbarmungslos der Prozess gemacht. Die Trennung zwischen Werk und Autor verliert an Gewicht. Dass der Autor schlecht, das Buch dagegen gut sein könnte, gilt natürlich nach wie vor. Ganz im Stile von Kirchen, die, wie angedeutet, vom Grundsatz ausgehen: homo peccator, ecclesia tamen sancta. Doch nun hat sich die Lage geändert, das Interesse verschoben. Man bewundert das Werk, aber man sucht den Menschen. Man bejubelt die Kunst, aber man braucht die Menschlichkeit. Diese Entwicklung und das zunehmende Interesse für Spiritualität hängen möglicherweise zusammen. Der Geist tut not – genauso die Wahrheit, die Aufrichtigkeit. Große Sehnsucht nach Echtheit – nach Menschen, die sich selbst suchen, irren und sich so wollen, wie sie sind. Das Zeitalter entwickelt eine immer tiefer reichende Abneigung gegen Heuchelei.

Es sind Menschen, die gehen und stolpern, fallen, sich wieder aufrichten. Menschen, die arbeiten und lieben, enttäuschen und enttäuscht werden – und zu ihren Stärken und Schwächen, zu sich selbst stehen.

Diesen Menschen, von denen hier die Rede ist, geht es um das einzig Wesentliche (unicum necessarium). So brauchen sie in ihrer strukturierten Lebensgestaltung als Hauptmoment das Schweigen. Immer wieder suchen sie die Stille auf. Denn erst hier findet das große Gespräch mit dem unsichtbarem Du statt, das ohne Worte der Seele das Gute zuflüstert.

V. Der eigentliche Prozess

Wirklich gelebt wird erst beim zweiten Mal.
„Bist du schon einmal gestorben?", wurde jemand gefragt.
„Natürlich, wie könnte ich sonst leben?"
Die Neugeburt geht aus dem Nullpunkt eines Zusammenbruchs hervor.

1. Umbruch, Gotteserfahrung, Neubeginn

Der Mensch wird aus der Angst (angustia=Enge) geboren. Eine Bewegung engt sich derart ein, dass sie in sich selbst zu ersticken droht. Am Nullpunkt sammelt sich die Kraft. Wo nur Untergang möglich zu sein scheint, schlägt es um. Aus Enge wird Weite, Horizonte öffnen sich. Diese Erweiterung der Existenz, Luft der Freiheit, wird oft als Gotteserfahrung bezeichnet. Viele Menschen verzichten – aus welchen Gründen auch immer – auf Eigennamen. Es geht nicht um das Wort, sondern um die Urwirklichkeit, die alles transzendiert und zugleich umfasst. Wie soll Endliches Unendliches erfassen? Doch gerade dieses Paradoxon verbindet die verschiedenen Weisen des Erlebens. Gemeinsam ist ebenso die Entschlossenheit: Es fängt von vorne an.

Der Neubeginn ergibt sich nicht aus einer Willensentscheidung. Entsteht doch dabei erst das Wollen. Tief in den Niederungen versunken, vermag sich der Mensch eine andere Welt kaum vorzustellen. Nun bricht plötzlich frische Lebenslust aus ihm hervor, die sich in der Unruhe selbst verbarg – in der Unzufriedenheit, in der Verzweiflung, in der unerträglichen Langeweile.

Es ereignet sich meistens ungeplant, oft jäh, jedoch gelegentlich gefühlt. Eine vage Vorahnung trägt wie eine unsichtbare Fackel das Licht der Hoffnung. Das Rauschen beängstigte. Es schien das Ende, aber es war die Ankunft des Neubeginns.

In der Rückschau erkennt man die Berührung. Sie hat die schlafende Kraft aufgeweckt. Lebensfreude, die durch die Begegnung mit dem anderen sich selbst wahrnimmt. Manchmal jedoch weckt den Schlafenden nur eine gewaltige Erschütterung.

Bisher war er den allgemeinen Vorstellungen gefolgt. Nun ist das unmerklich übernommene Gedankengebäude wie ein Kartenhaus zusammengebrochen. Ein neuer Weg geht auf – der Eigenweg.

2. Unendlichkeit im Augenblick

Die eigentliche Zeit des Menschen ist nicht die Epoche, in welcher er lebt, aber sie gehört als Bedingung wesenhaft dazu. Wie der Weg zum Eigenweg, so hat die Zeit zur eigenen Zeit zu werden. Kairos. Vorher und Nachher sind Momente dieses Augenblicks.

Der Zeitraum wird vorgegeben. Er muss als Eigenwelt mitgestaltet werden. Der Umbruch bringt Horizonterweiterung mit sich – aber auch eine besondere Empfindlichkeit für wirkliche Konkretion. Die wahre Heimat des geistigen Menschen ist der unfassliche Kosmos. Das Unendliche lebt er im Punkt seiner Endlichkeit. Beruf, Familie, Vaterland. Das Endliche ist nicht der Gegensatz zum Unendlichen – sondern dessen Verwirklichung. Zufall ist für viele ein wichtiger Faktor der Naturgeschichte. Dies mag richtig sein. Der geistige Mensch glaubt trotzdem nicht an Zufälle. Wird der Weg zum Eigenweg, so wird die geheime Entwicklungslinie (die Zu-Fälle) der eigenen Lebensgeschichte zum Auftrag.

Meine Zeit ist jetzt. Die Mitte ist hier. Das Hier und Jetzt stellen das Unendliche als Endlichkeit dar. Ewigkeit als Zeit. Wem die Zeit zur Ewigkeit, der ist befreit von allem Streit. (Jakob Böhme). Die Mitte des Ganzen hat keine endliche Peripherie; sie ist deshalb überall erfahrbar, aber nirgends als solche erfassbar. So ist auch für das Absolute kein Name zutreffend. Das Höchste sprengt den Rahmen jeder Sprache. Der Gottesbegriff ist kulturell bedingt; er stellt ein Hilfsmittel dar, um die jeweilige Erfahrungswelt des Menschen zu organisieren. Aber das Ziel ist, über Hilfsmittel hinauszugehen. Wenn es unsagbar, unsäglich ist, warum gibt es so viele Wissenschaften davon?

Durch die geistige Wende der Neugeburt prägt das absolute Ziel die Grundstimmung der Immanenz. Der Urgrund west an. Anbetende Demut vor dem alles Umgreifenden, Durchstimmenden. Bereitschaft, meine Zeit als die große Zeit mitzugestalten. Was zu tun ist, muss hier und jetzt getan werden – nicht von mir, aber durch mich und mit mir.

3. Ruf und Grundentscheidung

Wird der Mensch vom Schicksal getroffen, fühlt er sich persönlich gemeint. Er war es immer. Doch erst jetzt, in der Stunde der Not, merkt er es. Der Ruf spricht als innere Stimme, die jeweils für das empfindlich macht, was einem zugedacht ist, aber von den Nebensächlichkeiten verborgen geblieben war.

Schicksal ist die Bezeichnung für das direkte Gemeintsein; durch den Zusammenbruch ereignet sich die notwendige Erschütterung für das Erwachen.

Dem entspricht die Entscheidung, der Aufforderung des Lebens zu folgen. Dadurch erhält das individuelle Leben den tragenden Grund.

Die Grundentscheidung ist zwar nicht eine Leistung des Menschen. aber sie ereignet sich nicht ohne ihn. Der Mut wird ihm gegeben, auf dass er den Sprung mitzugestalten vermag. Grund-Entscheidung ist Ja-Sagen zu dem, was einem zugefallen ist – zum Boden, der dem Eigenweg zugrunde gelegt wird.

Die Wende des Umbruchs macht demütig durch Einsicht in den paradoxen Vorgang, dass nichts von mir kommt, aber ohne mich mein Leben nicht gelingen kann. Mein Leben ist ganz meines, trotzdem mehr als ich selbst. So bin ich nicht dessen Eigentümer, sondern verantwortungsbewusster Mitgestalter.

Die Möglichkeiten sind viele, die Auswahl ist groß. Doch die Gewissheit, meine Möglichkeit gefunden, meine Auswahl getroffen zu haben, beflügelt das Geschehen.

4. Dynamik des geistigen Lebens

Die freigesetzte Energie muss durch Selbstdisziplin und organisierte Lebensführung zur Entfaltung kommen. Die Natur geht ihren eigenen Gang – wild, unberechenbar, euphorisch, launisch, depressiv. Die kreative Korrektur lernt der Mensch auf der Stufe des geistigen Prozesses.

Der Rückzug von der Zerstreuung des Alltags in den Eigenraum ist mit Anstrengung verbunden. Nur konkrete Selbstdisziplin erhält die Identität: mindestens zweimal am Tag – früh und abends – stillhalten. Die Gefahr, zu vergessen, wer man ist (zu sein hat), lauert.

Ausgang und Rückkehr sind Hauptmomente des Prozesses – Wachsamkeit und Selbstpräsenz unentbehrliche Grundsäulen. Der Ausgang wirkt fruchtbar, wenn sich das Dasein durch die Einkehr erneuert hat.

Der Grund liegt nicht ein für allemal fest, Lebendigkeit ebenso wenig. Sie ereignen sich im Laufe des Geschehens. Die große Geschichte geht aus den vielen Geschichten hervor. Meine persönliche Geschichte ist auch Weltgeschichte. Die individuelle und die allgemeine Geschichte stehen in einem Spannungsverhältnis. Wie das Sein durch die Seienden – so wird die kosmische Unendlichkeit durch die Geschöpfe wirklich.

Ich und die Welt gehören zusammen – Wir und das Sein entstehen zugleich. In der täglichen Rückkehr vom kräftezehrenden Alltag betrachtet der geistige Mensch die ihn angehende Seite dieser dynamischen Zusammenkunft.

Die Entwicklung von der Meditation zur Kontemplation ist ein Fortschritt weg von sich zum Ganzen hin. Dazu gehören Schulung, Übung, Ausdauer. Man muss lernen, mit sich selbst umzugehen. Kein Festklammern an sich selbst, aber auch keine gewalttätige Trennung von sich. Meine Vergangenheit gehört nicht nur zu mir, ich bin meine Vergangenheit. Sie ist, was ich gewesen bin: mein Wesen, geronnenes Leben, fest aber zerbrechlich.

Zartheit ist ein Wesenszug des geistigen Menschen, Grundlage für Stärke und Kraft. Achtung vor sich selbst, um mit den anderen rücksichtsvoll umgehen zu können.

Alles bleibt so, wie es geschah: vorläufig.

Vorläufigkeit: Erneuerungsquelle für die Dynamik des Unterwegs.

5. Aufstieg

In sich ruhen bedeutet nicht stehen bleiben. Es muss weiter gehen, und zwar entschieden nach oben. Entschiedenheit und Gelassenheit gehören zusammen.

Der geistige Mensch lebt auf das Wesentliche gespannt. Er steigert sich, indem er faktisch aufsteigt. Stufe um Stufe – dem Neuen entgegen. Erfahrungen können nicht vorbestimmt werden. Geistiges Leben ist das Geschehen der Unbestimmtheit.

Jede Stufe wird genauso frei verlassen, wie sie erstiegen wurde. Die innere Freiheit beflügelt. Sie erlaubt, sich konkreten Aufgaben widmen zu können. Das Ich ist dabei ein Hindernis nur, wenn es an sich festhält.

Eine Grundeinheit der Konkretion ist der Tag. Die Beflügelung des Alltags ist ein Beweis für die Echtheit geistigen Lebens. Theorien überfluten die Welt. Es mangelt an Wirklichkeit.

Die monastischen Gelübde fungieren als Vorbild. Sie sind zwar empirisch streng genommen kaum realisierbar, aber sie deuten auf Sinn und geben Anweisungen. Sie sind für den Geist wie der Stern für den Seemann: unerreichbar, aber notwendig für die Orientierung. Korrektur der Echtheit: Es geht nicht darum, den Menschen zu halbieren, sondern darum, die Kräfte (Eigenwille, Eros. Machtdrang) umzuwandeln, sie zum Guten zu wenden:

Ein starker Wille ist notwendig, um im Leben zu bestehen. Dieses wird fruchtbar nicht durch Überbetonung des Eigenen, sondern durch Einfügung in die Ganzheit. Diener und Herr zugleich. Souverän dienen, demütig leiten. Durch Arbeit an sich Herr seiner Instinkte, Lenker seiner Bedürfnisse zu werden. Souverän auch in den basalen Dimensionen.

Materielle Armut ist eine zu beseitigende Negativität; Wissen bereichert, öffnet Horizonte. Doch innerer Abstand zum Besitz sowie Annahme der Grenzen endlichen Wissens befreien. Nur das anstreben, was man zum Leben braucht. Der geistige Mensch entwickelt ein Gefühl für Maß und Grenze.

6. Ja und Nein

Nein sagen lernen ist für den Fortgang des eigentlichen Prozesses fundamental. Auf der Grundlage dieser Entschiedenheit wird die Bejahung fruchtbar. Ich verneine das, was mich von meinem Weg ablenkt. Ich trage zur Verbesserung des Ganzen bei, indem ich allen Versuchungen zum Trotz meiner Berufung (meiner Grundentscheidung) folge.

Die Welt verändern zu wollen, ist illusorisch – oft eine getarnte Form der Flucht vor sich selbst. Realistisch ist dagegen, der Aufgabe zu entsprechen, die uns zugefallen ist. Verantwortung ist konkret. Uns ist es zugefallen, bedeutet demnach zugleich: Mir ist es zugefallen, mit euch hier zu sein. Wir müssen zusammenhalten – doch jeder von sich aus, auf seinem Platz. Wenn jeder lebt, pulsiert das Ganze. Die Gesundheit des Ganzen ergibt sich nicht als Summe des Wohlbefindens der Glieder. Ohne gesunde Mitglieder gibt es jedoch keine ganzheitliche Gesundheit.

Ungerechtigkeiten und Unfrieden beherrschen die Welt. Dies kann mich nicht unberührt lassen. Doch dagegen zu kämpfen, bedeutet nicht, auf den eigenen Prozess zu verzichten. Mein Beitrag zum Frieden kann darin bestehen, mich nicht an unmittelbaren Kämpfen zu beteiligen. Ich möchte zur Veränderung der Weltlage dadurch beitragen, dass ich mit mir und mit meiner Umwelt in Frieden lebe.

Mit dem Ganzen und mit jedem verbindet mich das Ja zu mir. Im Grunde sind wir alle gleich. Zu diesem Grund sage ich Ja.

Die Andersartigkeit der anderen kann bisweilen schwer erträglich sein. Doch auch wir sind jeweils anders und unerträglich für die anderen. So sollen wir über die Toleranz hinaus die Stufe der Bejahung anzielen.

7. Rückfall

Beim Gehen kann man stolpern. Wer aufsteigt, kann abstürzen. Zum Prozess gehören wesenhaft das Herumirren, der Rückfall. Auch für die höheren Stufen bedeuten die basalen Tendenzen Grund und Boden – stets von der Gier gesteuert. Sie zum Guten zu wenden ist das Ziel. Doch auch die Verwandlung benutzt die Gier als Hülle, unter der sie sich verbirgt.

Wenn geistige Menschen in die Niederungen fallen, offenbaren sich umso eklatanter materielle Borniertheit und Tyrannei der Gelüste. Der Geist liegt dann am Boden, besiegt, und die Unterwelt feiert ihre große Stunde. Alsdann gilt aber doch: Felix culpa. Durch den Rückfall wird der Prozess an das Fundamentale zurückerinnert. Auch auf dem Gipfel des geistigen Prozesses bleibt der Mensch ein fleischliches, übermäßig selbstbezogenes Wesen, dessen Triebe und Instinkte immer wieder die Oberhand zu gewinnen trachten.

8. Zentrierung

Die Mitte steht nicht von Anfang an für immer fest. Sie muss konkret gefunden, gestaltet, immer wieder erneuert werden. Durch Rückfall und Wiederaufrichtung verankert sich der Mensch. Im Prozess der Selbststeigerung wird die Gewissheit heller. Er hätte mehrere Wege gehen können, aber er hat sich für diesen entschieden.

Der ausgewählte Weg ist zum geschenkten Ziel geworden. Immer wieder finden, was man hat – erfinden, was man will. So gleichen sich Bewegung und Wesensart aus. Ausgeglichenheit bedeutet keineswegs steifes Geradeaus. Die Balance ist durch flexible Korrektur zu halten.

Beim Aufstieg geht es nicht immer augenscheinlich nach oben. Zick-zack. Schaukeln ist eine Bewegungsform des Unterwegs – und eine heilsame Beschäftigung des Geistes. Es ist nicht immer eindeutig, wie es nun in Wirklichkeit läuft. Danach erscheint alles deutlicher, worum es eigentlich ging. Doch wie oft ändert sich das Danach?

Durch Empfindsamkeit kann man vielleicht erkennen, wenn es wirklich nach oben geht, obwohl es nach unten bzw. zurück zu gehen scheint. Möglicherweise meldet sich die quälende Frage: Ist dieses Risiko einzugehen?

Das Gefühl ist meistens schneller und treffsicherer als das Denken. Man muss erahnen, ob ein Risiko einzugehen ist. Begründungen kommen in der Regel hinterher, oft zu spät. Verstand und Vernunft haben das Nachsehen. Das Gefühl ahnt, blickt voraus.

9. Die Gespräche und das Gespräch

Kommunizieren ist ein Bedürfnis, versteht ein Anliegen.

Das Anliegen ist problematisch. Um den anderen verstehen zu können, müsste ich der andere sein. Wie könnte ich aber der andere sein, wenn ich nicht einmal ich selbst zu sein vermag? Wie könnten Menschen einander verstehen, die sich selbst nicht zu verstehen vermögen?

Selbst wenn unerreichbar, muss Verstehen ein Ziel für den Menschen bleiben. Denn wir stellen jeweils füreinander eine Grenze dar. Der Begriff Grenze bedeutet aber Trennung *und* Verbindung. Die Grenzen, die uns trennen, verbinden und beschützen uns zugleich.

Wir sind vielfältig, mehrdimensional. Es gibt mich vielmals – dich ebenso oft. Es gibt gleichsam viele Auflagen unserer selbst. Die Welt des Kindes, des jungen Menschen kann ich heute nicht mehr nachvollziehen. Wie könnte ich dann den anderen aus meiner Begrenzung heraus verstehen? Voneinander können wir nur Ahnungen haben.

Das gilt auch für die Epochen der Geschichte, für die Eigenart der Familienmitglieder, für die Rätsel der Wissenschaft. Wie sollte der Mensch, der sich an die ersten Jahre seines Lebens kaum erinnert, dessen Phasen adäquat nicht mehr nachvollziehen kann, den Sinn von Sein erklären, die Struktur des Kosmos offenlegen, den Uranfang von allem erreichen können? Die Folge ist: Jede Epoche hat ihre astronomischen Entfernungen, ihre Auffassung von Sinn. Wie ist es an sich? *Das Ding an sich* entgeht uns, so Kant.

Im Laufe des eigentlichen Prozesses wird der Mensch einsichtig, nimmt Abschied von Illusionen seines vorspirituellen Daseins. Bislang meinte jede Generation, da sie zuletzt gekommen ist, es besser als die vorhergehenden zu wissen. Nach der geistigen Wende wird die Menschheit unterscheiden lernen, was sie kann, von dem, was sie nicht kann – und auch das, was sie könnte, von dem, was sie nicht darf. Der Menschheit sind viele Errungenschaften gelungen. Es scheint, dass ihr nun eine fruchtbare Einsicht glücken will: Gefordert ist nicht alles zu wissen und noch weniger alles zu machen, sondern das Bessere zu erkennen und es zu tun.

Je mehr die Medien herrschen, umso weniger kommunizieren die Menschen. Je mehr geredet wird, umso weniger wird miteinander gesprochen.

Die Kultur des Gesprächs durchläuft drei Momente: *Gespräch, Gebet, Dichtung.*

Gespräch ist ein Prozess, der durch Flexibilität und Offenheit gekennzeichnet ist. Eine Sache soll geklärt werden und kommt dabei erst zur Entfaltung. Die Teilnehmer steigen in eine Bewegung ein, die sie verwandelt. Deshalb können sich Menschen im Verlauf eines Gespräches näher kommen.

Gebet ist eine höhere Form des Gespräches. Unter gewissen Umständen, manchmal plötzlich und unbegründet, spürt der Mensch das Bedürfnis, das Höchste als Person, als Du, anzusprechen. Dabei erfährt er absolutes Verständnis – ohne Antwort, ohne Korrektur. Nur Annahme. Das Versagen ist vergessen, der Vorsatz gutgeheißen.

Dichtung ereignet sich zwischen Gespräch und Gebet. Es ist keine Zwischenstufe, eher ein eigenes Phänomen, eine Spitze, die auf beide Hänge schaut. Das Ergriffensein vom wundersamen, aber auch schrecklichen

Charakter der Wirklichkeit kann nicht ausgesagt werden. Es kommt in Dichtung und Musik annähernd zum Ausdruck. Entsetzen, Ekstase, Berührung des Geheimnisses. Alle drei – Dichtung, Gebet, Gespräch – können zusammenfallen wie z.B. in den Psalmen.

10. Essen, Lieben, Schlafen

Drei Grundpfeiler sind unentbehrlich für den Erhalt des menschlichen Lebensgebäudes: essen und trinken, schlafen, lieben. Fleischliche Handlungen mit geistiger Bedeutung:

Durch das *Essen* geht irdische Materie in den Menschen ein, wird konkreter Leib, Leben für den Geist – bis das Geschehen in die Erde zurückführt.

Durch den *Schlaf* wird die Individualisierung des Lebensprozesses aufgehoben. Von der Beengung der historischen Konkretion befreit, taucht der Mensch in den Urgrund der Allgemeinheit ein, aus dem er erneuert wieder hervorgeht. Zwei Blickwinkel: der Schlaf als Unterbrechung des Aufenthaltes in der Alltäglichkeit des Wachzustandes – oder der Wachzustand als vorläufiger Ausgang aus dem Urgrund der Unbestimmtheit. – Daher ist der Schlaf erholsam: eine tägliche Neugeburt.

Die *erotische* Anziehung und die *sexuelle* Handlung ziehen die Individualität aus sich heraus zum anderen hin. Der Mensch wird aus der Partialität herausgerissen, in welcher er sich als Individuum aufhält, stirbt also dem Ich, um sich in der ursprünglichen Dimension des Wir zu begegnen. Aus dieser ekstatischen Form der Selbsterfahrung geht das menschliche Leben hervor.

Bei diesen Grundsäulen des Lebens handelt es sich eigentlich weder um leibliche noch um geistige Phänomene. Es sind vielmehr Handlungen, die aus der Zerstreuung des tätigen Lebens in die tragende Ureinheit zurückführen.

Essen, Trinken, Schlafen, Lieben sind geradezu sakrale Handlungen, die der geistig wache Mensch andächtig vollzieht.

11. Das Schweigen und die Stille

Durch das Gerede verliert das Wort seine Bedeutung und innere Kraft – das geistige Niveau sinkt. Das Schweigen kann erleichtern, bereichern und das Dasein heben.

Worte teilen mit und verbergen. Sie können aufbauen, aber auch täuschen, verletzen. Schweigen kann heilen, beruhigen, aber auch unerträglich werden.

Schweigen kann zur Stille führen. Aber Wortlosigkeit ist nicht die Stille. Diese stellt das Ereignis einer anderen Dimension dar.

Stille führt nach innen, über den Geist in die Mitte der Seele – dorthin, wo nichts ist. Ort der Unbestimmtheit, die erneuert wie der Schlaf. Rückzug ins Eigene durch Abstand von allem, auch von sich selbst.

Abstand nehmen und Sich zurückziehen sind Momente eines zentralen Phänomens des eigentlichen Prozesses.

Der erste Schritt führt weg vom Lärm, von der Hektik, vom Gerede – hin zum Innenbereich.

Im zweiten Moment – genannt Meditation – werden die Inhalte des Alltags, der Lebensgeschichte, der beruflichen Sorgen durchgegangen. Die verborgene Linie wird sichtbar, welche die Erfahrungen miteinander verbindet und auf den Lebenssinn deutet. Die Zusammenhänge werden erhellt, beschaut. Es wird zum Du gesprochen, das nichts sagt, nur zuhört.

Das dritte Moment ist ein Sprung, der zur Stille führt. Es wird in der Stille geruht. Befreiung. Keine Dringlichkeit, daher keine Analyse mehr. Keine Kontemplation. Auch nicht Erfahrung des Nichts. Es führt tiefer, durch Geist, Leib und Seele, durch das Leben selbst. Nur s e i n.

Jochen Kirchhoff

Ohne Musik ist das Leben ein Irrtum (Friedrich Nietzsche)
Ein Gespräch[1]

Vorbemerkung

Berlin, den 3. März 2014, 16.00 Uhr. Der Philosoph, Musiker, Bewusst-seinsforscher und Schriftsteller Jochen Kirchhoff empfängt den Mitarbeiter von Aufgang im Café Einstein. Die Atmosphäre ist sehr entspannt. Die Gesprächsteilnehmer sitzen an einem kleinen Tisch einander gegenüber und kommen schnell zur Sache, die im späteren Verlauf um das Wesen der Musik kreisen wird. Da die tiefere Bedeutung der Musik von der philo-sophischen und spirituellen Dimension nicht abzugrenzen ist, sind zunächst die kritischen Ausführungen Kirchhoffs zur abstrakten Naturwissenschaft das Thema.

*

Das Gespräch

Aufgang: Nach Ihrem Studium der Philosophie, Germanistik und Geschichte haben Sie auch intensive Studien zur Physik und Kosmologie betrieben und sich mit den Grenzgebieten der Naturwissenschaft und der Bewusstseinsforschung befasst. In Ihrer Grundlagenkritik der modernen Naturwissenschaft stellen Sie bewährte Prämissen infrage und entwickeln den alternativen Ansatz der „Radialfeldhypothese" von Helmut Friedrich Krause weiter. Hier geht es um die Phänomene Gravitation und Licht, die Sie neu interpretieren.

Warum greift Ihrer Meinung nach die quantenphysikalische Interpretation zu kurz, die den Versuch unternimmt, spirituelle Phänomene mit natur-wissenschaftlichen Erklärungen zu verbinden?

Kirchhoff: Ich weiß, dass die Quantentheorie einen hohen Kurswert hat, und kenne diese Theorie auch recht gut, weil ich mich intensiv damit beschäftigt habe, meine aber, dass sie überinterpretiert wird. Es wird hier eine ganzheitliche, ja geradezu spirituelle Weltsicht herausdestilliert, die dieser abstrakte Formalismus nicht hergibt. Einige seltsame Phänomene der Mikrowelt, etwa der berühmte Teilchen-Wellen-Dualismus, die sich ganz

---

[1] Das Gespräch führte Rüdiger Haas mit Jochen Kirchhoff.

unterschiedlich deuten lassen, werden in der Kopenhagener Interpretation einem hoch abstrakten (im Kern rein fiktiven) mathematischen Apparat unterworfen, dessen Ergebnisse dann ontologisiert, also zur Wirklichkeit erklärt werden. Fiktionen, mit denen man rechnen kann, werden zu Aussagen über eine angeblich indeterminierte oder akausale Realität emporgeschraubt, der dann in einem weiteren Schritt die Weihe des ‚Mystischen' oder ‚Spirituellen' zuerkannt wird.

Aufgang: Auch Hans-Peter Dürr ist ein Beispiel dafür, Quantenphysik quasi als Gegenprogramm zur mechanistischen Weltsicht als Zukunftsmodell zu postulieren.

Kirchhoff: Das ist meiner Meinung nach unberechtigt, weil die Quantentheorie ein Teil der modernen Physik ist. Sie kann ganz anders gesehen, zum Teil sogar entkräftet werden, wie ich es bereits versucht habe. Man darf auch nicht vergessen, dass die Quantentheorie Anteil an der Entwicklung hat, die zur Atombombe führte, diesem Wechselbalg aus spezieller Relativitätstheorie, Quantentheorie und Strahlenphysik. Man sollte nicht so naiv sein zu glauben, eine reine Theorie sei nicht infiziert von ihren negativen praktischen Folgen, wie z.B. der Unglücksgeschichte der Atombomben. Eine ganz andere Theorie, die der Philosoph und Kosmologe Helmut Friedrich Krause (1904−1973) aus einer intuitiven Erkenntnis heraus entwickelt hat und die ich in meiner Schrift *Räume, Dimensionen, Weltmodelle*[2] weiterzudenken und auszudifferenzieren versucht habe, wirkt auf mich viel überzeugender als die Mainstream-Physik als Ganze. Sie versucht die Phänomene noch einmal ganz neu und anders zu deuten, nämlich von einem radial aus dem Erdmittelpunkt heraus verstrahlenden Urfeld oder Raumenergiefeld aus, das in Wechselwirkung gerät mit den Feldern anderer Gestirne. Die Quantentheorie kann keine Aussagen über Mystik machen. Die jetzt kursierende Quantenmystik führt zu nichts. Sie ist *schlechte* Mystik. Meine Überlegungen hierzu sind, wie gesagt, in *Räume, Dimensionen, Weltmodelle* enthalten. Ich möchte die Versuche anderer Kollegen, die Interpretation der Quantentheorie für die Mystik fruchtbar zu machen, wie es z.B. Ulrich Warnke tut, nicht diskreditieren, meine aber, dass sämtliche Deutungen der Quantentheorie die letztlich auf eine tote Welt hin orientierte moderne Physik, als eine strukturell *abstrakte* Naturwissenschaft, nicht verlassen oder überschreiten. Im Gegensatz dazu kann das gerade genannte Urfeld oder radiale Raumenergiefeld, wenn man es in seinen Konsequenzen durchdenkt, die Welt tatsächlich lebendiger machen. Das Urfeld ist in der Tiefe metaphysisch fundiert. Es macht verständlich, was Licht und was Gravitation ist, und ist nach meiner Überzeugung geeignet, uns eine wirklich lebendige Welt sowie die Beseeltheit des Kosmos zu zeigen.

---

[2] Jochen KIRCHHOFF, *Räume, Dimensionen, Weltmodelle. Impulse für eine andere Naturwissenschaft.* Klein Jasedow 2007 (Erstausgabe München 1999).

Aufgang: Bezüglich mystischer Erfahrung besagt ein bekanntes Gegen-argument verkürzt, dass alle Theorien aus der hiesigen Erscheinungswelt für den erlösten Menschen sozusagen hinfällig seien.

Kirchhoff: Man muss hier aufpassen und sollte nicht zu schnell denken, der erlöste Mensch (was immer nun darunter verstanden wird) sei sozusagen umfassend jenseits der Gesetze der kosmischen Wirklichkeit. Übrigens ist der von Ihnen geschätzte Ken Wilber[3] auch ein scharfer Kritiker der Quantenmystik. Er betont, dass hier die Ebenen vertauscht werden und dass die Quantentheorie die Biologie nicht erklären könne, sie hier gar nicht heran- reiche, geschweige denn komplexe Organismen erklären könne. Ich sage gerne polemisch, die Quantentheorie kann keinen Grashalm erklären, sie scheitert am Grashalm. Das ist natürlich eine Anknüpfung an Kant, der sich nach eigener Aussage zwar vorstellen konnte, wie Gestirne entstanden sind, nicht aber ein Grashalm. Das Problem ist, wie wir Leben erklären können; und es war ja im späten 18. Jahrhundert die große Frage: Wie kommt Leben in diese mechanistische Welt? José Sánchez de Murillo stellt in seinem Romantik-Buch[4] sehr schön dar, wie aus Kant über Böhme und Baader eine neue Naturphilosophie erwuchs.

Aufgang: Diese Naturphilosophie geht mit Ihrer Theorie zusammen, indem sie sagt: Überall ist Leben, alles ist belebt. Sie geht vom Grundprinzip des Lebens aus. Das ist ein Gedanke der Weltsicht. − Eine andere Frage betrifft Ihre auf Krause aufbauende Sichtweise. Es ist von der These der Energieverstrahlung die Rede, die in der Mitte, im Kern des Gestirns erfolgt. Diese Energie wird als etwas Absolutes vorgestellt.

Kirchhoff: Ja, das Wort, wird benutzt.

Aufgang: Bei Einstein ist das Absolute das Licht. Das Licht ist aber gleichzeitig messbar, d.h. gleichzeitig auch in der Welt der Erscheinungen, also gleichzeitig etwas Relatives. Erkenntnistheoretisch gibt es da ein Problem.

Kirchhoff: Ich habe in meiner Schrift diese Raumenergieverstrahlung „Radialfeld" genannt und sie mit Anführungszeichen als „absolutes Licht" bezeichnet. Die spezielle Relativitätstheorie setzt das Licht absolut, aber wenn man erkenntnistheoretisch genauer nachfragt, gibt es hier Zirkel-schlüsse. Denn die Geschwindigkeit wird im Koordinatensystem von Raum und Zeit gemessen, und es werden Raum und Zeit natürlich vorausgesetzt. Einstein macht viele kühne Griffe, bei denen er dann plötzlich Raum und Zeit relativiert und das Licht zu einer metaphysischen Konstante erklärt, aus der wiederum Raum und Zeit erwachsen, was meiner Meinung nach absurd ist. Mathematisch ist das machbar, aber ich halte es nicht für legitim. In der

---

[3] Wilbers Hauptwerk erschien 1995, in Deutsch 1996 unter dem Titel *Eros, Kosmos, Logos. Eine Jahrtausend-Vision,* Frankfurt/M.

[4] José SÁNCHEZ DE MURILLO, *Der Geist der deutschen Romantik. Der Übergang vom logischen zum dichterischen Denken und der Hervorgang der Tiefenphänomenologie.* München 1986.

Schrift *Das kosmische Band* [5] habe ich in einem Essay einige Gegenargumente gebracht. Ich finde, dass Einstein hier nicht klar denkt; seine Deutungen sind nicht überzeugend. Wenn man dem mathematischen Formalismus folgt, stellen sich zwar bestimmte Ergebnisse ein, die man nicht leugnen kann, sie sind aber unzulänglich, nur halb gedacht und werden maßlos überschätzt. Der Kult um diese Figur ist abwegig. Das betrifft übrigens auch Heisenberg. Ich habe ihn kennengelernt. Er hatte gegen Krause keine substanziellen Einwände und ist in Distanz gegangen, ohne ein echtes Gegenargument zu bringen, obwohl er als Person durchaus honorabel war. Wir haben uns gut verstanden, hatten eine Stunde lang ein schönes Gespräch in einem Hotel-Foyer in den Dolomiten (in Oberbozen). Ich war damals erst dreißig, unser Treffen war auf meiner Reise reiner Zufall, aber eben doch kein Zufall. Dass ich ihn im Speisesaal zwei Tische weiter sitzen sah, hat mich alarmiert. Ich sagte mir, da musst du jetzt etwas machen, denn ich hatte mich die Jahre zuvor sehr mit diesem komplexen Thema auseinandergesetzt. Als ich José Sánchez de Murillo mein Buch *Räume, Dimensionen, Weltmodelle* geschickt hatte, habe ich dazu vorsichtig bemerkt, dass ich mir durchaus vorstellen könne, dass Sánchez bei vielem gar nicht mitgehen könne oder wolle. Seine Reaktion darauf war: „Was heißt hier nicht mitgehen können oder wollen, ich werde mitgerissen!"

Aufgang: Es ging mir genauso. Wenn ich den *Baustoff der Welt* lese, lese ich langsam, halte inne und reflektiere das Gesagte. Ein Überschlagen oder Querlesen bringt nichts, sondern fundiert nur Vorurteile.

Kirchhoff: Das von Ihnen angeführte Argument, dass die theoretische Betrachtung ab einer gewissen spirituellen Ebene überflüssig wird, ist für mich unhaltbar. Daran glaube ich nicht. Man müsste dann sehr lange erörtern, was es mit dem Phänomen „Erlösung" überhaupt auf sich hat. Was ist denn dieses Spirituelle eigentlich? Und wie sind wir denn eingehängt in diese Entwicklungsvorgänge? Ich bin, wie Sie und viele andere Menschen auch, ein sich nach Erlösung sehnender Mensch und denke, wir haben einen tiefen Antrieb in uns, in unsere metaphysische Heimat einzutauchen. Das ist ein ganz reales Phänomen. Wir wollen ja auch ganz wir selbst sein und nicht einfach nur als Tropfen im großen Weltenmeer verschwinden, wobei wir nicht wissen, wie weit unsere Ichheit trägt. Mir war das Bild von dem Tropfen und dem Meer immer etwas zu vordergründig. Vielleicht ist es ja auch richtig. Ich glaube aber doch, dass das Ich weiter trägt, das meine ich mit dem Großen Ich in der „Anderswelt", und das ist dann das, was ich den „kosmischen Anthropos" nenne.

Aufgang: Sie sprechen auch vom „Selbst".

Kirchhoff: Ja, auch. Der Mensch ist hier in seiner höchsten Würde. Und das hat auch zu tun mit Eckharts „göttlichem Menschen", der eben auch

---

[5] Jochen KIRCHHOFF, *Das kosmische Band. Der Mensch und seine Bedeutung für das Ganze.* Klein Jasedow 2010.

einen Ich-Kern hat. Der Ich-Kern verstrahlt nicht einfach sozusagen in die Welt-Seele. Das sind schwierige Fragen.

Aufgang: Das ist ein großes Paradox. Die christliche Gemeinde trifft sich in regelmäßigen Abständen mit den Buddhisten, um diese Frage nach der Substanz, dem Ich-Kern des Menschen, zu klären. Während die Buddhisten den Tropfen gerne im Weltmeer aufgehen sehen und die Ich-Substanz bestreiten, betonen die Christen mit Nachdruck die Unversehrtheit des Tropfens im Weltmeer, was wiederum die Buddhisten schlecht nachvollziehen können. Das Paradox ist intellektuell nicht auflösbar.

Kirchhoff: Ich habe an sich eine distanzierte Haltung zum Christentum. Es kommt bei mir praktisch nicht vor. Ich polemisiere nur ganz selten dagegen. Viele sagen, ich sei ein guter Giordano-Bruno-Kenner. Ich verehre Bruno und schätze Meister Eckhart sehr hoch, auch Jakob Böhme. Ich kenne die Schriften Böhmes und kann durch die Terminologie hindurch, an der ich mich aber nicht festhalte, etwas herausspüren. Der „göttliche Mensch" im Sinne Eckharts ist durchaus das, was ich als „kosmischen Anthropos" bezeichne. Ich bin davon überzeugt, dass der Mensch eine urkosmische Würde hat, geistig kosmisch, auch über viele Inkarnationen läuft, und die Buddhaschaft – ich benutzte das Wort nur mit Abstrichen – repräsentiert die höchste Stufe. Wenn der Mensch so etwas wie Würde hat, dann kann man diese glaube ich nur von der höchsten Ebene aus begreifen und ableiten. Hier gibt es dann einen Zugang zum Göttlichen. Welche Stellung hat der zu sich selbst gekommene Mensch? Er steht dann – nicht christlich gedeutet, aber auf das Alte Testament zurückgeführt – im Bund, in der Verantwortung für seinen Teil, im Bund auch mit dem Göttlichen. Er muss etwas leisten, ist nicht nur der Gnade anheim- gegeben. Sicherlich gibt es so etwas wie Gnade, aber die kann man erst mal auf sich beruhen lassen. Wenn sich der Mensch höheren Stufen oder gar der höchsten Stufe annähert, kommt er einer Pflicht nach. Er hat eine Verpflichtung und wird deswegen in diesem karmischen Sinn gebraucht, weil er eine Aufgabe hat. Lange vorher ist schon etwas geschehen – man denke an die Kabbala („Bruch der Gefäße") –, was einen Bruch in der Welt ausgelöst hat, sicherlich nicht nur auf der Erde, sondern vielleicht im Sonnensystem, überhaupt in der materiellen Welt. Der Mensch ist deshalb aufgerufen, etwas zu leisten. Das verstehe ich unter „Erlösung der Natur". Der Mensch ist auch der Erlöser der Natur, und die Selbst-Erlösung steht immer auch in Verbindung mit der Erlösung der ganzen Natur, worin sich die Würde des Menschen äußert. Der Mensch hat auch Pflanzen und Tieren gegenüber eine Aufgabe. Und ich glaube, ein Teil der ökologischen Krise hängt damit zusammen, dass der Mensch dieser Pflicht nicht nachkommt. Er erfüllt seine Aufgabe den Pflanzen und Tieren, auch der Erde gegenüber nicht, sondern wendet sich gegen das Ganze. Deshalb trägt er eine Mitschuld. Die ökologische Krise liegt viel tiefer, sie ist auch eine spirituelle Krise, eine Grundlagenkrise.

Aufgang: Auch wir sehen diese Krise auf einer tieferen, geistigen Ebene. Sie liegt nicht nur darin, dass vieles rein äußerlich niedergewalzt wird, sondern vor allem darin, dass dieses Niederwalzen seinen Grund in einer Denk- und Haltungsangelegenheit hat. Weil alles vom Denken ausgeht, müssen wir hier zuerst unsere Denkhaltungen ändern, wenn wir wirklich etwas ändern wollen.

Kirchhoff: Sie stimmen mir also darin zu, dass Denken auch ein Tun ist. Das Kennen, Begreifen oder Sich-durchwalten-Lassen von Gedanken ist geistiges Tun.

Aufgang: Natürlich.

Kirchhoff: Wenn ich in meinem Zimmer sitze und es nach außen hin so scheint, als machte ich gar nichts, mich dabei aber von Gedanken durchdringen lasse oder Gedanken ergreife und weitertreibe, dann ist das genauso eine Tat, eine Tat in der seelisch-geistigen Welt. Denken ist nicht folgenlos. Manche Leute sagen, Denken sei nur intellektuelles Denken. Das meinen wir nicht. Zwar kann rein intellektuelles Denken gelegentlich auch zielführend sein, es ist aber nicht das eigentliche Denken. In meinen besten Momenten, in einer bestimmten Verfassung, habe ich das Gefühl, dass eine Bewusstseinshalbkugel über mich gestülpt ist, etwas über mich herab kommt und dann etwas passiert. In solchen wunderbaren Momenten fühlt man sich als Mensch in seiner Würde angesprochen. Bei allem, was jeder von uns an Unzulänglichkeiten in sich trägt, an Fehlern und Schwächen, leuchtet in solchen Momenten etwas auf, bei dem man sich denkt: „Aha, durch alles hindurch gibt es doch einen Weg, eine Lichtung", und wenn man die ergreifen kann, wenn man sieht, dass ein Umbruch erfolgt, dann ist das wunderbar. Hier sieht man, dass im Menschen noch etwas anderes angelegt ist, denn sonst, ich denke, da stimmen Sie mir zu, wäre die Sache ziemlich trostlos. Wie wollen Sie manche Tage durchstehen, wie soll das in der Wüste überhaupt gehen? Nein, ohne die Möglichkeit einer solchen Lichtung werden Sie wahnsinnig, das wäre unerträglich.

Aufgang: Viele junge Menschen, die heute zu mir mit der Diagnose Suizidversuch kommen, sehen keinen Sinn und fragen sich, was das Ganze soll. Weil sie sehen, dass sowieso alles auf ein finales Ende hin angelegt ist, greifen sie zu solchen Mitteln des Auswegs. Das ist nachvollziehbar auf der Grundlage, es gebe keinen Sinn, keinen Umbruch, keine Lichtungsmöglichkeit. Diese Grundlage ist aber rein negativ und damit auch nicht existent. Ich beobachte dieses Phänomen schon lange, versuche Hilfen zu geben, Lichtungsmöglichkeiten aufzuzeigen, die manchmal auf sehr fruchtbaren Boden fallen, aber oft fühlen sich diese jungen Menschen trotz geistiger Unterstützung tatsächlich in der Wüste allein gelassen, sehen keinen Ausweg und finden alles unerträglich.

Kirchhoff: Machen wir uns nichts vor. Es ist schwer. Und ich würde sagen, die Musik ist ein Weg, aber für viele ist ja die klassische Musik gar nicht mehr möglich. Sie ist zunächst verschlossen und bürgerlich abgepackt. Auch die Religionen sind in bestimmter Weise obsolet geworden. In den vielen Jahren meiner öffentlichen Tätigkeit an der Humboldt-Universität habe ich immer versucht, an diese Schichten heranzukommen, das Herrschende zu dekonstruieren und auch mit Leidenschaft und viel Engagement in Bezug auf bewunderte Autoritäten andere und gegensätzliche Akzente zu setzen. Mittlerweile habe ich Dutzende meiner Vorlesungen – es gibt viele Audio-Mitschnitte – digitalisieren lassen und auf einem eigenen You Tube-Kanal ins Netz gestellt. Man kann sie dann dort hören, wenn man es möchte. Ohne meine Grundüberzeugung vom kosmischen Anthropos könnte ich mir das Leben überhaupt nicht vorstellen. Es gibt immer ein Leitbild oder Idealbild, eine höchste menschliche Möglichkeit.

Aufgang: Was ist aber, wenn diese Grundüberzeugung beim Gesprächspartner nicht vorhanden ist?

Kirchhoff: In einer solchen Situation ist es ganz schwierig. Manchmal hilft der Humor weiter. Allerdings kann man mit Humor zwar manches auflockern, aber bestimmte Dinge dann doch nicht verständlich machen, sie jemandem nahebringen. Es kommt immer auf den Einzelfall an. Was will man erreichen? Manchmal sind die Störungen auf einer ganz elementaren Ebene angesiedelt. Dann sind solch hohe Begriffe, wie etwa kosmischer Anthropos, im Gespräch gar nicht sinnvoll, denn sie haben auch etwas Belastendes. Solche Termini können zentnerschwer sein und verstören. Der Gesprächspartner denkt sich dann vielleicht: „Mein Gott, ich bin doch hier mit ganz anderen Dingen da, mit meinen Problemen". Das ist erst mal ganz elementar. Da kann man bestimmt auch auf unteren Ebenen viel helfen. Hier spielt möglicherweise die Didaktik eine große Rolle. Man muss auch zugeben, dass diese Probleme heute einfach extrem schwierig sind. Ich glaube jetzt nicht mehr an die Möglichkeit, durch Vorträge oder öffentliches Auftreten irgendetwas bewegen zu können. Eine Zeit lang war ich davon überzeugt und habe es auch mit Leidenschaft betrieben, aber irgendwann habe ich gesehen, dass es in dieser Form nicht weiterführte. Ich glaube aber, dass in der Tiefe der Epoche trotz allem, was wir um uns sehen, doch eine Möglichkeit zum Aufbruch oder Durchbruch besteht. Ken Wilber spricht hier vom „descent of the world soul". Auch ich bin davon überzeugt. Dafür arbeite ich und es lohnt sich, sich dafür einzusetzen. Man muss der Versuchung der Resignation widerstehen, die es durchaus gibt.

Aufgang: Steht das Phänomen des „kosmischen Anthropos" in Analogie zum „göttlichen Menschen" bei Eckhart?

Kirchhoff: Das könnte man so sagen. Und ich habe es ja vorhin auch schon gesagt. In einem Vortrag, in dem auch Willigis-Jäger-Schüler saßen, fragte mich einer der Adepten von Jäger: „Herr Kirchhoff, Sie nennen das ‚kosmischer Anthropos', aber warum sagen Sie nicht einfach ‚Höheres Selbst'?" Sinngemäß habe ich geantwortet: „Könnte man auch sagen, aber ich finde, dass in bestimmten spirituellen Kreisen der Terminus schon fast inflationär verwendet wird. Deswegen benutze ich ganz bewusst ein Fremdwort, das griechische Wort für Mensch, Anthropos, auch um einen kleinen Ruck im Geist auszulösen, um diese scheinbare Selbstverständlichkeit infrage zu stellen, die so tut, als ob wir immer gleich wüssten, wovon wir reden, wenn wir den Begriff ‚Höheres Selbst' verwenden." Beim

Terminus „neuer Mensch" oder „verwandelter Mensch" ist es genauso. In *Klang und Verwandlung* geht es beim Phänomen des „verwandelten Menschen" darum, über die Musik in einen Bewusstseinszustand zu kommen, in dem ich erkennen kann, dass die große Musik, wie Beethoven sagt, auch eine Ausdrucksform himmlischer Wissenschaften ist, dass sie mit Erkenntnis und Geist zu tun hat, sozusagen als klingende Philosophie, und Wesentliches aussagt über die Welt und ihre geistigen und kosmischen Gesetze.

Aufgang: Sie sind zwischen 1962 und 1964 in der Berliner Jazz-Szene tätig gewesen, waren also Jazz-Musiker. Ich finde das insofern sympathisch, weil ich mich als junger Mensch sehr und jetzt immer noch mit Jazz befasse. Sie hatten dann eine Initiationserfahrung und haben sich danach nur noch mit klassisch-romantischer Musik befasst.

Kirchhoff: (lacht). Ich habe Jazz noch eine Weile betrieben, beides nebeneinander gemacht. Auch vorher habe ich schon klassische Musik gehört. Sie hat mir gefallen, mich aber nie ganz tief ergriffen. Es fehlte etwas. Ich hatte damals ein kleines Aufnahmegerät und ein kleines Radio. Im Programm war die 3. Symphonie von Beethoven angekündigt. Ich hielt mein Mikrofon ans Radio. Die Aufnahme war sehr schlecht, aber ich habe die Symphonie mitgeschnitten. Sie war für mich, wie soll ich sagen – ekstatisch. Ich hörte sie etwa 50 Mal an den darauf folgenden Tagen, meistens nachmittags. Dann hatte ich etwas begriffen – Mantras. Die Jazz-Musik habe ich daraufhin aufgegeben. Meinen Jazz-Kollegen, die sehr verwundert waren und es gar nicht fassen konnten, teilte ich mit, dass ich keine Jazz-Musik mehr spielen werde. Später habe ich auch eine Gesangsausbildung gemacht, habe viel und sehr gerne Lieder gesungen.

Aufgang: Die dritte Symphonie von Beethoven hat Sie in der Seele, in Ihrem Innern sehr berührt, sie hat den Klangraum Ihrer Seele geöffnet.

Kirchhoff: Ja, obwohl das Hauptthema der dritten Symphonie ja nur ein ganz einfacher Es-Dur-Dreiklang ist, der aber als Keimzelle dient für einen ungeheuren sinfonischen Bogen, der mich in der Tiefe meiner Seele packte und in Begeisterung versetzte.

Aufgang: Sie unterscheiden zwischen Hinhör- und Weghörmusik. Bei der Verwandlung des Menschen durch Musik geht es um das Phänomen des Hinhörens. Wir wissen ja alle, dass die Berieselung extrem ist. Das Buch *Klang und Verwandlung* stammt aus dem Jahre 1988. Zu dieser Zeit war die Welt noch in einem anderen geistigen Zustand. Wir sind jetzt 26 Jahre weiter. Im Hinblick auf Weghörmusik scheint das Phänomen aber noch einmal eine Stufe nach oben gegangen zu sein. Und das Hinhören scheint immer mehr abzunehmen.

Kirchhoff: Richtig.

Aufgang: Man kann heute im Supermarkt nicht mehr einkaufen. Wenn ich mit dem Wagen durch die Gänge fahre, wünsche ich mir immer: „Stellt doch die nervige Musik ab!" Das haben Sie schon vor 26 Jahren festgestellt.

Kirchhoff: Ja, für mich war das schon vor 26 Jahren evident. Ich wollte ein Bewusstsein für ein neues Hören schaffen und habe das auch in Seminaren vermittelt, soweit das möglich ist. Wir haben gemeinsam Musik gehört und uns darüber ausgetauscht.

Aufgang: Inwieweit hat sich Ihr Hörbewusstsein im Laufe des Lebens verändert? Bei mir ist es so, dass ich sensibler geworden bin für die Differenzierung von Klängen und Stimmen, ein umfassenderes Bewusstsein für Musik bekommen habe. Hinhören schult die Sensibilität für Klänge aller Art. Ich höre jetzt anders, umfassender und differenzierter als vor dreißig Jahren. Ist das bei Ihnen ähnlich?

Kirchhoff: Ja, immer intensiveres, feineres Hören. Hören stellt sich immer wieder neu her und kann stets neu begeistern oder erschüttern. Ich bin immer wieder neu bewegt von der Großartigkeit der Musik und könnte mir mein Leben ohne diese Musik gar nicht vorstellen. Sie ist für mich Lebenselixier. Nietzsche sagt: „Ohne Musik ist das Leben ein Irrtum". Musik spiegelt die Weltordnung. Wahrnehmung der Musik ist Klangwahrnehmung der Weltordnung, Urmusik.

Aufgang: Sie sprechen auch von Archephonen. Worin liegt der Unterschied zwischen Archephonen und der Urmusik?

Kirchhoff: Urmusik ist ein Wort von Baader. Archephone sind eher kurze Sequenzen, archetypische Klangsequenzen. Urmusik ist eher der melodische Bogen, der noch weiter geht. Urmusik setzt sich aus Archephonen zusammen. Im Übrigen gibt es nicht das kosmische Symphonieorchester, das ständig spielt. Das muss man klar sagen. Klänge sind seelisch-geistige Klänge, die der Musiker transponiert in hörbare Klänge. Im Prozess der schöpferischen Verarbeitung, des Niederschreibens, geschieht eine Veränderung, bei der jeder Musiker auch etwas von seiner Individualität einbringt. Es liegt nicht nur ein Registrieren vor, der Musiker ist kein „kosmischer Registrierapparat", der sozusagen die kosmische Musik auf die Erde bringen soll.

Aufgang: So wird es auch verständlich, dass jeder Musiker eine eigene Handschrift hat, seinen eigenen individuellen Klang erzeugt, der bei Brahms anders ist als bei Wagner. Auch Beethoven und Mozart unterscheiden sich, wie Sie sagen, im Hinblick auf Yin und Yang.

Kirchhoff: Ich habe Mozart damals als Taoisten bezeichnet. Heute würde ich das nicht mehr tun. Wenn man aber dieses Drängende bei Beethoven hört, das wie heranrückende himmlische Heerscharen erscheint, und auch das Sich- Durchkämpfende, erkennt man, dass sich die Melodie bei Beethoven aus wuchtigem Klangmaterial formt und erst im weiteren Verlaufe aufsteigt. Bei Mozart ist die Musik klar, rein und sofort ohne Übergang da. Insofern ist Beethovens Musik ganz anders als die von Mozart. Es gibt bei Beethoven natürlich auch direkte Stellen und ich will jetzt auch keine Klischees aufbauen. Aber bei Beethoven merkt man doch, dass dessen Musik immer wieder gegen große Widerstände kämpft, während man bei Mozart das Gefühl hat, er greife die Noten einfach ab, was natürlich eine Täuschung ist. Auch Mozart ist kämpferisch, aber der Ton ist sofort da, während bei

Beethoven eine Verzögerung vorliegt, was man übrigens auch am Rhythmus erkennen kann.

Aufgang: In welcher Verfassung muss der Musiker sein, dass er so schöpferisch tätig sein kann wie Beethoven oder Mozart?

Kirchhoff: Das setzt die ganze Musikgeschichte voraus. Es ist eine Errungenschaft des Abendlandes, dass über Jahrhunderte hinweg eine Musikkultur gepflegt wurde, die die Voraussetzung dafür schuf, dass dann einige exzeptionelle Genies heraustreten konnten. Diese setzen aber viele andere voraus, die vorher die Grundlagen dafür geschaffen haben. Man denke auch an die hohe Kultur, die sich im Instrumentenbau ausdrückt; allein die Violine, dann das Cello, das Klavier, das sind Wunderwerke. Hier hat die abendländische Kultur Großartiges geleistet. Liegen solche Voraussetzungen vor, können einzelne Genies Ungeheures leisten.

Aufgang: Beethoven wird von Japanern auch als Zen-Meister bezeichnet, was als eine hohe geistige Auszeichnung gilt. Er war aber kein „Erleuchteter". Inwiefern kommt er zu diesem Titel? Weil er eine Kunst betrieben hat, wie das Bogenschießen, und auf musikalischem Gebiet zur Vollendung gekommen ist?

Kirchhoff: Ich würde sagen, Beethoven war – auch menschlich – fast erleuchtet. Es geht jeder seinen Weg und auch Beethoven ist seinen Weg gegangen. Manche sensible Japaner haben ein gutes Gefühl und spüren, dass in Beethovens Musik ein originärer Zen-Geist, der ja kulturell unabhängig ist, pulsiert. In gewisser Weise ist dann auch die ganz große Musik Ausdruck eines „erleuchteten Bewusstseins". Beethoven war schon sehr weit. Wir wissen, dass er zur asiatischen Spiritualität eine starke Affinität hatte; er hat sich brennend für deren Texte interessiert. Auch was er über Musik gesagt hat, zeigt, dass er etwas über Spiritualität wusste. Aber in dieser Inkarnation war er primär Musiker, kein Philosoph, kein großer Meditationsmeister oder nur auf indirekte Weise. Die langsamen Sätze der Streichquartette oder auch der neunten, der siebten und der fünften Symphonie sind erschütternde Zeugnisse einer tiefen Spiritualität und eines tiefen Wissens, die einen zu Tränen rühren können. Wenn ich Beethoven höre, wundere ich mich eigentlich, dass sich der Himmel nicht längst geöffnet hat, er müsste eigentlich aufreißen.

Aufgang: Da geht es nicht nur Ihnen so. Als neulich die Augsburger Symphoniker die siebte Symphonie spielten, waren die meisten Leute im Saal tief ergriffen. Das Orchester bekam am Ende „Standing Ovations", die, so denke ich, auch den Inhalten der Musik, dem Komponisten, geschuldet waren. Der Himmel riss auf … Großer Applaus, anstatt Worte. – Obwohl wir es redlich probiert haben, sehen wir, dass man die eigentlich transzendentalen Phänomene nur sehr unvollkommen in Sprache bringen kann. Aber man kann sie wahrnehmen. – Herr Kirchhoff, haben Sie ganz herzlichen Dank für dieses schöne Gespräch.

Kirchhoff: Auch Ihnen meinen herzlichen Dank.

I. Hauptthema: Musik und Spiritualität

Rüdiger Haas

Begrüßungsworte

Sehr geehrte Damen und Herren, liebe Freunde der Musik und der Spiritualität,
ich freue mich sehr, Sie hier in St. Ottilien begrüßen zu dürfen. Zuerst möchte ich unsere Referenten willkommen heißen, die sich bereit erklärt haben, fachkundige Beiträge zum Thema zu geben, ebenso unsere Gäste und die wissenschaftlichen Mitarbeiter vom Jahrbuch AUFGANG.

*

Wir sind hier, um den Zusammenhängen von Musik und Spiritualität nachzugehen. Dazu möchte ich ein paar Gedanken aussprechen.
Musik und Spiritualität sind wohl diejenigen Bereiche des Menschlichen, die der herrschenden Ökonomie im einseitig berechnenden Alltagsleben, das wir jetzt so stark vorfinden, etwas entgegensetzen können.
  Aus unserer Sicht fragen wir, warum sie wohl wichtiger sind als die berechnende Ökonomie. Was können sie dem Menschen geben?
Stellen wir zuerst die Frage an die Musik.
  Zubin Mehta sagte einmal: Musik ist die einzige Sprache, die alle Menschen sprechen.
  Hier wird Musik zu einer Sprachart. Welche Sprache aber ist gemeint, wenn Musik als Sprache bezeichnet wird?

*

In „Unterwegs zur Sprache" interpretiert Martin Heidegger Georg Trakls Gedicht „Ein Winterabend". Dort heißt es in der 3. Strophe:

> Wanderer tritt still herein;
> Schmerz versteinerte die Schwelle.
> Da erglänzt in reiner Helle
> Auf dem Tische Brot und Wein.

Wie der Wanderer hereintritt, ist eine Frage der Verfassung des Menschen, der Gestimmtheit, psychologisch gesprochen der Emotion. Die gemeinsam gesprochene Sprache findet im Innern des Menschen statt, in der psyché, der Seele, die die Bedingung für die Emotionsfähigkeit des Menschen ist.

In welcher Grundstimmung wird der Wanderer gerufen, wenn er ins Haus gebeten wird?

Heidegger weist darauf hin, dass er in die Stille gerufen wird. Der Ruf erfolgt über den Schmerz. Und der Schmerz wird die Fuge eines Risses genannt, der das Innen und Außen der Welt, die zwei getrennten Pole des Geistes, wieder zusammenfügt. Die Befindlichkeit des Schmerzes ist es, die zwei getrennte Dinge, Innen und Außen, Immanenz und Transzendenz, in der Religion Diesseits und Jenseits, zusammenfügt. Über den Schmerz kommt der Mensch dorthin, wo er die reine Helle glänzen sieht.

Die reine Helle glänzt erst im Austrag eines Schmerzes, einer existenziellen Notlage. Hier kann der Mensch zu sich selbst kommen, wenn er den Schmerz aushält, wenn er in der Welt verweilt. Der Schmerz bringt den Menschen zur Ruhe. Heidegger sagt: „In die Ruhe bergen ist das Stillen."[1] Die Ruhe hat ihr Wesen darin, dass sie stillt. Ruhe ist die Voraussetzung zur Stille. Aber erst in der Stille ist der Mensch bei sich versammelt. Und dieses Bei-sich-versammelt-Sein nennt Heidegger das Läuten oder Geläut. Über dieses Geläut der Stille haben sich Linguisten oft lustig gemacht, weil es dem Verständnis der gängigen Sprachanwendung nicht entspricht. Indes: Heidegger suchte nicht nach dem Offensichtlichen, sondern nach dem, was sich dahinter verbirgt.

Die Sprache spricht durch den in der Stille bei sich versammelten Menschen als das Geläut der Stille. Sie ist nichts Menschliches, braucht aber den Menschen, der in seinem Wesen sprachlich ist, als Mittler, als Medium. Was so gesprochen wird, erscheint uns als Gedicht. Heidegger sagt: „Die Sterblichen sprechen, insofern sie hören." In der Stille wird das Hören zum Ent-Sprechen und der Mensch spricht dichterisch, wenn er der Sprache entspricht.

Zu dieser Stelle in Heideggers Spätwerk passt das dichterische Wort Heraklits: „Wenn ihr nicht auf mich, sondern auf den Logos hört, dann ist es weise zu sagen: Alles ist eins."[2]

Heidegger zeigt uns mit seiner Interpretation der Sprache, die dem Satz des Heraklit entspricht, dass der Ursprung der Sprache in einer Dimension liegt, die vorsprachlich ist in dem Sinne, dass der Mensch vor der gesprochenen Sprache etwas vernehmen (hören) kann, das er danach benennt. Dieses Benennen ist das Schwierige, denn das Einfache ist das Schwierige, wie Hegel sagt. Darin liegt wohl das Geheimnis des Schöpferischen.

Auch dem Volksmund ist das Phänomen bekannt. Er sagt dazu: Die Gedanken liegen in der Luft. Man kann sie wahrnehmen und mit Hilfe der

---

[1] M. HEIDEGGER, *Unterwegs zur Sprache*. Stuttgart 1959, 29.
[2] DIELS/KRANZ, *Fragmente der Vorsokratiker I*. 22:HERAKLEITOS, *Fragment* 50: „Haben sie nicht mich, sondern den Sinn vernommen, so ist es weise, dem Sinne gemäß zu sagen, alles sei eins."

Sprechwerkzeuge kommunizieren. Wir hatten letztes Jahr mit Friederike Mayröcker ein Gespräch, in dem die 89-jährige Dichterin, die die Gabe des einfachen Schreibens und Sprechens besitzt, betont, sie sei, wenn sie schreibe, vom Heiligen Geist angetrieben (beseelt). Zu dem Satz „Die Gedanken liegen in der Luft" sagte sie: „Das ist schön", übrigens mit einem sehr liebenswerten und seelisch berührenden Ton!

Wie spricht also die Sprache der Musik?
Sie spricht vorsprachlich. Die Musik ist eine vorsprachliche Dimension. Sie offenbart die Welt der Klänge als Ausdruck von Stimmung und Grundstimmung. Der tönende Schmerz erscheint hier genauso wie die dichterische Helle, die beiden Pole von Freud und Leid, von Schmerz und Glück. Und vielleicht führt die darüber hinausgehende Gestimmtheit des „Heiligen Geistes", der „göttlichen Musik" den Menschen in die Dimension der Einheit mit sich selbst, in der er nicht mehr zu streiten braucht. Wenn der Streit aufhört, wird der Mensch vom Geist beseelt. Musik kann uns in diese Welt führen.
Solche Gedanken, solche Töne, ergeben sich nur über den Weg zur Stille.

*

Ein Ziel der Tagung könnte deshalb sein: über die Musik zur Stille und damit zum tieferen Hören zu kommen. Unser Referent Jochen Kirchhoff hat zwischen einer Weghörmusik und einer Hinhörmusik unterschieden. Und wir werden, dessen bin ich sicher, sehr gute Musik, nur Hinhörmusik, zu hören bekommen.

Gute Musik kann das Nichts bewirken, den Gang in die mystische Nacht des Schmerzes, die es auszuhalten gilt, aber auch die öffnende Berührung der Seele, um den Sprung in eine tiefere Spiritualität anzustoßen.

Dann kann Musik bewirken, dass der Mensch das, was er wirklich (essenziell) ist, überall findet.

Musik kann uns zur Fähigkeit bringen, überall Leben zu finden. Sie führt uns zu dem, was wir Liebe nennen.

Damit ist auch schon eine Brücke zum zweiten Phänomen gebaut: zur Spiritualität.

*

Echte Spiritualität findet im Innern des Menschen statt. Auch sie hat mit der Seele, der psyché, zu tun, mit der Verfassung des Menschen, seinem inneren Sein. Auf dem spirituellen Weg kann er zu einer verborgenen Bedeutung vorstoßen, die allzu leicht übersehen wird.

Eckhart sagt, es komme nicht darauf an, was der Mensch tut, sondern darauf, was er ist.[3] Auf diese Grundstimmung, diese Seinsverfassung[4], wie es Heidegger formuliert hätte, kommt es an. Im spirituellen Wandlungsprozess kann sich der Mensch ändern und wandeln. Es kann sich ihm ein anderer, völlig neuer Horizont öffnen. Und das hat nichts mit einer Hypothese zu tun, sondern ist durch und durch existenziell erfahrbar.

Der spirituelle Wandlungsprozess setzt einen Schmerz, eine Not voraus, die dem Menschen sein verborgenes Wesen offenbaren kann. Wie die Musik bestimmten großen Gesetzen unterworfen ist, so reift und vollendet sich auch der Mensch zum großen Gesetz[5] hin, wenn er erkennt, dass nicht sein Machen die Ursache der Handlungen ist, sondern vielmehr sein Lassen. Gelingt es, die begrenzte und verengende Daseinsform seines Egos zu öffnen, dann kommt der Mensch in die Lage, sein gegenständlich fixiertes Ich loszulassen. Durch Selbsthingabe bilden sich Urvertrauen und echte Wesenserfahrung. Der Mensch wird ursprünglich berührt, wenn das Lebensgesetz von innen her verstanden wird. Karlfried Graf Dürckheim sagt: „Dazu gehört am Ende des Ausatmens, die [...] Anheimgabe im wissend sich hingebenden Lauschen."[6] Der Mensch öffnet sich den Kräften der Tiefe, die ihn zur Erkenntnis bringen, dass nicht er der Handelnde ist, sondern gleichsam aus der großen Kraft der Tiefe gehandelt wird. Er erfährt, dass die Tiefe handelt, nicht er, sondern das große Ganze. Deshalb sagen die Zen-Meister im Osten: ES handelt, ES atmet. Das ES ist apersonal.

Wenn sich diese ES-Dimension öffnet, ist ein qualitativer Umschlag erfolgt. Der Mensch ist ein anderer geworden, lebt in einer anderen Seinsverfassung, und zwar einer solchen, die ihm stete Bewegung bringt und garantiert. Stete Bewegung meint, sich aus dem stabilen Zentrum einer ruhenden Mitte bewegen, ver-stehen, also nicht stehen (bleiben), sondern unterwegs sein. Ein Mensch mit Verständnis steht nicht still, sondern ist unterwegs zu seiner Mitte und damit auch zur großen Mitte, zu dem, was wir das Selbst, das All, das Ganze, das Eine nennen.

Am Weg lernt er, die Vergänglichkeit zu akzeptieren, sie aber gleichzeitig als Scheinrealität zu durchschauen.

---

[3] Vgl. J. QUINT, *Meister Eckehart. Deutsche Predigten und Traktate.* München 1979, 57: „Die Leute brauchten nicht soviel nachzudenken, was sie tun sollten; sie sollten vielmehr bedenken, was sie wären. [...] Nicht gedenke man Heiligkeit zu gründen auf ein Tun; man soll Heiligkeit vielmehr begründen auf ein Sein, denn die Werke heiligen nicht uns, sondern wir sollen die Werke heiligen."

[4] M. HEIDEGGER, SuZ. § 12.

[5] DIELS/KRANZ, Fragmente der Vorsokratiker I. 22 Herakleitos, Fragment 31: „Gesetz *heißt* auch dem Willen eines einzigen folgen."

[6] Karlfried GRAF DÜRCKHEIM, *Hara. Die Erdmitte des Menschen.* Bern, München, Wien 1978, 157.

Er lernt, zu dem zu werden, was überall ist, d.h. in aller Pluralität Einheit zu finden. Erst in dieser Dimension lebt der Mensch wahrhaft und umfassend realistisch. Denn in dieser Dimension lebt er das ganze Leben mit.

Spirituelles Leben ist ein Leben, das stets mitlebt, ganz und voll. Es hat nichts mit Askese zu tun, obwohl Askese dazu notwendig ist. Es hat auch nichts mit Moral zu tun, obwohl die Differenz und Hierarchie der Werte geklärt sein muss, und es hat auch nichts mit einem vorstrukturierten Dogma zu tun, das den Menschen zum Stillstand bringt und vom Unterwegssein abhält.

Spirituelles Leben ist mutig-forschendes, in aller äußeren Unruhe innerlich beruhigtes und beruhigendes, sich stetig verwandelndes, die Tiefe bergendes Leben. Bewegt sich der Mensch auf diese Weise, dann kann in reiner Helle auf dem Tische Brot und Wein erglänzen.

Diese Bewegung ist für jeden Menschen anders, obwohl alle Wanderer ähnliche Erfahrungen machen. Die Wege zur Einheit und spirituellen Befindlichkeit sind individuelle Wege.

Wie wir zu einem solchen Leben gelangen können, wie wir Musik verstehen und hören können, wie wir dem Wesen lauschen können, welche Wege es zum spirituellen Leben gibt, zeigen uns nun unsere Referenten mit ihren Beiträgen.

Es kommt aber immer darauf an, die Wege zu gehen, die spirituelle Erfahrung selbst zu vollziehen.

Ich danke Ihnen für Ihre Aufmerksamkeit und möchte gleichzeitig einen Dank für die sehr aufwendige Organisation der Tagung aussprechen. Er geht an Frau Renate Bürckmann, die die Gesamtorganisation leitete, sich um die Unterkunft kümmerte, die gesamte Korrespondenz mit den Referenten führte und sich am Ende noch mit so vielen zeitaufwendigen Details hier vor Ort auseinandersetzen musste.

Wolfgang-Andreas Schultz

Weltzugewandte Spiritualität
Der Weg der abendländischen Musik[1]

I.

Als in der zweiten Hälfte des 20. Jahrhunderts die Diskussionen über Musik und Spiritualität begannen, wurde die abendländische Musik zwischen 1600 und dem frühen 20. Jahrhundert meist als zu „ichverhaftet" oder „egohaft" ausgegrenzt.[2] Zwar gab es schon damals Gegenstimmen[3], dennoch steht eine Lesart der Musikgeschichte unter dem Aspekt einer spirituellen Entwicklung noch aus.

Über Musik und Spiritualität nachzudenken und sich dabei auf die komponierte Musik zu beschränken, bedeutet eine für diese Arbeit notwendige Einengung des Themas. Komponierte Musik ist auf Interpreten angewiesen, und wenn es darum geht, wie durch Musik eine „Erfahrung des Heiligen"[4] möglich werden kann, wird es einen entscheidenden Unterschied bedeuten, in welcher Haltung und aus welchem Geist heraus ein Interpret die Musik zum Klingen bringt: dienend, frei von persönlichem Wollen, als eine Art Instrument, durch das die Musik zum Klingen kommt, oder selbstherrlich, die eigene Person ins Zentrum stellend.

Eine Erfahrung des Heiligen kann durch jede Art Musik vermittelt werden; es können gregorianische Gesänge, Lieder oder hochkomplexe symphonische Gebilde sein. Neben dieser „vertikalen" Komponente könnte es aber auch eine „horizontale" geben. Warum verändert und entwickelt sich Musik? Gibt es verborgene Attraktoren, die vielleicht darauf zielen, ein spirituelles Potenzial zu entfalten? Gilt das auch für die Zeit ab 1600? Die Entwicklung der komponierten Musik unter diesem Aspekt zu lesen, ist Ziel der vorliegenden Skizze.

---

[1] Dieser Beitrag erschien bereits unter dem Titel „Weltzugewandte Mystik" in: Wolfgang–Andreas SCHULTZ, *Avantgarde. Trauma. Spiritualität. Vorstudien zu einer neuen Musikästhetik.* Schott Verlag.

[2] Peter Michael HAMEL, *Durch Musik zum Selbst*, Bern-München-Wien 1976; Joachim Ernst BERENDT, *Nada Brahma*, Reinbek 1983. Beide Autoren haben aber später ihre Einschätzung verändert.

[3] Jochen KIRCHHOFF, *Klang und Verwandlung,* München 1989.

[4] Roger WALSH, *Die Erfahrung gelebter Spiritualität,* Stuttgart 2008, 22. „Spiritualität bezieht sich auf die *unmittelbare Erfahrung* des Heiligen."

II.

Spiritualität kennt, keineswegs nur im Hinblick auf die Musik, zwei unterschiedliche Wege: eine Spiritualität, die im Rückzug von der Welt gelebt wird, und eine Spiritualität, die sich in der Welt manifestieren und das „Weltliche" (das dann nicht mehr im Gegensatz zum „Geistlichen" oder „Spirituellen" steht) umfassen möchte. In der biblischen Geschichte von Maria und Martha[5] finden wir die Urbilder dieser beiden Haltungen: „Maria setzte sich zu Jesu Füßen und hörte seiner Rede zu. Martha aber machte sich viel zu schaffen, ihm zu dienen." Jesus scheint dem kontemplativen Leben den Vorzug zu geben: „Martha, du hast viel Sorge und Mühe; eins aber ist not, Maria hat das gute Teil erwählt." Die mystischen Traditionen betonen aber die Notwendigkeit, Spiritualität tätig in der Welt zu leben: Teresa von Ávila[6] hält die Positionen von Maria und Martha für gleichberechtigt, während Meister Eckhart Marthas Verhalten sogar höher stellt:

> Martha war so im Wesentlichen, dass alle Wirksamkeit sie nicht hinderte und dass alles Tun und alle Geschäftigkeit sie auf ihr ewiges Heil hinleitete. Maria musste erst eine Martha werden, ehe sie wirklich eine Maria werden konnte. Denn da sie unserem Herrn zu Füßen saß, da war sie das noch nicht. Sie saß da noch um der Freude und Entzückung willen. […] So werden die Heiligen erst dann zu Heiligen, wenn sie anfangen zu wirken durch ihre Tugenden.[7]

Meist waren die Mystiker Außenseiter, und so war die Maria-Haltung, in dem Sinne, wie Meister Eckhart sie der Maria der biblischen Geschichte unterstellt, im Hinblick auf die Musik die Position der Kirche mit der Folge, dass es immer wieder zu Diskussionen kam, wie „weltlich" denn die „geistliche" Musik nun eigentlich sein darf. Diese Frage hat ihre Berechtigung, wenn es Aufgabe der Musik sein soll, die Menschen im – vielleicht nur zeitweiligen – Rückzug aus den Verstrickungen des Alltags zu lösen, Abstand zu gewinnen von den Gefühlen, zur Ruhe, zur Stille und zur Begegnung mit sich selbst zu finden. Dann muss die Musik alles vermeiden, was an die Welt erinnern kann: Körperlichkeit, Gefühle, allzu individuelle Einzelheiten, die zu viel Aufmerksamkeit auf sich ziehen, und Entwicklungen, die den Hörer auf eine Reise durch den Zeitablauf mitnehmen. Statt dessen sollte sie kontemplativ, nahezu emotionslos, von der Individualität absehend und gleichsam zeitlos sein.

III.

Im Grunde gilt es, zwei Geschichten zu erzählen: die überzeitliche von Maria und Martha, vom Verhältnis der im Rückzug von der Welt gelebten Spiritualität und einer die Welt umfassenden und in ihr sich verwirk-

---

[5] LUKAS 10, 38–42.
[6] TERESA VON ÁVILA, *Wohnungen der Inneren Burg*, Freiburg i.Br. 2005, 337.
[7] MEISTER ECKEHART, *Vom Wunder der Seele,* Stuttgart 1951, 29.

lichenden. Überzeitlich deshalb, weil jeder Mensch zu jeder Zeit seine je eigene Balance finden muss.

Die andere Erzählung ist die der Bewusstseinsevolution, von den Veränderungen im Denken, Fühlen, Glauben und in den Gottesvorstellungen im Laufe der Geschichte. Nach Pionieren wie Jean Gebser[8] haben inzwischen Don E. Beck[9] und Ken Wilber[10] ein recht differenziertes Modell vorgelegt, demzufolge sich das menschliche Bewusstsein kulturübergreifend durch bestimmte, in ihrer Reihenfolge festliegende Ebenen entwickelt, die sich in den unterschiedlichen Kulturen an der Oberfläche allerdings stark unterscheiden können. Inzwischen hat dieses Modell auch Eingang in die Theologie[11] gefunden und bietet die Möglichkeit, in den Heiligen Schriften die verschiedenen Ebenen dokumentiert zu finden, was es erleichtert, die unterschiedlichen und widersprüchlichen Gottesbilder als Prozess der Evolution der Gottesvorstellungen zu lesen.

Die frühen Stadien seien nur kurz benannt: die archaische Stufe des Überlebenswillens; die magisch-animistische Stufe der Ahnengeister und der Sippen; die egozentrische Stufe der Machtgötter und Kämpfer in Stammesgesellschaften mit der „Ethik": Gut ist, was dem Stamm nützt; und die Stufe absolut geltender Werte, mit einer eindeutigen Moral und Vorstellungen von Schuld und Sünde. Diese Stufe, auf der klar zwischen Gut und Böse, Wahrheit und Ketzerei, Geistlich und Weltlich unterschieden wurde, herrschte im christlichen Mittelalter und herrscht noch heute im Bereich fundamentalistischer Religionen. Da gibt es nur die eine, die eigene Wahrheit – sich in das Denken und in die Positionen anderer einzufühlen, ist kaum möglich. Dass diese Position einherging mit der Unterdrückung und Disziplinierung der Natur und Körperlichkeit, hallt in der Musik insofern nach, als man all das, was man als zu weltlich ansah, wie körperbetonte Rhythmen und weite Bereiche der Gefühle, aus der geistlichen Musik herauszuhalten versuchte; da konnte in der Renaissance schon die Melodie eines weltlichen Liedes als Material für eine Mess-Vertonung zum Stein des Anstoßes werden.

IV.

Nach dem Mittelalter, beginnend mit der Renaissance und kulminierend in der Aufklärung, treffen wir auf Entwicklungen, die man als Übergang zu einer neuen Stufe der Bewusstseinsevolution interpretieren kann: zur Ebene des rationalen Strebens und Forschens, des selbstverantwortlichen und möglichst vernunftgeleiteten Individuums mit seinem Willen und seiner

---

[8] Jean GEBSER, *Ursprung und Gegenwart*, München 1973.
[9] Don Edward BECK/ Christopher C. COWAN, *Spiral Dynamics,* Bielefeld 2007.
[10] Ken WILBER, *Integrale Psychologie*, Freiamt 2001.
[11] KÜSTENMACHER / HABERER, *Gott 9.0,* Gütersloh 2010.

Fähigkeit zum Selbstausdruck. Auch darin kann sich eine spirituelle Entwicklung verbergen.

In diesem Sinne sollte man versuchen, die Veränderungen in der Musik ab 1600 nicht als Abfall von der reinen Kirchenmusik zu deuten, sondern als vielleicht nicht immer gelungener und oft gefährdeter Versuch, die Welt und die Erfahrung des Heiligen zu verbinden. In Schritten auf den Menschen in allen seinen Facetten zu entfaltet jede Epoche der Musikgeschichte neue „spirituelle Signaturen", die es ermöglichen, in den Entwicklungen nach 1600 die spirituellen Wachstumsmöglichkeiten zu entdecken. Doch jede Weiterentwicklung hat auch ihre potenziell dunklen und bisweilen pathologischen Seiten, die sog. „Schattenthemen" im Sinne von C.G. Jung. Auch von diesen muss die Rede sein.

Barock: Die Menschwerdung der Musik

Um 1600 betritt der einzelne Mensch die Bühne – im übertragenen Sinne im generalbassbegleiteten Sologesang und im wörtlichen Sinne in der neu erfundenen Gattung „Oper". Damit hält die Menschendarstellung Einzug in die Musik und mit ihr die Vielfalt der Gefühle und die unterschiedlichen menschlichen Charaktere. Die mystischen Traditionen sehen die Menschwerdung Gottes nicht als ein einmaliges historisches Ereignis, sondern als etwas, das sich in jedem Menschen ereignen kann. So kommt dem Individuum eine große Bedeutung zu als dem Ort, an dem Gott sich verkörpert, und damit auch eine große Verantwortung. Angelus Silesius geht sogar so weit:

> Ich weiß dass ohne mich Gott nicht ein Nun kan leben / Werd' ich zu nicht Er muss von Noth den Geist auffgeben.[12]

Diese Auffassung der Menschwerdung Gottes ist ein wichtiger Schritt als Übergang von der theistischen Gottesvorstellung (Gott als überweltlicher oder außerweltlicher Schöpfer und Lenker) zur mystischen Erfahrung, in der Gott in der individuellen Seele gefunden wird. In Bachs *Weihnachtsoratorium* beantwortet die Altstimme die Frage: „Wo ist der neugeborne König der Juden?": „Sucht ihn in meiner Brust, hier wohnt er, mir und ihm zur Lust."[13]

> Für die Mystik des Christentums – und diese bildet den religiösen Hintergrund vieler Texte bei Bach – ist zusätzlich zur Liebe, einer innigen Beziehung des glaubenden Menschen zu Gott, die Menschwerdung Gottes ein ganz wichtiges Phänomen: Gott wird zum Bruder, zum erlösenden Helfer [...] Von daher ist es nur ein kleiner Schritt zur christlichen Brautmystik, in der – in Anlehnung an das biblische Hohelied der Liebe – Christus als der geliebte Bräutigam der menschlichen Seele gesehen wird.[14]

---

[12] ANGELUS SILESIUS, *Cherubinischer Wandersmann*, Stuttgart 1984, 28 (I,8).
[13] Nr. 45 im 5. Teil.
[14] Lucia HASELBÖCK, *Bach-Textlexikon*, Kassel 2004, 12.

Die zentralen Gefühle (oder Affekte, wie man damals sagte) sind also Liebe und Mitleiden, und so ist es natürlich, dass die Geschichten, in denen die Menschen in der ihnen vertrauten Gefühlswelt mitempfinden können, ins Zentrum rücken: die Weihnachtsgeschichte und vor allem die Passionserzählungen. Zum Text der *Matthäus-Passion* heißt es bei Haselböck:

> In Picanders Passionslibretto [...] gibt sich der Mensch ganz dem persönlichen, betrachtenden Mitleiden hin, um letztlich, selbst geläutert, in mystischer Inkarnation dem toten Jesus das ‚Grab seiner Seele' anzubieten [...][15]

Besonders an den vom Hohelied inspirierten Texten wird deutlich, in welchem Maße das „weltliche" Erleben der Liebe zum Resonanzraum für die spirituelle Gottesliebe wird, und Ähnliches lässt sich von den Leidenserfahrungen sagen, die im Mitleiden mit der Passion mitschwingen. Damit ist ein wichtiger Teil der „Welt" in der Musik angekommen, in einer geistlichen Musik, die dasselbe Vokabular benutzt wie die weltliche der Oper. Dafür haben all die, die den Schritt von der Maria- zur Martha-Position in der Musik nicht nachvollziehen konnten oder wollten, Bach heftige Vorwürfe gemacht.[16]

Den Menschen mit seiner Gefühlswelt Klang werden zu lassen, ist ein dermaßen entscheidender Schritt, der die Musik bis in die Gegenwart hinein geprägt hat, dass auch seine Schattenseiten angesprochen werden müssen. Die Schattenthemen dieser Entwicklung konzentrieren sich auf zwei miteinander zusammenhängende Probleme: Erstens kann es zu einer Reduktion des Menschenbildes kommen, wenn die höheren Bewusstseinsebenen, die den mystischen Traditionen vertraut sind, im Menschenbild fehlen und das Alltags-Ich und seine Gefühlswelt als einzige Realität erscheinen; und zweitens besteht die Gefahr, dass, wenn ein überpersönlicher oder transzendenter Rahmen fehlt, der Mensch, allein gelassen und auf sich selbst verwiesen, der negativen und destruktiven Emotionen nicht mehr Herr wird.[17]

In der Barockzeit hat sich nun aber eine eigenständige Instrumentalmusik entwickelt. Doch auch sie wurde von der Sprache und den Affekten her erklärt, und viele Theoretiker machten keinen Unterschied zwischen Vokal- und Instrumentalmusik. Mattheson etwa „kennt einen Unterschied zwischen Gesungenem und Gespieltem nicht; die Instrumentalsachen stehen unter den

---

[15] HASELBÖCK, *Bach-Textlexikon* (wie Anm. 11), 27.

[16] Eine adlige Dame nach der Aufführung der Matthäus-Passion: „Behüte Gott! Ist es doch, als ob man in einem Opera Comedie wäre." Nach Klaus EIDAM: *Das wahre Leben des Johann Sebastian Bach*, München 1999, 222.

[17] Bach und auch Händel, nachdem er sich von der Oper verabschiedet hatte und Oratorien komponierte, lassen die Affekte in einem imaginären rituellen Theater Klang werden. Bei Händel (etwa im „Saul") schafft der Chor, durchaus vergleichbar mit der Funktion der Choräle in Bachs Oratorien, jenen überpersönlichen Rahmen, in dem das menschliche Geschehen gleichsam aufgehoben ist. Das ist in Händels Opern nicht der Fall, aber Kritik an der Oper kann nicht bei der Gattung als solcher ansetzen, sondern allenfalls bei dem in der Musik und in den Personen sich realisierenden Menschenbild.

gleichen Gesetzen wie die textierte Vokalmusik."[18] Inzwischen hat sich eine Art musikalischer Logik herausgebildet, in der Weise, wie Motive entwickelt werden, Phrasen sich bilden und Formen gebaut werden. Könnte man von „objektivierten" Affekten sprechen? Affekte, die nicht, wie im Rezitativ spontan und momentan auftauchen, sondern sich zu größeren Formen objektivieren, sei es in der Arie in der Vokal- oder im Konzertsatz in der Instrumentalmusik? Hier wurden die entscheidenden Grundlagen gelegt für das Auftreten der nächsten spirituellen Signatur in der Musik der Klassik.

Klassik: Die Form – Hen kai pan

Der Stilwandel vom Barock zur Klassik vollzieht sich u.a. durch eine Verlangsamung des Harmoniewechsels und eine strikte Ökonomie im Harmonischen und in der Disposition der Tonarten – beides zusammen erlaubt es, größere tonale Komplexe gegenüberzustellen. Die tonale Spannung zwischen ihnen trägt einen längeren Zeitablauf und erlaubt es, unterschiedlichste Motive und Ausdruckscharaktere als Einheit zu erleben. Dabei hilft eine genaue Abstufung und Beziehung der Schlusswendungen aufeinander, den Hörer durch den Zeitablauf zu führen.[19]

Auch wenn jetzt die reine Instrumentalmusik besonders hervortritt, so baut die Klassik doch auf der Barockmusik insofern auf, als sie reich ist an menschlichen Ausdruckscharakteren, gleichsam schauspielert. Die Barockzeit kannte fast nur Sätze in einheitlichem Affekt – die Aufgabe der Klassik lässt sich dagegen beschreiben: viele Ideen, Gestalten, Charaktere, aber *ein* überwölbender musikalischer Bogen.

Die Vereinheitlichung eines Satzes durch Motivbeziehungen spielt in der frühen Klassik noch keine so große Rolle, und so ist es dort vor allem die durch die großformale harmonische Disposition hergestellte Einheit, die die Vielfalt der Charaktere verbindet und zusammenfasst – das stellt das spezifisch Neue der Klassik dar.

Damit ist bereits auf eine Formel angespielt, die für den spirituellen Hintergrund der Klassik steht: *hen kai pan* – Eines und Alles, oder: das All-Eine, oder: das Eine in Allem. Jan Assmann[20] hat gezeigt, dass es im Abendland eine untergründige spirituelle Strömung gab, die sich, vermittelt durch den *Corpus Hermeticum* des *Hermes Trismegistos*, aus dem alten Ägypten herleitete. Die Debatten damals, an denen sich Lessing, Schiller und viele andere beteiligten, kreisten zwar um die Gestalt Moses und seinen ägyptischen Ursprung, im Grunde aber ging es um die Weltsicht von damals noch verfemten Denkern wie Giordano Bruno und Baruch Spinoza, die

---

[18] Hans-Heinrich UNGER, D*ie Beziehungen zwischen Musik und Rhetorik im 16. - 18. Jahrhundert*, Reprint Hildesheim 1969, 56.
[19] Das bezieht sich auf die sensible Abstufung von vollkommenem Ganzschluss, unvollkommenen Ganzschlüssen und Halbschlüssen.
[20] Jan ASSMANN, *Moses der Ägypter*, München 1998.

Assmann als „Kosmotheismus" charakterisiert, die den gesamten Kosmos als stufenweise Verwirklichung Gottes auffasst, die Natur einbeziehend. Assmann schreibt:

> Mit Reinhold und Schiller erreicht die Moses-Debatte eine Ebene, auf der sie zur Religion der gebildeten Aufklärung wurde. Diese erhebt Sätze zum Credo einer natürlichen Theologie, die allgemein für altägyptische Weisheit gelten.[21]

Beethoven schrieb Sätze aus Schillers Schrift „Die Sendung Moses" ab und stellte sie sich, unter Glas gerahmt, auf seinen Arbeitstisch[22], und Mozart hat in der *Zauberflöte* ein Einweihungsritual der altägyptischen Mysterien auf die Bühne gebracht[23] – wie man es sich damals in Kreisen der Freimaurer vorstellte.

Die Idee *hen kai pan* hat ihr künstlerisches Abbild in der klassischen Form gefunden als „verschiedenste Charaktere und Ausdrucksformen unter *einem* Bogen". Damit hat die Musik Teil an der neuen spirituellen Signatur der Zeit. In der Art, zunächst nebeneinander oder sogar in Kontrast stehende Charaktere und Gestalten in *einen* einheitlichen musikalischen Bogen zu integrieren, bildet die klassische Form auch psychische Prozesse ab, die auf ein Ganzwerden der Person zielen. Durch den großformalen harmonischen Bogen, später unterstützt durch thematisch-motivische Arbeit, durch Verwandlung und Verbindung von Motiven, vermag die klassische Form ein Bild vom Ganzwerden im Sinne von C.G. Jung herzustellen: Form als Integrationsprozess, und insofern auch Bild einer spirituellen Entwicklung.[24]

Bereits in der Klassik gab es Versuche, die Integration noch auf einer anderen Ebene zu versuchen, im Bemühen, verschiedene Stilebenen zusammen zu bringen. Am weitesten geht Mozart im Finale seiner *Jupiter-Symphonie* in der Verbindung von Sonate und Fuge und in der *Zauberflöte* mit ihrer Verbindung von Seria- und Buffo-Stil, von barocken und klassischen Stilelementen. Jeder Stil steht ja für eine bestimmte menschliche Haltung, für bestimmte Charaktere, und so macht eine innere Stilvielfalt die Musik auch reicher an Ausdrucksmöglichkeiten. Beethoven ist Mozart darin gefolgt in seinen späten Klaviersonaten und Streichquartetten: Sie enthalten Fugen, eine kirchentonale Choralbearbeitung, lyrische Sätze, kontrastreiche Sonatensätze, Märsche, Scherzi, ein Rezitativ – und damit fast die ganze damals bekannte musikalische Welt.[25]

---

[21] ASSMANN, a.a.O., 183.

[22] Nach ASSMANN, 183.

[23] Jan ASSMANN, *Die Zauberflöte*, München 2005.

[24] Es kann durchaus sein, dass Menschen von der vollkommenen Balance, Schönheit und Eleganz einer klassischen Form unterschwellig in einer Weise berührt werden, die einen Bereich jenseits des Menschlichen ahnen lässt, der die Subjektivität des Komponisten und des Interpreten übersteigt.

[25] Das sind Werke, die die klassische Formensprache bis an die Grenze ihrer Integrationsfähigkeit dehnen, sie aber nicht zerbrechen, wie oft geglaubt wird. Im Überschreiten der Grenzen einer zu eng gefassten Persönlichkeit liegen wichtige Entwicklungschancen, vorausgesetzt, die Persönlichkeit zerfällt nicht, sondern wächst.

Durch die klassischen Formen wird Zeit strukturiert, eine lineare Zeit, die aber gleichwohl (durch wiederkehrende Teile wie Reprisen) auch Elemente der älteren zyklischen Zeitvorstellung einschließt. Über lineare Zeit zu verfügen bedeutet: Eine persönliche Identität entwickeln (sich als derselbe zu wissen über die Zeit hinweg), Verantwortung übernehmen zu können, auf Vervollkommnung (im moralischen Sinne) und Integration hinarbeiten zu können. Darin liegen die großen Chancen dieser Weltsicht. Aber die Schattenthemen lassen sich schnell ausmachen: die Ausgrenzung alles dessen, was die damalige musikalische Integrationsfähigkeit überfordert hätte: archaische Ebenen (musikalisch repräsentiert etwa durch Bordunquinten, unregelmäßige, stark körperbetonte Taktarten und Rhythmen, Schlaginstrumente), fremde Kulturen (die Ägyptenliebhaberei hatte mit der ägyptischen Musik nichts zu tun), extreme negative Emotionen, der Zerfall der Persönlichkeit und damit der Verlust der linearen Zeit, Wahnsinn – all das blieb draußen. „ […] wer's nie gekonnt, der stehle weinend sich aus unserem Bund." So sieht Ausgrenzung bei Schiller und Beethoven in der 9. Symphonie aus.

Romantik: Das Unendliche – die Entgrenzung

„Die Religion lebt ihr ganzes Leben auch in der Natur, aber in der unendlichen Natur des Ganzen, des Einen und Allen."[26] So schreibt offenbar ein Anhänger des Kosmotheismus, und – als wäre es ein Kommentar zu Mozarts und Beethovens Vielfalt der Stilebenen: „Ihr selbst seid ein Kompendium der Menschheit. Eure Persönlichkeit umfasst in einem gewissen Sinne die ganze menschliche Natur […]."[27] Gleichsam programmatisch für die Romantik heißt es: „Strebt danach, schon hier Eure Individualität zu vernichten, und in Einem und Allem zu leben, strebt danach, mehr zu sein als Ihr selbst […]."[28] Hier klingt ein entscheidendes Motiv an: die Überschreitung der Grenzen des Ichs, die Ich-Transzendenz[29] – ein wichtiger Schritt auf jedem spirituellen Schulungsweg, zur Erfahrung des Unendlichen. „Religion ist Sinn und Geschmack für das Unendliche."[30] Das alles schrieb der Theologe Friedrich Schleiermacher 1799.

Schubert hat in seinem Lied *Auflösung*[31] eine solche visionäre Erfahrung des Unendlichen komponiert. Nur ganz am Ende findet man eine Kadenz, sonst gibt es weder Halb- noch Ganzschlüsse, die Musik strömt ohne formale und syntaktische Grenzen dahin und suggeriert eine gleichsam unendliche

---

[26] Friedrich SCHLEIERMACHER, *Über die Religion,* Hamburg 1958, 29.
[27] SCHLEIERMACHER, a.a.O., 55.
[28] SCHLEIERMACHER, a.a.O., 73.
[29] Dabei sollten aber auch die Schattenthemen im Bewusstsein bleiben: Neben der auch für die Musik bedeutsamen Verwechslung von Ich-Transzendenz und Ich-Zerfall (s.u.) wäre die narzisstische Selbstüberhöhung des Ich eine andere Gefahr.
[30] SCHLEIERMACHER, A.A.O.,30.
[31] D 807, nach einem Gedicht von Mayrhofer.

Weite. Auch die Technik der „inneren Erweiterung" kann eingesetzt werden, um Unendlichkeit spürbar werden zu lassen, wenn die Dehnung durch Wiederholungen oder Sequenzen so lang wird, dass man den Bezug zum Ausgangspunkt verliert und die Musik gelöst zu schweben beginnt.[32] Bruckner entwirft im langsamen Satz seines Streichquintetts eine riesengroße Periode: Der Vordersatz bis zum Halbschluss umfasst schon 12 Takte und der Nachsatz verliert sich gleichsam ins Unendliche[33] und erreicht nie den erwarteten Ganzschluss der Haupttonart. Oder die Musik beginnt nicht wirklich, sondern scheint aus der Unhörbarkeit allmählich ins Hörbare einzutreten, so als würden wir in eine Musik hineinhören, die unhörbar schon immer da war (Chopin, *Ballade F-Dur*, oder wenn Schumann mit einer Schlusswendung beginnt). Techniken der Phrasenverbindung (eine Phrase endet auf einem Dominantseptakkord, die nächste beginnt mit der dazugehörigen Tonika) und der Verschränkung (ein Takt ist zugleich Ende einer Phrase und Beginn einer neuen) ermöglichen es den Komponisten, die Musik immer fließen zu lassen und Unendlichkeit zu suggerieren, die Musik zu entgrenzen.

Im Zusammenhang mit Entgrenzung und Ich-Transzendenz gewinnt die Mystik wieder an Aktualität – nur ist es jetzt die islamische Mystik von Hafis und Rumi, deren Gedichte durch die Übersetzungen von Friedrich Rückert den Romantikern bekannt waren. Der Orient wurde von den Romantikern nicht nur des exotischen Reizes wegen geliebt, sondern auch als Chiffre für Entgrenzung und Unendlichkeit.

In einem Gedicht von Rumi heißt es: „Denn wo die Lieb' erwacht, stirbt das Ich [...]"[34], und damit ist das zentrale Motiv von Entgrenzung und Ich-Transzendenz angesprochen, wobei „Ich-Tod" das Hinauswachsen über die alte, von einem festen identischen Ich begrenzte Persönlichkeit meint, die Überwindung des Ego, wie man sich heute ausdrückt – ein wichtiges Thema einer jeden spirituellen Entwicklung. Todessehnsucht ist oft Sehnsucht nach dem Tod des Ichs, nach Entgrenzung, Wandlung und seelischem Wachstum in spirituelle Bereiche hinein, nach einer „Entgrenzung nach oben".[35] Aber da gibt es eine gefährliche Ambivalenz, denn möglich ist auch eine „Entgrenzung nach unten", also nicht in Richtung auf höhere spirituelle Ebenen, sondern als pathologischer Ich-Zerfall oder als Flucht in Rausch oder als Regression in frühere Entwicklungsstadien vor der Ich-Bildung. Wagners Oper *Tristan und Isolde*, musikalisch der Gipfel der romantischen Kunst der Entgrenzung, enthält in Handlung und Text etliche solcher ambivalenten Momente.

---

[32] Klaviersonate a-Moll, D 537, 3. Satz, Takt 59 – 95.
[33] Ab Takt 19.
[34] Friedrich RÜCKERT, *Werke*, Frankfurt 1988, 2. Band, 15.
[35] Dazu: Robert A. JOHNSON, *Traumvorstellung Liebe. Der Irrtum des Abendlandes*, München 1987.

Die Sehnsucht nach dem Unendlichen, die „Entgrenzung nach oben" war aber nur *ein* Thema der Romantik, das andere war die Erforschung der Nachtseiten der Existenz, der Träume, des Wahnsinns, des Satanischen („Schwarze Romantik")[36], der Persönlichkeitsspaltung und des Ich-Verlusts mit dem Zerbrechen der linearen Zeit, also die „Entgrenzung nach unten". Hier klingen die Schattenthemen der Romantik an, zumal der Ich-Zerfall leicht mit Ich-Transzendenz verwechselt werden kann, und die Dehnung der klassischen Formensprache möglicherweise zur Auflösung von Form überhaupt führt, zum Zerfall der linearen Zeit in unzusammenhängende Augenblicke. Vor allem aber ist der Blick in den Abgrund der Seele, ins Unbewusste der verdrängten Erinnerungen und verdrängten Gefühle, der negativen Emotionen und der archaischen Erbschaft ohne entsprechend starke Kräfte des Bewusstseins nicht ungefährlich.

Jede neue spirituelle Signatur sollte auf den vorherigen aufbauen und diese umfassen. Dort finden sich oft die Gegenkräfte gegen die Gefährdungen der jeweils neuen Signatur, im Falle der Romantik in der klassischen Formensprache mit ihrer Signatur *hen kai pan*. Die späteren Romantiker wie Brahms und Bruckner haben genau da angeknüpft, und selbst Wagner stellte den Anspruch, in der thematischen Arbeit seiner Musikdramen Beethovens Symphonik zu beerben.

Die meisten spirituellen Schulen dürften sich darin einig sein, dass der Weg der Martha, Spiritualität in der Welt zu leben, der schwerere und gefährlichere ist. So überrascht es nicht, schon zu Beginn der Romantik eine Gegenbewegung zu finden in der Diskussion über die Kirchenmusik bei E.T.A. Hoffmann und in Justus Thibaut's Schrift *Über Reinheit der Tonkunst.*[37]

Hoffmanns Aufsatz *Alte und neue Kirchenmusik* lässt den Zwiespalt der Romantik deutlich werden. Dazu schreibt Peter Rummenhöller: „Wahre Musik ist für Hoffmann […] zugleich wahre Kirchenmusik, und diese gehört […] unwiederbringlich der Vergangenheit an."[38] Ihr gegenüber steht die „romantische" Musik der Gegenwart: Haydn, Mozart und Beethoven: „Beethovens Musik bewegt die Hebel des Schauers, der Furcht, des Entsetzens, des Schmerzes und erweckt jene unendliche Sehnsucht, die das Wesen der Romantik ist", schreibt Hoffmann.[39] Rummenhöller kommentiert: „Freilich hat diese von Hoffmann als wahrhaft romantisch und musikalisch gefeierte Kunst mit Religion und Kirche gar nichts zu tun."[40] So stellt sich das von der Maria-Position aus dar, und Hoffmann verbirgt nicht seine Skepsis, ob überhaupt noch gute Kirchenmusik komponiert werden kann, die mehr ist als Nachahmungen der alten Meister, wie sie der Cäcilianismus

---

[36] Dazu: Mario PRAZ, *Liebe, Tod und Teufel. Die schwarze Romantik,* München 1960.
[37] Anton Friedrich Justus THIBAUT, *Über Reinheit der Tonkunst*, Heidelberg 1825.
[38] Peter RUMMENHÖLLER, *Romantik in der Musik,* Kassel 1989, 39.
[39] Zitiert nach RUMMENHÖLLER, 39.
[40] RUMMENHÖLLER, 46.

hervorbrachte. Hier hat sich eine Kluft geöffnet zwischen einer Entwicklung, die neue spirituelle Signaturen hervorgebracht hat (was Hoffmann noch nicht sehen konnte) und der damaligen kirchenmusikalischen Praxis.

Im Barock waren schon die ersten Konflikte aufgetreten zwischen dem Bedürfnis nach einer Musik der Andacht, der Stille und des Rückzugs von der Welt einerseits und einer Musik, die das Weltliche (das „Opernhafte") einbezog andererseits. Diese Konflikte verschärfen sich in der Romantik, die sich verstärkt den dunklen Seiten der Seele zuwendet. Dem Maria-Blick mag dergleichen als „unrein" erscheinen, und Thibaut wollte all das aus der Musik verbannt wissen. Aber gehören nicht zur spirituellen Entwicklung Selbsterkenntnis und Selbstwahrnehmung dazu, die Fähigkeit und den Willen, auch die eigenen dunklen Seiten anzuschauen?

Das 20. Jahrhundert: Posttraumatic Growth, die Suche nach dem Ursprung und eine neue Maria

Sich auf die dunklen Seiten des Menschen einzulassen wird besonders dann gefährlich, wenn es zu einer Identifikation mit diesen dunklen Seiten kommt, mit den unbewussten und archaischen Ebenen, die dann als letzte Wirklichkeit erscheinen. Zwei Strömungen haben dazu beigetragen: die Musik des Expressionismus, die in bis dahin nicht dagewesener Konsequenz die Seelenregungen einsamer, verletzter oder traumatisierter Menschen protokolliert[41], nicht zufällig zeitgleich entstanden mit Freuds Psychoanalyse. Auf der anderen Seite war es der „Neoprimitivismus", der nach Ursprünglichkeit suchte in fernen Kulturen und in vorchristlich-heidnischen Opfer-Ritualen (Strawinski; *Le Sacre du Printemps*). Den Ursprung suchen – im unverstellten Ausdruck der Gefühle und des Unbewussten einerseits und im Archaischen andererseits –, das verbindet die beiden Antipoden Schönberg und Strawinski.

Beides scheint mit Spiritualität zunächst wenig zu tun zu haben, aber die Erfahrungen der Abgründe der eigenen Seele und der in ihr verborgenen archaischen Erbschaft kann zu einem wichtigen Schritt im Entwicklungsprozess werden, wenn man in der Lage ist, genau hinzuschauen, sich aber nicht mit diesen Schichten zu identifizieren, sondern sie zu integrieren in ein umfassendes Menschenbild, in das „bewusste personale Selbst"[42]. „Der Gottes- und Sinnsucher wird mit all den Dämonen konfrontiert, die er selber aus Unwissen geschaffen oder angezogen hat. Später sollen sie ihn nicht mehr vom Weg abbringen können, sondern sogar hilfreich zur

---

[41] Richard STRAUSS, *Elektra* (die Titelfigur ist traumatisiert, weil sie die Ermordung ihres Vaters miterleben musste); Arnold SCHÖNBERG, *Erwartung* (eine Frau sucht nachts im Wald ihren Geliebten und findet ihn ermordet); Alban BERG: *Wozzeck*.

[42] Harald PIRON, *Die Seelenburg der Teresa von Ávila und ihre Bedeutung für die Psychotherapie*, in: Bewusstseinswissenschaften – Transpersonale Psychologie und Psychotherapie, 18. Jahrgang 2012, Nr. 1, S. 10.

Verfügung stehen."[43] Das ist ein gutes Bild für die Möglichkeit des Wachsens an den Erfahrungen der unbewussten und archaischen Ebenen.

In kaum vorstellbarem Maße haben die Traumata der beiden Weltkriege die Musik des 20. Jahrhunderts geprägt, gerade da, wo die Schmerzen und das Leid hinter einer Fassade von Objektivität, Sachlichkeit, Nicht-Expressivität und Konstruktivität versteckt wurden[44]. Das betrifft sowohl den Neoklassizismus der 20er-Jahre wie auch die Zwölftontechnik und vor allem die serielle Musik nach 1950. Aber die Psychologie kennt das Phänomen des „posttraumatischen Wachstums" (posttraumatic growth), dass Menschen aus der Erstarrung der Emotionslosigkeit, der Desorientierung eines beschädigten Zeitbewusstseins und einer Dissoziierung des Ichs zur Lebendigkeit zurückfinden und in spirituelle Bereiche der Ich-Transzendenz hineinwachsen können.[45]

Auch in der Musik des 20. Jahrhunderts ist eine Sehnsucht nach Spiritualität spürbar, die sich aber oft nur äußerte in einer Nähe zu archaischen Ritualen (Strawinski, Jolivet) und jene unselige, schon im Neoklassizismus beliebte Gegenüberstellung von Objektivität und Subjektivität hervorbrachte, die das Überpersönliche, Spirituelle im Unpersönlichen, Subjektlosen und oftmals Vor-Individuellen suchte. Messiaen war, auch wenn er in den 50er-Jahren nicht gefeit war gegen die Versuchungen der „Objektivität", demgegenüber eine singuläre Ausnahme-Erscheinung.

Insgesamt ist das 20. Jahrhundert das Jahrhundert, in dem die Schattenthemen die überragende Rolle spielen. Dessen Chancen lassen sich zusammenfassen in der Fähigkeit, die dunklen unbewussten und archaischen Ebenen anzuschauen, Klang werden zu lassen und ins Bewusstsein zu heben und sie in ein umfassendes bewusstes, personales Selbst zu integrieren. Die Schattenthematik des 20. Jahrhunderts ist die Identifikation mit eben diesen Ebenen, wenn sie zur ursprünglichen und letzten Wirklichkeit erklärt werden – daran ist Freuds Psychoanalyse nicht unschuldig. Gelingt die Integration nicht, können diese Ebenen destruktive Kräfte freisetzen und zerstörerisch wirken.

Ist deswegen der Versuch der abendländischen Musik, den Weg einer Martha zu gehen, gescheitert? Angesichts der Wachstumschancen auch der Musik des 20. Jahrhunderts sollte man mit einem solchen Urteil zurückhaltend und für künftige Entwicklungen offen sein.

---

[43] Piron, a.a.O., 7.

[44] Wolfgang-Andreas Schultz, *Avantgarde und Trauma – die Musik des 20. Jahrhunderts und die Erfahrungen der Weltkriege*, in: Lettre International, Deutsche Ausgabe, Nr. 71, Berlin 2005, 92–97.

[45] Dazu: Ursula Wirtz, *Die spirituelle Dimension der Traumatherapie*, in: Transpersonale Psychologie und Psychotherapie, 9. Jahrgang, 2003, Nr. 1, S. 4; Tedeschi / Park / Calhoun (Hg.), *Posttraumatic Growth*, 1998, Lawrence Erlbaum Associates, Publishers, New Jersey – London.

Andererseits sind nicht zu übersehen die zahlreichen, nach Spiritualität Suchenden, die – ohne in Palestrina-Nachahmung zu verfallen – eine ruhige, stille, sich von Emotionen weitgehend frei haltende, oft zeitlos-statische Musik geschaffen haben, die im Rückzug von der Welt neu die Maria-Position lebendig werden lässt. Genannt seien vor allem Arvo Pärt und Morton Feldman. Ihre Musik fördert meditative Ruhe, Konzentration und das Stillwerden, aber ihr fehlt viel an Lebendigkeit und Vitalität und vermag so den Menschen nicht zu begleiten im Umgang mit seinen Gefühlen, Ängsten und Dämonen, mit dem Körper und seinen Energien; sie vermag nicht zu helfen, das alles zu verwandeln und daran auch spirituell zu wachsen.[46]

Eine mögliche Zukunft: Indras Netz

Wie kann man Persönliches und Überpersönliches in der Musik verbinden? Könnte so die Aufgabenstellung für eine Weiterentwicklung formuliert werden? Lassen sich Menschendarstellung und Gefühle in ihrer ganzen Fülle, aber nicht als ausschließlicher Gehalt der Musik, verbinden mit Strukturen oder Symbolen, die das Nur-Menschliche übersteigen? Geht so etwas, ohne das Menschliche zu opfern wie in den konstruktiven und „objektivistischen" Strömungen des 20. Jahrhunderts? Kann man der Subjektivität einen transzendenten Rahmen geben?

Die entscheidende Voraussetzung für einen solchen Weg ist die Reflexion über das Menschenbild. Die mystischen Traditionen des Abendlandes wussten immer von der Möglichkeit einer Entwicklung über das normale alltägliche Ich-Bewusstsein hinaus, und Kritiker des reduktionistischen Menschenbildes der Psychoanalyse von Abraham Maslow[47] bis zu Daniel Goleman[48] und Ken Wilber[49] beschreiben inzwischen differenziert diese höheren Ebenen. Die Anerkennung dieser Ebenen ist Voraussetzung für eine Weiterentwicklung der Musik, die mehr sein will als nur Erforschung von Klangmaterial. Dennoch gilt das zu Beginn Gesagte: Die Beziehung von Musik und Spiritualität hat eine gleichsam vertikale Komponente insofern, als zu jeder Zeit und in jedem Stil im Medium der Musik eine Erfahrung des Heiligen möglich ist, und eine gleichsam horizontale Komponente, in der die Entfaltung des spirituellen Potenzials als Attraktor der musikalischen Entwicklung wirksam wird.

Die Postmoderne, in der alles wieder möglich scheint (*anything goes*), repräsentiert eine Stufe der Bewusstseinsevolution, wo deutlich wird, dass

---

[46] Vielleicht sollten einige Werke von Pärt wie *Fratres* oder *Cantus in Memory of Benjamin Britten* ausgenommen werden.
[47] Abraham H. MASLOW, *Motivation und Persönlichkeit,* Reinbek 1981.
[48] Daniel GOLEMAN, *Dialog mit dem Dalai Lama* – Wie wir destruktive Emotionen überwinden können, München 2003.
[49] Vgl. Anm. 7.

jede Epoche Wertvolles mitbringt, dass jeder Stil menschliche Haltungen und Ausdrucksweisen Klang werden lässt, die keineswegs verloren sind, wo deutlich wird, dass ältere Entwicklungsstufen in die neueren integriert werden sollten, damit die Musik nicht verarmt und einseitig wird – Don E. Beck spricht vom *second tier* der Bewusstseinsevolution. Daraus könnte eine weitere Aufgabe für die Zukunft erwachsen, die sich mit der bereits erwähnten gut verbinden ließe. Bei dieser ginge es darum, Modalitäten und Techniken für eine sinnvolle Integration zu entwickeln, und sie hätte dadurch eine gewisse Ähnlichkeit mit der Aufgabenstellung der Klassik: neu über Form nachzudenken, wie aus Verschiedenem und Heterogenem ein sinnvolles Ganzes werden kann.

Die Aufgabe der Integration kann sich zunächst auf die eigene Tradition beziehen, verschiedene Stilebenen, die ja alle für Facetten des menschlichen Ausdrucks stehen, zu einer Einheit zu verbinden – Alfred Schnittke wäre in dieser Hinsicht Pionier. Spirituelle Lehrer wie Sri Aurobindo und Ken Wilber halten die Fähigkeit, unterschiedliche Perspektiven, andere als nur die eigene egoistische einzunehmen, für einen ganz wesentlichen Entwicklungsschritt. Das, was als „Polystilistik" bekannt ist, geht in diese Richtung, wobei das Gelingen vom Grad der Integration abhängt – eine Collage reicht da nicht aus.

Perspektivenvielfalt kann aber – auch musikalisch – die Perspektiven anderer Kulturen einschließen. Der Regisseur Peter Brook schrieb einmal:

> Der Mensch ist mehr als das, worauf er durch seine Kultur festgelegt wird; […] jede Kultur drückt einen anderen Teil der inneren Welt aus: Die vollständige menschliche Wahrheit ist global, und das Theater ist der Ort, an dem das Puzzle zusammengesetzt werden kann.[50]

Und, so darf man ergänzen, die Musik.

Im Bereich des Buddhismus gibt es dafür ein schönes Bild, das deutlich macht, wie jede Kultur, ja jede Individualität erhalten bleibt und doch in ihr sich alle anderen spiegeln: Indras Netz, „ein mit edlen Perlen besetztes Netz, die einander reflektieren, sodass in jeder Perle alle übrigen aufscheinen".[51] Es geht also um „die durch nichts gehinderte Beziehung zwischen Phänomen und Phänomen, ohne die Aufgabe der eigenen Identität".[52]

Die Verbindung von Persönlichem und Überpersönlichem, die intra- und interkulturelle Perspektivenvielfalt könnten vielleicht zur spirituellen Signatur des 21. Jahrhunderts werden, der Musik einer Martha im Sinne Meister Eckharts. Entscheidend aber bleibt immer, ob die Musik die Menschen berühren und ihnen die Erfahrung des Heiligen vermitteln kann.

---

[50] Peter BROOK, *Wanderjahre,* Berlin 1989, 177.
[51] Michael FRIEDRICH, *Indras Netz im Kegon,* in: Indras Netz, hg. von Disegno, Gesellschaft für interkulturelle Studien e.V., München 1997, 26.
[52] Jörg B. QUENZER / Sibylle GIRMONT, *Indras Netz in der buddhistischen Kunst,* in: Indras Netz (wie Anm. 51), 55.

Jochen Kirchhoff

Der Klangraum der Seele
Gedanken zu Philosophie und Bewusstseinsdimension der klassischen Musik

Präludium I

Meine Gedanken basieren auf einer spirituellen Musikphilosophie, die zugleich „eingehängt" ist in eine „andere Kosmologie". Ich spreche über den kosmischen Klangraum der Seele und die Bewusstseins- und Erkenntnisqualität der großen klassischen Musik des Westens. Beethoven wird eine Aussage zugeschrieben, die ich als ein Motto für mein Buch „Klang und Verwandlung" gewählt habe:

> Es gehört Rhythmus des Geistes dazu, um Musik in ihrer Wesenheit zu erfassen, sie gibt Ahnung, Inspiration himmlischer Wissenschaften, und was der Geist sinnlich von ihr empfindet, das ist die Verkörperung geistiger Erkenntnis.

Ich setze die Prämisse, dass die große klassische Musik des Abendlandes neben ihren unbezweifelbar „vernünftigen", emotionalen und körperlich-rhythmischen Komponenten eine transpersonale oder spirituelle Dimension aufweist, die meditativ und geistig erschlossen und für die eigene Bewusstseins-Evolution fruchtbar gemacht werden kann. Dazu bedarf es einer gesteigerten Form des Hörens. Hierzu gebe ich Anregungen und Impulse. Aber alle „Methoden" sind orientiert an der dem Ganzen zugrunde liegenden „Klang-Kosmologie". Es werden umrisshaft philosophische Gedanken zum Wesen des Raumes vorgestellt, soweit diese für das Thema relevant sind. Der Weltraum, als Weltseele, kann als bewusstseinserfüllter Klangraum verstanden werden, und dies keineswegs nur metaphorisch oder poetisch.

Alles was ich sage, muss und kann auch nur in der eigenen Seele verlebendigt und zur wirksamen Kraft gemacht werden. Das ist wie bei einem Mantra oder einem Koan der Zen-Meditation. Es wirkt und arbeitet im Innern und führt uns hinein in den „Rhythmus des Geistes" und der Weltseele, in dem wir wurzeln und beheimatet sind. Musik, als sie selbst, ist primär innen, kein Gegenüber.

Ich stelle die Grundzüge meiner Lehre von den *Archephonen* dar, archetypischen Klanggestalten (unhörbar für das sinnliche Ohr), die in der geistig-kosmisch verstandenen Weltordnung wurzeln, im „höheren Raum", aber auch in der „höheren Zeit", erschließbar und ins Hörbare transponierbar über das, was bei Platon *anamnesis* heißt, also die Erinnerung an unsere metaphysische Existenz. In diesem Zusammenhang umreiße ich die

Grundmerkmale der sog. abendländischen Hochmusik (= Klassik). Hier bricht eine Frage auf, die oft gestellt wird: Warum gibt es in allen außereuropäischen Musikkulturen keine Sinfonien oder Streichquartette? Das hat u.a. mit dem geistig-kosmisch verstandenen Ich-Impuls und der über die klassische Musik vermittelten Integration von strenger Form, „klingender Zahlenmystik" und der subtilen Ausleuchtung der menschlichen Subjektivität zu tun, die zum Besten der abendländischen Kultur gehört und eine schöpferische Gegenkraft darstellt zu dem, was ich den *megatechnischen Pharao* nenne (Symbolbegriff für die technisch-abstrakte Weltbemächtigung/Weltzerstörung) [...].

Präludium II

In einem „Spiegel"-Gespräch vom Frühjahr 2014 sagt der Dirigent und Pianist Daniel Barenboim einige interessante Sätze, die hier als Einführung dienen können:

Barenboim: Im Grunde kann man über Musik nicht sprechen. Nur über unsere Reaktionen auf Musik. Wäre ich in der Lage, den Inhalt von Beethovens siebter Sinfonie wiederzugeben, wäre es nicht notwendig, sie aufzuführen. Musik ist fähig, sich in unsere Stimmung, in unsere Seelenlage hineinzuschleichen. Deswegen gibt es so viele Meinungen über Musik, sie sei poetisch, heißt es, oder sie sei Philosophie in Tönen oder Mathematik, manche halten sie für erotisch. Sie ist alles, alles zusammen. Es hat etwas mit der, wie man im Englischen sagt, *human condition* zu tun.

Spiegel: Warum funktioniert klassische Musik auf der ganzen Welt?

Barenboim: Sie ist tatsächlich universell. Das habe ich selbst erlebt. Vor ein paar Jahren habe ich mit dem Orchester der Mailänder Scala auf Initiative von Kofi Annan, dem damaligen Generalsekretär der UNO, das wohl erste klassische Konzert in Ghana gegeben, die Neunte von Beethoven. Ich möchte behaupten, es waren sechs oder sieben Menschen da, die schon einmal ein klassisches Konzert erlebt hatten. Aber die Stille, die da in Accra herrschte, hat mich zum Nachdenken gebracht. Die Menschen wussten nichts über dieses Stück, aber sie hatten das Gefühl, sie sind an einer wichtigen menschlichen Aussage dabei. [...] Musik ist die letzte Instanz. Sie ist, von ihrem Wesen her, rein. [...] Musik ist, entschuldigen Sie, das wird jetzt sehr philosophisch, eine klangliche Version des Monotheismus. [...] Musik ist Einswerden.

Der Dirigent Wilhelm Furtwängler hat das wunderbare Wort Fernhören erfunden. Das soll heißen, du dirigierst den ersten Ton und hörst schon den letzten.[1]

---

[1] Aus: DER SPIEGEL 12/2014, 130,131 und 133.

Hauptteil. Themen und Variationen

Die abendländische Hochmusik von Monteverdi bis ins frühe 20. Jahrhundert
hinein ist die große *Terra incognita* der abendländischen Kultur, gleichsam
ihr bestgehütetes Geheimnis. Weil wir die ihr inhärente Erkenntnis- und
Geistesdimension bestenfalls erahnen, bleibt das meiste Reden über große
Musik mehr oder weniger Literatur und Feuilleton. Dass es hier um
Wahrheit, um Wirklichkeit und Erkenntnis geht, wie der große Dirigent
Sergiu Celibidache oft betont hat, tritt nur vereinzelt ins Bewusstsein.
(Schönheit sei der Köder für die Wahrheit, sagt Celibidache.) Zugleich ist
das Elementar-Musikantische, wenn auch nicht durchgängig, so doch in
vielen Werken auf rätselhafte Weise gegenwärtig. Und damit auch
Sinnlichkeit, Körperlichkeit und Eros.

Was ist nun eigentlich diese Hochmusik der westlichen Kultur, die
sogenannte klassische Musik? (Bekanntlich gibt es diesen Begriff erst seit
der Mitte des 19. Jahrhunderts, und zwar in bewusster Anlehnung an die
Weimarer Klassik der Literatur. Es war *auch* ein Abgrenzungsbegriff, eine
Art Barriere gegen die jeweils neue und aktuelle Musik, die dadurch direkt
oder indirekt abgewertet wurde). Was macht die Singularität der
musikalischen Klassik aus (verstanden jetzt primär als die große Musik von
Bach und Händel über Haydn, Mozart, Beethoven, Schubert bis zu
Schumann, Mendelssohn, Brahms, um jetzt ganz bewusst diese Eingrenzung
vorzunehmen)? Was sind ihre Merkmale? Wenn ich es richtig verstanden
(richtig gehört) habe, lassen sich grob sieben Merkmale dieser Art Musik
verzeichnen:

Musikalische Abläufe sind körperlich-rhythmisch-symmetrisch gebaut.
Die Musik atmet, und zwar im umfassenden Sinn, sie schreitet, tanzt,
pulsiert, ist empathisch-erotisch, sie spiegelt die elementaren menschlichen
Rhythmen in ihrem Wechselspiel und ist nicht „physiologisch widerlegbar"
(was Nietzsche, ab 1876, Wagner vorwirft).

Die Musik entfaltet sich als rhythmisch-melodisch-harmonisch strukturierter
Zeitfluss, sie ist Klanggestalt in der Zeit (auch der Mensch als solcher ist dies
in gewisser Weise). Der musikalische Prozess ist ein Spannungsbogen, der
unaufhörlich Energie freisetzt und der zur Lösung/Erlösung und letztendlich
über den Höhepunkt zur Peripetie und zum Verschwinden seiner selbst führt,
sozusagen in das klingende Schweigen hinein. Die Melodie, als Herzstück
der Musik (ohne Melodie gibt es keine Musik), in enger Bindung an den
Rhythmus und die Harmonik, ist zeitlich-überzeitlich. Jeder Einzelton
spiegelt, ja repräsentiert das Ganze der melodischen Gestalt (und Aussage!).
Beethoven spricht (Bettina von Arnim gegenüber) vom „elektrischen Boden"
seiner Musik, der Musik überhaupt. Die Musik aktiviert jene rätselhafte
Zwischenzone im Menschen, die das Körperliche mit dem Mentalen und
Psychischen verbindet. Wenn es so etwas gibt wie den „Energiekörper", und
dafür spricht einiges, – in der Musik wird er spürbar.

Musik ist Abbild/Widerklang seelischer, auch emotionaler Prozesse. Sie lebt von dem Wechselspiel von Spannung und Entspannung, wobei die Spannung auch als das Neben- und Ineinander von Konsonanz und Dissonanz erkennbar wird, bei eindeutiger Herrschaft der Konsonanz. Tonarten und Intervallen wohnt eine je verschiedene Seelenqualität inne. Die Quinte etwa hat als Gebärde etwas Expansives, Hinaus- und Hinaufstrebendes, Vorantreibendes. Sie ist zentral für das ganze Dur-Moll-tonale System. Das Zerbrechen der Quinte, so Celibidache, führt zur Explosion. (Auch die atomare Explosion stünde demzufolge in einem Kausalzusammenhang mit der gewaltsamen Zerstörung der Quinte). Der musikalische Prozess fluktuiert (wie die Emotionen), aber ist streng eingebunden in eine Halt gebende Struktur. Die innere Motorik schreitet über Gegensätze voran und drückt sich darin aus.

Musik ist die lebendige und gestalthaft-schöne Integration des Körperlichen, Emotionalen, Rationalen und Spirituellen (oder Geistig-Kosmischen).

Sie transzendiert sich selbst, indem sie erklingt. Insofern verbindet sie inkarniertes Leben mit dem Tod. Sie besingt die Vergänglichkeit, kündet aber zugleich von ihrer Überwindung. Tod und Todlosigkeit greifen ineinander. Sie ist Trauer und *bliss* (Seligkeit) zugleich.

Durch alles hindurch webt und waltet der „Zahlenzauber" der Musik (Thomas Mann). Im Wechselspiel der Prinzipien und Qualitäten der Fünf, der Sieben, der Zwölf u.a. als den Bauelementen des Dur-Moll-tonalen Systems. Es gibt das „unbewusste Rechnen" der Musiker (Leibniz), das zahlenmäßige Erfassen geistig-kosmischer Zusammenhänge und Abläufe über die Melodie. Große Musik ist auch Archephonik; sie manifestiert die großen und sinnstiftenden Archephone (Klang-Archetypen der „Urmusik"), die aus dem tiefsten Brunnen der Erinnerung (Anamnesis) aufsteigen. Sie ist *Akusmatik als „Klangvermessung des Weltraums"* (wie der Philosoph Helmut Krause sagt).

Grundsätzlich ist es sinnvoll, und das klingt ja oben schon an, von einer Vierheit der Seinsebenen im Menschen auszugehen. Ich meine die Vierheit von physischem Körper, Seele (im Sinn von Empfindungsseele, wie die Anthroposophen sagen), Verstand/Vernunft und einem diese Dreiheit überschreitenden Vierten, das man je nach Grundüberzeugung als einen transzendenten, supramentalen oder spirituellen Bereich bezeichnen kann, der die Verbindung zum Göttlichen darstellt. Die Dreiheit ist gebunden an das (kleine) Ich, die vierte Sphäre ist die des (großen) ICHs. In der abendländischen Hochmusik, am klarsten in ihren Meisterwerken, sind diese vier Wesenselemente in einer hoch differenzierten und formal strengen Weise ausbalanciert; diese Balance wird lebendig erhalten durch das Wechselspiel von Symmetrien und Asymmetrien, von Konsonanz und Dissonanz (wie schon vermerkt), bei eindeutigem Primat der Konsonanz. Körperliches und Emotionales tritt in immer wieder neue und andere Beziehungen zu geistiger Klarheit und Durchsichtigkeit sowie zur Transzendenz. Kunst überhaupt, wenn sie mehr ist als Folklore, Show und Selbstdarstellung, bedarf des

Metaphysisch-Anderen oder Transzendenten als Quellgrund und Inspiration, wie grundsätzlich und immer das kleine Ich des großen ICHs bedarf.

Wird das Metaphysisch-Andere abgeräumt oder zerstört, dann fehlt der Kunst generell, so auch der Musik, ihre Basis. Wozu noch Kunst, wenn es die „andere Ebene" nicht mehr gibt. Ohne diese „andere Ebene", ohne Verweise „hinauf" und „hinüber", verliert Kunst ihre Legitimität. Ohne das große ICH kollabiert das kleine Ich an sich selbst. Ohne den kosmischen *Anthropos* ist der irdische *Anthropos* ein unvollkommenes Tier.

Im Grunde ist es rätselhaft, dass eine Kultur wie die abendländische, die wie keine andere vom Auge und von der rechnenden Abstraktion beherrscht wird und in Kollision geraten ist mit dem lebendigen Planeten, eine Hochmusik hervorgebracht hat, die in ihren besten Vertretern und Werken im weltkulturellen Maßstab ohne Beispiel ist und die das Geistige im Kosmischen mit den sublimsten Erkundungen subjektiver Innenräume verschmilzt und insofern den Ich-Impuls in seiner Würde gegen die abstrakte Verhöhnung und Nivellierung der humanen Substanz setzt. Lebendiger Geist gegen den toten Geist, lebendiger und klingender „Zahlenzauber" gegen den „tötenden Zahlenzauber" des megatechnischen Pharaos. Diese Frontstellung gibt es, auch wenn es dem herrschenden Zeitgeist widerspricht, hier überhaupt solche Gegensätze ins Feld zu führen.

„Nur das Gründliche ist wahrhaft unterhaltend", sagt Thomas Mann. Und in diesem Horizont begriffen und gehört, lässt sich auch in der herkömmlichen Klassikszene immer wieder Staunenswertes und Großartiges aufzeigen, das alles Sedative und Zerstreuende, allen „Schaustück"-Charakter der Musik (Adorno) überschreitet („Gründlich" meint hier: aus dem Grund herausgewachsen, ihm zugeordnet, ihn rätselhaft ins Klangliche transponierend. Auch der „Ungrund" Jakob Böhmes schwingt hier mit.): Ob nun die Beethoven-Interpretation des Artemis Quartetts, Alfred Brendels Schubert-Sonaten, Clara Haskils zart-präzises Spiel in Mozarts 23. Klavierkonzert, Nikolaus Harnoncourts späte Mozart-Sinfonien u.ä. – vermeintlich Bekanntes kann hier immer wieder jäh ins bestürzend Unbekannte, Neue umschlagen, ins ganz und gar Ungesicherte und „Ungeheure" (wie Goethe sagen würde), in eine Klangdimension, die kaum erträglich ist, weil sie uns auf das Äußerste herausfordert. Wenn diese Schönheit *wahr* ist, was folgt daraus für meine Existenz?

Große Musik ist alles andere als „harmlos", und es besteht, wie Schopenhauer vermerkt, ein Kontrast „zwischen dem so genau verständlichen und doch so fremden und fremdseligen Wesen der Musik". Große Musik hat nichts „Schöngeistiges", und wie alles Große hat sie etwas Gnadenloses, gleichsam Richtendes, sie reißt Horizonte auf, die etwas atmen von kosmischer Weite und Verantwortung; ihre Schönheit ist gelegentlich fast erschreckend und so gar nicht bürgerlich-beschaulich, und alles „Schwelgen" ist eigentlich ein Missverständnis, weil es die Todesnähe und den Herausforderungscharakter, und zwar durchaus „wohlmeinend", missachtet. Viel bleibt da noch zu entdecken und zu verstehen. „Die Natur liebt es, sich zu verbergen", sagt Heraklit. Dies lässt sich auf die Musik übertragen: Die Musik liebt es, sich zu verbergen. Sie ist das schlechthin Verborgene und das Offenbare (und Offenbarte) zugleich. Wir kommen nie zum Ende mit ihr. Und wollen es auch gar nicht. Wahrscheinlich suchen wir die geistig-kosmische Stille, die sich im Klang verbirgt. Selten wohl wird diese Stille sublimer hörbar als im langsamen Satz des Streichquintetts von Franz Schubert oder in dem des Streichquartetts op. 132 von Beethoven mit dem Titel *Heiliger Dankgesang eines Genesenden an die Gottheit.*

Ich habe schon den Begriff „Weltseele" im Zusammenhang mit dem Weltraum, auch als Klangraum, in Verbindung gebracht. Wie lebendig ist denn der kosmische Raum? Dazu einige philosophische Gedanken, auch um die sog. Archephone verständlich zu machen.

Menschen haben ein starkes Bedürfnis zu wissen, *wer* sie sind und *wo* sie sind. Das eine ist die Frage nach der Seele, dem Selbst-Sein, der Identität − das andere die nach dem Raum, dem Ort in jenem unsichtbaren Etwas, das uns umschließt und durchdringt. (Ist der Raum innen oder außen?) Wer bin ich, und wo bin ich? Beides gehört zusammen. Was hat die Verortung im Raum mit der Frage nach dem Wesen des Menschen und damit auch nach dem Wesen des Klangs zu tun?

Die Frage nach der Seele ist immer auch, konsequent weitergedacht, die nach der Weltseele oder Universalseele. Die Frage nach dem Raum ist immer auch die nach dem Weltraum, dem Raum der Welten und Gestirne.

Der Raum „als solcher" ist ein abgrundtiefes Mysterium. Er ist naturwissenschaftlich nicht zu fassen und zu begreifen. Was die abstrakte Naturwissenschaft am Leitfaden der Mathematik über den Raum aussagt, ist niemals der Raum selbst, in den wir eingebettet, dem wir mit jedem Wimpernschlag unserer Existenz verbunden sind. Wir leben und atmen nicht im dreidimensionalen euklidischen Raum, zu schweigen von höher dimensionierten Räumen. Der mathematisch-physikalische Raum ist sozusagen immer Cyberspace, er ist immer abstrakter Außenraum, nicht aber leiblicher oder auch seelischer Raum. Die berühmte Kontroverse des Newton-Schülers Samuel Clarke mit Leibniz von 1715/16 ging primär um den Raum. Ist dieser wirklich und absolut, oder nur ein geistiges Konstrukt, eine Heraussetzung, in diesem Sinne nur relativ? Die auf hohem intellektuellem Niveau geführte Partie endete im Patt. Keinem von beiden kann der Sieg zugesprochen werden. Man begreift nach der Lektüre dieser Kontroverse, dass das Raumproblem intellektuell-mathematisch in eine Sackgasse führt. Letztlich muss man Axiome setzen, die sich jeder Beweisbarkeit entziehen. Übrigens lehnten sowohl Newton als Leibniz die Weltseele scharf ab.

Ist der Raum Gott, wirkt und webt die Gottheit im Raum, der sie selbst − auch − ist? Oder wirkt und webt das Göttliche jenseits des Raumes? Sind wir im Raum? Ist die Seele räumlich? Und so weiter. Das führt auf die Frage der Weltseele. Ist die Weltseele nicht der Raum selbst? Trägt der Weltseele-Raum die Einzelseele?

Hier, so glaube ich, ist die Heimat der Archephone, der Ur-Klänge. Sie schwingen im Weltseele-Raum. Weltseele ist nur ein anderes Wort für All-Leben, allgegenwärtiges Leben, allgegenwärtige kosmische Intelligenz. Der Weltraum ist kein totes Vakuum, sondern ein lebendiges Plenum. Der Welt-seele-Raum verbindet, er ist „Weltinnenraum" (Rilke), er ist sozusagen die Verbindung selbst, die das Dort zum Hier macht, den Sirius zu „Nachbars Garten". Der „Weltaußenraum" trennt, er macht die Ferne unüberbrückbar. Die Formprinzipien der Welt sind auch klanglicher Natur. Sie wurzeln im „Weltinnenraum" …

Es scheint, als sei die hörbare Musik nichts wirklich Ursprüngliches, sondern etwas Abgeleitetes, in diesem Sinne Sekundäres. Die „Urmusik" ist unhörbar und keineswegs, um es in ein humorvolles Aperçu zu bringen, ein kosmisches Sinfonieorchester, das durch die Äonen hindurch spielt. Der von dem Religionspsychologen Ulrich Mann geprägte Begriff der „Archephone", (verstanden als Ur-Klänge oder Klang-Archetypen) lässt sich, wie ich meine, musikphilosophisch fruchtbar machen. Archephone können als *ein*gefaltete Klänge oder Klangfigurationen auf dem Grunde der Dinge verstanden werden, die sich im rhythmischen Strömen der Musik dann entlang der Zeit oder gar *als Zeit selbst ent*falten. Klang ist Zeit, und Zeit ist (unhörbarer) Klang. Die Archephone sind vielleicht so etwas wie Klang-Codes, die aus einer geistig-kosmischen Zahlenordnung herauswachsen, die von Form und Sinn gebender Kraft sind. Die Gottheit/das Göttliche/der Weltgeist drückt sich in ihnen aus.

Es gibt metaphysische und in diesem Sinne absolute Zahlen, auf denen die Musik basiert. Diese sind nur in einer Kosmologie der All-Lebendigkeit begreifbar. In der Mainstream-Kosmologie haben sie keinen sinnvollen Ort.

Was uns wirklich erschüttert und die Seele nachhaltig beeindruckt an großer Musik, wenn man denn „Ohren hinter den Ohren" hat (Nietzsche), ist ihr Schwellencharakter. Sie ist ganz hier, ganz im Hier und im Jetzt, im Ohr und im Körper, im Kopf und im Herzen, und zugleich „ganz drüben" oder „ganz drinnen", immanent und transzendent gleichermaßen. Sinnlichkeit und Über-Sinnlichkeit als rätselhaftes Ineinander. Die reine Matrix, pur und ungefiltert, ist nicht inkarnierbar. Um in der inkarnierten Existenz erfahrbar zu sein, bedarf es einer Art Transformation. Wenn die archephonische Matrix pur, und als sie selbst ins menschliche Bewusstsein einbricht (was ohnehin extrem selten geschieht), werden die Grenzen des inkarnierten So-Seins gewissermaßen gesprengt, was immer auch eine Gefährdung bedeutet. Man begibt sich nicht „ungestraft" in diese Zonen. „Nur zu Zeiten erträgt göttliche Fülle der Mensch", heißt es in dem Gedicht *Brod und Wein* von Hölderlin.

Peter Michael Hamel

Komm Schöpfer Geist
Musik als Träger spiritueller Erfahrung
Impulse für das eigene Schaffen im persönlichen
Rückblick eines Komponisten[1]

Peter Michael Hamel: Hauptgegenstand des Manuskripts für diese Sendung, verehrte Hörerinnen und Hörer, ist ein Text, der schon vor 40 Jahren entstanden ist. „Musik als Träger spiritueller Erfahrung" nannte sich auch 1974 mein Vortrag bei der Pfingsttagung der Evangelischen Akademie Hofgeismar. Und ebenfalls habe ich dann im Juni 2014 meinen Beitrag zur Tagung „Musik und Spiritualität" in St. Ottilien so genannt. Was ist im Text von damals geblieben, was ist aus diesem Thema in all den Jahren geworden? Was ist geworden aus diesem sehr hoch gegriffenen Anspruch damals, eine Musik „machen" zu wollen, die Träger und Ausdruck einer spirituellen Erfahrung ist?

Dem ursprünglichen Vortrag war ein Zitat von John Cage vorangestellt, entnommen den „Gesprächen mit John Cage" von Richard Kostelanetz:

Sprecher: „Der Musiker muss der Leere, dem Schweigen anhängen. So treten die Schall-Ereignisse von selber in ihr Dasein. Dass jeder Ton der Buddha werde."

⊙ Musik 1: Hamel, Hari Om mit Pandit Patekar, Gesang[2]

Im extremsten Zustand eines psychischen Zusammenbruchs, einer selbst zugefügten Psychose, eines Ich-Verlustes, der Todesangst: da öffnet sich manchmal eine große Tür – für einen ewigen Augenblick – das reine Sosein, manifestiert in einem sphärischen Klang, in klingender Stille: der *Ur-Ton* des ewigen Jetzt. Bist umfangen vom Heiligen Geist. –
Allzu schnell kehrst du zurück ins Reich der Dualität, des Vergleichs, des Wertens und des Messens, des Haltenwollens und des Fassenwollens. Das

---

[1] Erstabdruck der Bearbeitung des Manuskripts der gleichnamigen Radiosendung, die am 26. Mai 2015 um 22 Uhr auf BR-Klassik in der Reihe „Horizonte" ausgestrahlt wird. Ein Vorentwurf des Artikels „Musik als Träger spiritueller Erfahrung" ist bereits im Buch *Der unverbrauchte Gott – Neue Wege der Religiosität,* Hg. Ingrid Riedel, München 1976, erschienen.

[2] Für die Musikbeispiele – gekennzeichnet mit ⊙ – müssen wir Sie auf die in Anm. 1 angegebene Sendung des BR verweisen. Sie wird wohl auch nach dem Sendetermin in der Mediathek von BR-Klassik (br.de/mediathek) zu finden und abzurufen sein.

Wissen um die Sphärenharmonie liegt weit zurück, verschollen und geheimsektiererisch verschüttet. So gehen wir auf die Suche, *ex oriente lux*, entdecken Tibets archaische Gesänge, indisch-persische Tonreihen, chinesisch- japanische Klangfarben der Stille, die Glocken und Gongs, die indonesischen Orchester und afrikanische Trommeln.

Peter Michael Hamel: Für eine damals neue westliche spirituelle Musik waren die Erfahrungen mit anderen ethnischen Weltkulturen von großer Bedeutung. Die schwarze Jazzmusik fand ihre spirituellen Wurzeln in Afrika. Die repetitive Musik eines Steve Reich war von der Begegnung mit der Musik Ghanas geprägt und La Monte Young wie auch Terry Riley hatten denselben indischen Gesangs- und Geisteslehrer, für den Musikausübung immer ein spiritueller Akt gewesen ist: Ein Sich-tragen-Lassen, Getragen-Werden, Aufgehoben-Sein, „Es" Singen-Lassen: „Let It play". Da wurde Musik nicht „gemacht", da sollte Musik entstehen etwa in den langen Tönen eines einleitenden Alap-Gesanges.

Schon Carl Orff sagte zu unserer Gruppe *Between*: „Ihr könnt Musik nicht machen, nur entstehen lassen." Und Sergiu Celibidache auch zu mir: „Musik, das i s t nicht etwas, etwas kann aber Musik w e r d e n." Musik entstünde also erst aus dem Klang und auch nur unter bestimmten Bedingungen. Der Zustand des absichtslosen Entstehen- und Geschehenlassens wäre die Voraussetzung für eine Öffnung zum Spirituellen.

Offen für „Geistliches" bin ich schon als frommer Bub gewesen, der noch mit 12 Jahren katholischer Priester werden wollte. Inbrünstig wurde im erzbischöflichen Internat *Veni Creator Spiritus* gesungen: „Nun bitten wir den Heiligen Geist. Komm Schöpfer Geist, kehr bei uns ein." Durch die prägende Begegnung mit der einstimmigen Gregorianik war mir später ein unmittelbarer Zugang zu den modalen einstimmigen Systemen arabischer, persischer und indischer Tonarten möglich.

Als Jugendlicher hatten mich Bach, Beethoven und Bruckner begeistert, unvergessliche Aufführungen der Matthäuspassion unter Karl Richter, aber auch Béla Bartók und Olivier Messiaen, dessen *Trois Liturgies* mich 1966 zu Tränen rührten. Und im selben Jahr war ich auch stark beeindruckt von Pendereckis *Stabat Mater* aus seiner Lukas-Passion.

⊙ Musik 2: Penderecki, Stabat Mater

Dann eröffneten sich mir zunehmend Wege in die aktuelle moderne Musik, Free Jazz, das Experimentelle, John Cage, Morton Feldman, Luc Ferrari und Josef Anton Riedl. Und ich durchwanderte förmlich das ganze Spektrum der Neuen Musik auch im Hinblick auf mein zunehmendes gesellschafts-politisches Engagement. Eine soziale *und* spirituelle Musik war das Ziel.
1972 hatte bei mir eine innere spirituelle „Wende gen Osten" stattgefunden, die auch in diesem Vortrag von 1974 ihren Ausdruck fand. Und auch die Begegnung mit Terry Riley mag hier eine Rolle gespielt haben. Mein

Konflikt damals zwischen Agitation und Introversion blieb im Kontext der Pfingsttagung allerdings ausgespart. Denn das Thema dort war die „Neue Religiosität" und aus den verschiedenen Beiträgen entstand ein Buch für den Scherz Verlag mit dem griffigen Titel „Der unverbrauchte Gott". Darin referierte die Herausgeberin Ingrid Riedel, Theologin und Dozentin am Züricher C.G. Jung-Institut, über die Uraufführung meiner Vokalkomposition *Dhyana*, die sich, wie auch die folgende *Integrale Musik* als „soziale" Musik verstand. Die darin enthaltenen Verbindungen von experimentellen Klängen, Obertongesang, Mantra-Rezitation, Hildegard von Bingen-Antiphon und südamerikanischer bis afrikanischer Rhythmik wurden damals kontrovers diskutiert, als Devotionalie diskreditiert und als spirituelle Weltmusik begeistert gefeiert wie beim Metamusikfestival 1976 in Westberlin. Immer dabei war unsere Gruppe *Between*, „nomen est omen": zwischen den Welten, zwischen den Sparten. Zwischen Agitation und Kontemplation, zwischen *free jazz* und Sinfonik, wie hier zu hören in einem Ausschnitt aus *Albatros* von 1978, einem Auftragswerk für den BR mit der Gruppe *Between* und dem Münchner Rundfunkorchester unter der Leitung von Peter Falk.

⊙ Musik 3: Between Hamel, Albatros (BR)

Paradigmatisch hatte sich nicht nur das Living Theatre Ende der 1960er-Jahre gespalten, in einen radikalen Straßentheater-Aktionismus und in die religiöse Indienreise der „inneren Revolution". Auch ich konnte dieser trennenden Polarisierung Entweder-Oder, kein Sowohl-Als auch entgegenhalten, das Konzept *spiritueller Sozialismus – soziale Musik* endete zwischen allen Stühlen, kompositorisch zwischen allen Stilen.

Durch den argentinischen Gitarristen und *Between*-Mitgründer Roberto Détrée war ich seit 1967 der südamerikanischen Musik begegnet, aber auch der spirituellen Bewegung des Sufismus.

Durch den Komponisten und anderen *Between*-Mitgründer Ulrich Stranz war ich dem 1903 geborenen Komponisten Fritz Büchtger begegnet, unserem ersten Kompositionslehrer, der uns auch die spirituelle Seite einer esoterischen Zwölftonmusik eröffnete. Seine „kosmische Zwölf" war ihm mehr als nur kompositorisches Baumaterial und konstruiertes Ordnungssystem. Seine Motette *Gott ist Geist* aus dem Jahre 1964 nach Worten aus dem Johannesevangelium ist auch für Laien realisierbare sangbare, scheinbar tonale Dodekaphonie. Die für jedes Werk speziell zu erfindende Zwölftonreihe soll bei ihm, wie Helmut Rohm es beschreibt …

Sprecher: … „über die rein materiale Ebene hinaus eine geistige Essenz repräsentieren, gewissermaßen einen höhere Ordnungen in sich bergenden Nukleus, eine Chiffre, in der sich Transzendentes spiegelt. Den spirituellen Hintergrund seiner zahlenspekulativ und intervalltheoretisch durchdringenden Reihenprägungen, welche ganz unorthodox oft genug zentraltönig angelegt sind und auch modal-harmonische Klangschichtungen erlauben, bildete die anthroposophische Ideenwelt Rudolf Steiners."

⊙ Musik 4: Fritz Büchtger, Gott ist Geist, Motetten 1 und 2 (BR)

Peter Michael Hamel: Durch den Jazzredakteur und Produzenten von *Hesse Between Music,* Joachim Ernst Berendt, war ich dann dem spirituellen Jazz begegnet, einmal John Coltrane live erlebt, 1961 in Baden-Baden, da spielte er auch das berühmte Lied *My Favorite Things* […]

⊙ Musik 4a: John Coltrane, My Favorite Things

Und durch den Gesamtkünstler Michael Vetter war ich dem japanischen Zen begegnet, Vetter wirkte in Osaka 1970 im Ensemble von Karlheinz Stockhausen mit, dessen *intuitive Musik* nur auf Verbalanweisungen fußt und einen spirituellen Anspruch hatte. Und das Obertonsingen habe ich auch bei Vetter kennengelernt, ebenfalls bei Roberto Laneri und seiner Gruppe *Prima Materia* in Rom mit Michiko Hirayama, die mich auch zum rätselhaften italienischen Komponisten Giacinto Scelsi führte, dessen *Capricorn* sie später für *wergo* aufgenommen hat. Scelsi (1905–1988) schuf seinen 20-teiligen Zyklus *Canti del Capricorno* für die japanische Sängerin Michiko Hirayama. Diese inzwischen fast 90-jährige Künstlerin ist bis auf den heutigen Tag die herausragende Interpretin dieses spirituellen und zugleich hoch energetischen Werkes, meist für Stimme Solo, die nur an wenigen Stellen durch Instrumente und Live-Elektronik begleitet wird. Wie einen kostbaren Schatz bewahrt Michiko die Partitur der *Canti* mit Scelsis eigenhändigen Notizen auf. Und im Fono Forum wird die CD-Einspielung von 2007 hoch gelobt:

Sprecher: „82-jährig meistert die ehemalige Muse des Komponisten die höchst anspruchsvolle Partitur. Sie meckert, stößt Laute aus, singt, summt, einer religiösen Geste näher als jedem traditionellen Vortrag. Hochgespannt überträgt sich die Spannung der Stimme."

⊙ Musik 5: Giacinto Scelsi, Canti del Capricorno Nr 5 u. Nr 19 (Wergo)

Peter Michael Hamel: Giacinto Scelsi wurde mir zu dem wichtigsten Impulsgeber für die Entstehung eines spirituellen musikalischen Geschehens. Schon früh war Scelsi der indischen Musik begegnet, lebte in den 1950er-Jahren in Benares und hat seine eigene Musik immer häufiger in einem improvisatorisch entstandenen Vorgang auf Tonband aufgenommen. Das war für ihn authentischer und „ichloser" als eine erdachte und aufgeschriebene Partitur. Scelsi beauftragte nun andere Komponisten, das Gehörte vom Tonband abzuschreiben, er konnte es sich leisten.

Durch Marcello Panni und Roberto Laneri war ich dem Maestro in seinem Haus Via San Teodora Ende 1979 in Rom begegnet. Und auch ich wurde gefragt, *Ghostwriter* zu werden. Die englische Ausgabe meines Buches hatte er von mir bekommen, meine eigenen Partituren wollte er nicht lesen. Seine Augen wollte der damals 75-Jährige nur noch zum Betrachten schöner Frauen nutzen, nicht zum Lesen von Noten. In Benares hatte ich nicht unweit von demjenigen Haus am Ganges gelebt, das Scelsi 20 Jahre vorher bewohnt hatte, wo man frühmorgens von den vedischen Gesängen geweckt und auf „den Einen Ton" reduziert wurde. Unter *Articulate Silences,* Ausdruck der Stille lesen wir:

Sprecher: "Italian composer Giacinto Scelsi is one of the most enigmatic and intriguing figures of 20th century. Having suffered a breakdown following the Second World War, Scelsi began to explore the meditative qualities of sound almost as a form of therapy, sitting for hours at a time at his piano playing no more than a single note. Scelsi's music reimagines each tone as a pulsating, multidimensional entity, vibrating with mystical and sonorous depth."

Peter Michael Hamel: Und dem improvisierenden jüngeren Kollegen gab Giacinto Scelsi dann mit leuchtend blauen Augen folgenden Rat:

Sprecher: „You have to realize spiritual energy in your music, do not reproduce your Ego world, try to become the medium of your sounds."

Peter Michael Hamel: Möglicherweise aus dieser Haltung heraus hat Scelsi in Programmheften nie eine Fotografie von sich akzeptiert, wohl aber den leeren Kreis. Als ein Über-sich-Hinauswachsen erlebte ich sein Werk *Anahit*, als Hans Zender das kleine Violinkonzert im WDR aufgenommen hat, mit meiner Schwester Sabine Thiel an der Harfe.

Sprecher: „Composed in 1965, Anahit is perhaps the fullest realisation of Scelsi's ethereal vision: oblique in its esoteric sonic explorations yet generous in its harmonic and textural richness. This music is a slow, kaleidoscopic procession of translucent orchestral colour saturated with mysterious, static tension and shimmering timbres. Like most of Scelsi's compositions, Anahit is shaded with microtonal intervals (those intervals smaller than a semitone) and is perpetually expanding and contracting, slipping in and out of focus with intoxicating ambiguity […] Anahit provides a glimpse at Scelsi's intense feeling of enlightenment as he uncovered the vast potency of sound, discovering the overwhelming expanse of eternity in a single tone. Epitomising his sincere belief in the mysterious power of music, Scelsi chose to reject the term 'composer' altogether, instead characterising himself as a spiritual messenger between world, channelling transcendent truth and beauty through the terrestrial medium of sound."

Peter Michael Hamel: Anahit ist der altägyptische Name der Venus, welcher dieses „lyrische Gedicht" gewidmet ist. Die Solovioline muss die leeren Saiten anders intonieren: GGBD. Darin kann bereits die Zentraltönigkeit des ganzen ersten Teiles vermutet werden, g-Moll, wobei der Ton Fis eine große Rolle spielt. Nach einer ätherischen ausgedehnten mikrotonalen Kadenz ist der dritte Teil orchestral dann ganz auf dem Obertonspektrum des Zentraltones G aufgebaut und führt in pulsierenden Wellen wieder zum hohen Ton Fis. Wenn die Violine dann noch das hohe G erreicht, verklingt das Orchester. Die Besetzung umfasst neben der Solovioline drei Flöten, Englischhorn, Klarinette, Bassklarinette, 2 Hörner, Trompete, Tenorsaxophon,, 2 Posaunen, Harfe, 2 Bratschen, 2 Celli und zwei Kontrabässe. *Anahit* dauert etwa 13 Minuten und besteht aus drei Teilen, der mittlere ist eine Art Kadenz der Violine und endet hinsichtlich der Gesamtdauer von 13 Minuten im Goldenen Schnitt nach 8 Minuten. Wir hören die Aufnahme mit dem Klangforum Wien unter Hans Zender.

⊙ Musik 6: *Giacinto Scelsi, Anahit* (Kairos/WDR Zender)

Durch den Musiker und Autor Peter Pannke („Sänger müssen zweimal sterben") war ich den spirituellen Stätten der Heiligen Stadt Benares begegnet und dem altindischen *Dhrupad* – Gesang. Durch den Freund, Schriftsteller und Klangkünstler Ronald Steckel schließlich bin ich einer Spiritualität begegnet, die ohne Kirche, ohne Glauben, ohne alle Weltreligionen und Glaubenssysteme auskommt. Steckel hat mir Anfang der 1970er-Jahre auch den Schweizer Kulturphilosophen Jean Gebser näher gebracht und nun in den letzten Jahren den Philosophen Jochen Kirchhoff.

Durch die heute erfolgreiche Autorin buddhistischer Romane Ulli Olvedi war ich den abgrundtiefen Gesängen des tibetischen Buddhismus begegnet. Gemeinsam wollten wir nach Dharamsala zu den Lamas im Exil. Und durch Berliner Mitglieder des Living Theatres fand ich zur indischen Heiligen Ananda Mayi Ma. Das waren meine beiden Ziele auf unserer ersten Indienfahrt im Sommer 1973. Sie führte mich auch zum Khyalsänger Pandit Patekar nach Varanasi und zur karnatischen Meistersängerin Subbulakshmi nach Madras, beide waren auch Anhänger, sogenannte *devotees,* der bengalischen Weisen Sri Ananda Mayi Ma.

Die Ragamusik von Nord- und Südindien hat sich mir durch das Singen erschlossen und durch das zyklische Improvisieren. Die komplexe Rhythmik der indischen Talas ist mir bis heute eine Herausforderung. Je mehr ich traditionelle Ragas Indiens, aber auch arabische Maqams und persische Dastgahs studierte, desto stärker wurde ich zum Puristen und Gegner eines schnellen Kulturmix. Also gerade nicht eine Weltmusik als Allerweltsmusik! Die tiefsten geistlichen Erfahrungen bis zur essenziellen Ergriffenheit machte ich damals bei und mit der bengalischen Weisen Sri Ananda Ma, die mir schon in der bekannten Yogananda Biographie von 1956 auf einem Foto als erleuchtete junge Frau 1936 mit Yogananda neben seinem Auto aufgefallen war.

Damals hatte ich den Wunsch gehabt, einmal einer lebendigen Heiligen zu begegnen und nicht nur den täglichen Märtyrerheiligen im katholischen

Gottesdienst. Mit Yogananda beginnt auch der ursprüngliche Text von 1974 mit einem Zitat aus seinen Meditationen zur Selbstverwirklichung.

⊙ Musik 7: Indische Tanpura

Sprecher:
- Konzentriere dich auf den kosmischen Laut – das tiefe Summen zahlloser Atome, das auf der empfindsamen rechten Seite des Kopfes ertönt.
- Höre sein ununterbrochenes rhythmisches Rauschen.
- Beobachte, wie sich der kosmische Laut weiter ausdehnt.
- Meditiere über die endlose Ausdehnung des kosmischen Lautes.
- Nun mischt sich der kosmische Laut unter Millionen vielfarbiger Strahlen.
- Er hat die Gefilde kosmischer Strahlung erreicht.
- Höre, schaue und fühle, wie sich kosmischer Laut und ewiges Licht fangen.
- Der Laut zerschmilzt im alles erleuchtenden Licht.
- Und das Licht geht in den Schoß der unendlichen Freude ein.

Im Westen Europas und in Kalifornien beginnt in den 1960er-Jahren sich Yoga und Zen breitzumachen. Indien wurde „in" und es finden erste Konzerte mit sogenannter Meditationsmusik statt. „Music for Zen Meditation (and other joys)" nennt der Jazzklarinettist Tony Scott sein Zusammenspiel mit japanischer Koto und Shakuhachi. 1972 kommen die beiden Amerikaner La Monte Young und Terry Riley nach Deutschland. Sie haben beide denselben musikalischen Lehrer, den indischen Khyalmeister Pandit Pran Nath.

La Monte verwendete in seinen mehrstündigen Versenkungen einen vom Sinusgenerator hergestellten Grundklang, zu dem er nur die einfachsten Intervalle sang. Die „ewige Eintönigkeit" findet zumeist in seinem „Dream House" statt, einer Räumlichkeit, die in rot-bläuliches Licht getaucht ist und in welche Dia-Environments seiner Frau Marian Zazeela sich in Zeitlupe verändern. La Monte schrieb dazu 1964:

⊙ Musik 8: La Monte Young, Compositon 1960 Nr.7

Sprecher: „Diese Häuser werden uns eine Musik ermöglichen, die nach einem Jahr, nach zehn Jahren, hundert oder mehr Jahren ununterbrochenen Klingens nicht nur ein lebendiger Organismus mit eigenem Leben und eigener Tradition sein, sondern sogar die Fähigkeit besitzen würde, sich durch eigene Kraft vorwärts zu treiben. Diese Musik könnte tausende von Jahren ohne Unterbrechung spielen […]"

Riley benutzte für seine Meditationsmusik zumeist mehrmanualige Orgeln und Keyboards, auf denen er unendlich oft zu wiederholende modale

Figurationen spielte, sogenannte Patterns. Er entwickelte typische Motive, die er wahlweise in der rechten oder linken Hand immer wieder repetierte, bis es die Hände sozusagen von selber taten. Er „lässt es spielen", verwendet gregorianische Skalen, wie phrygisch oder mixolydisch, aber auch die Tonreihen der indischen Ragas. Zu seinem Stück *The Persian Surgery Dervishes* schreibt er:

> Die ersten Aufführungen bestanden aus endlosen Wiederholungen verschiedener Muster. Dies erweckte den Eindruck, als ob sich Sätze verschiedener Länge gleichzeitig in ihrem Zyklus wiederholten. Bei dieser Art von Musik ist es wichtig, dass beide Hände alle Sätze spielen, sodass Kombinationen spontan gemacht werden können. Diese kurzen Sätze erzeugen eine solche Energie, dass mit ihrer Hilfe große Improvisationsteile über dem bestehenden Muster in Gang gesetzt werden.

Terry Riley's Musik befruchtete und inspirierte eine ganze Anzahl amerikanischer und europäischer Musiker der Avantgarde-, Pop- und Jazzmusik.

⊙ Musik 8a: Terry Riley, The Persian Surgery (CD)

Anlässlich der Olympiaausstellung „Weltkulturen und moderne Kunst" in München 1972 schrieb der Komponist Dieter Schnebel:

> Östliche Tendenzen verdeutlichen die Abweichung von der westlich-kapitalistischen Kultur. Die Abwendung von der ‚westlichen Weltanschauung' mochte mit den zunehmend unerträglichen Widersprüchen im Spätkapitalismus der Industrieländer zu tun haben [...] Musik wird nun dadurch in einen Zustand ständiger Regeneration versetzt, dass die Ausführenden kurze Motive repetieren und zugleich geringfügig variieren. Es entsteht ein andauernder und irisierender Klang, der sich allmählich ändert, ohne dass sich seine Substanz wandelt [...] Die neue Musik hat sich mit mancherlei Exotischem, zumal aus dem östlichen Asien, angereichert: andauernde Klänge, denen nachzuhören ist, unbekannte Instrumentalfarben, Zitate der fernen Musik, Improvisationspraktiken, fremdartige Aufführungsrituale. Musik aus anderem Geist – andere Philosophie der Musik.

Und Walter Bachauer, der die Metamusik-Festivals in Westberlin veranstaltete, hat ebenfalls 1972 in einer Einführung Folgendes geschrieben:

> Das Beispiel der Konzentration eines Kollektivs auf die Suggestionen asiatischer Solisten kann für die jüngsten Tendenzen der euro-amerikanischen Musik von größerer Bedeutung sein, als sie es sich im Moment träumen lässt. Musik zu schreiben oder zu improvisieren, die größeren statistischen Gruppen unmittelbare, vielleicht musikalisch archetypische Botschaften vermittelt, wird nicht länger unters Tabu fallen dürfen. Man gerät jetzt an musikalische Bewusstseinsschichten, die eher mit der Magie verdrängter klanglicher Energien zu tun haben als mit einer Erweiterung kritischer Theorie. Zumindest die primitivste Energie der Musik ist aus dem Schussfeld der Verbote geraten: Magie durch Dauer. Musik als Zustand des Bewusstseins, das nicht länger einer simplen Spannungs-Entspannungs-Dramaturgie untertan ist, wird man künftig ebenso ins Kalkül ziehen müssen wie die Ansätze einer kompositorischen Poetik, die

sich bislang eher noch hilflos in die Obhut Asiens und Afrikas begibt, weil die vitalen Traditionen musikalischer Suggestion in Europa so gut wie vernichtet sind.

Wegweisend war auch hier Karlheinz Stockhausen mit seinen *Hymnen*, seiner *Telemusik* und seiner *Stimmung* für sechs Vokalisten.

⊙ Musik 9: Stockhausen, Stimmung (CD Stockhausen Verlag, Kürten)

In allen frühen Weltkulturen stand die Musik im Dienst des Rituals, des Gottesdienstes, der Bewusstseinsintensivierung, kurz, der tiefsten menschlichen Erfahrungen aller Individuen. Es ist auch und gerade heute notwendig, eine Musik zu machen, die in solcher Weise wirkt: Eine Musik, die den Einzelnen zu den meist brachliegenden Erfahrungsmöglichkeiten führt, eine Musik, die auf ein neues Hörbewusstsein und ein in allen stilistischen Richtungen wirkendes archetypisches, spirituelles Musikverständnis hinwirkt.

Eine solche westliche, „periodische" neue geistliche Musik hat jedoch wenig mit den Traditionen und politisch-ökonomischen Gesellschaftsformen des Fernen Ostens oder Afrikas zu tun! Zwar steht die tibetische Musik mit ihren existenziellen tiefen Tönen Pate, altindische Musik wirkt ein, deren Spielprinzip unseren Dualismus von intellektueller Reflexion und spontaner Intuition auflöst – oder die Musik des Zen, die erst möglich wird in der Identität zwischen Musik und innerem Seinszustand des Spielers. Aber es kommt hier zu keinem simplen exotischen Stil, es möchte vielmehr eine Integration von westlich-apperzeptivem und östlich-kontemplativem Hörbewusstsein folgen.

Hauptaspekte einer solchen neuen spirituellen Musik wären Periodizität der Bewegung, unendliche Repetition von kurzen modalen Motiven, langsame Verläufe, Pausen, Stille, Statik des Klangs – ähnlich dem Bordun des Mittelalters oder der indischen Tanpura, die den Grundton, bzw. Grundklang aushält – und schließlich die Zusammenschau der modalen Skalen, die parallelen Strukturen indischer Ragas, arabischer Maqams und gregorianischer Kirchentonarten.

Spirituelle Musik sollte heilend auf Ohr und Gemüt wirken. Das meint nicht „heile" Musik und heile Welt vortäuschen, sondern Musik als Energiekraft zur Wiederherstellung einer ausgeglicheneren Lebenshaltung. Solche Musik sollte zu einer Bewusstseinsintensivierung verhelfen, in welcher ein integrales Hören möglich wird: Erleben der magischen Vitalität, Erfahren der mythischen Seelenschau, Erfassen der mentalen Struktur. Die Integration dieser verschiedenen Hörweisen und Bewusstseinsschichten ermöglicht eine Art durchsichtigen, im Sinne Jean Gebsers „diaphanen" Zustands, in dem sich der Hörer mit dem musikalischen Geschehnis vereinen kann.

Dadurch wäre ein Mensch in der Lage, auf der Ebene zwischen rationalem Erfassen, emotionalem Erleben und intuitivem Wahrnehmen eine Fähigkeit zu innerer Ruhe und zur körperlichen wie seelischen Ausgeglichenheit zu gewinnen, ohne die ihm keine wirkliche gesellschaftliche Weiterentwicklung möglich scheint. Der Einfluss solch einer kollektiv-unterbewussten Musikerfahrung könnte an einer positiven sozialistischen Veränderung mitwirken und den Menschen von innen her revolutionieren.

Anfangs freilich kann solche Musik der Stille ziemlich eintönig und fremdartig wirken. Sind wir es doch gewohnt, Musik entweder bildhaft nach außen gewendet zu hören, eingeübt in die verschiedenen emotionalen und rationalen Mechanismen und Erwartungshaltungen, oder aber nur die äußerste Wahrnehmungskontur zu vernehmen, die umso wirksamer ist, je drastischer und plötzlicher sie sich verändert.

Das Hören eines einzelnen Tones über längere Zeit oder einer stets wiederkehrenden Tonfolge macht uns anfangs eher nervös, als dass es beruhigend oder angenehm auf uns wirkt. Indische Musik etwa setzt ein entspanntes „Sich-Loslassen" voraus, ein erwartungsloses Verharren, die Fähigkeit des passiven Eindringens in Bereiche, in denen Gedanken nicht dominieren.

Viel wesentlicher als das Beobachten eines musikalischen Ablaufs, das kritisch-distanzierte Erfassen und Rezipieren, ist die Fähigkeit, *mit dem Herzen* zu hören. Im Westen wird dieser Zustand oft mit emotional verwechselt und manch schwülstige Verlogenheit damit identifiziert. Dieses *Mit-dem-Herzen-Hören* ist jedoch ein sehr wacher und klarer Zustand, der die Fähigkeit des Empfindens mit dessen bewusster Weiterentwicklung voraussetzt. Dringt man erst einmal in die klassische Musik Indiens ein, so wird mit einem Mal die Monotonie so vielfarbig und differenziert, dass der ganze Reichtum an tieferen Dimensionen zutage tritt.

⊙ Musik 10: Dak Juk, Tibetischer Mönchsgesang (BR)

Auch die tibetischen Gesänge haben diese Kraft des Beruhigens in sich. Sie werden von den Mönchen in tiefster innerer Gelassenheit gesungen, und eben dieser Zustand kann sich auch auf den Zuhörer einer Tonaufnahme übertragen. Nicht Rausch oder Trance wird hier angestrebt, sondern ein waches Bewusstsein in der Kontemplation.

Wir können und sollen indische Kultur und buddhistisches Gedankengut nicht einfach kopieren und übernehmen, uns überstülpen gewissermaßen. Jedoch sind wir in der Lage, durch die Energie des musikalischen Ausdrucks zu unserem eigenen Kern zu finden. Beschäftigung mit anderen Religionen führt nicht selten auch den Einzelnen zum eigenen ursprünglichen Christentum, zu der Basis aller Religionen: zur Liebe. Und die tausend Jahre unserer anders verlaufenen Bewusstseinsgeschichte ermöglichen uns, schließlich eine Integration des magischen und mythischen Bewusstseins-zustandes mit dem unseren, dem zu überwindenden mentalen, zu vollziehen. In solcher integrativer Weltsicht, der Vision eines Sri Aurobindo, eines Teilhard de Chardin oder eines Jean Gebser, löst sich dann auch der

Dualismus auf zwischen gesellschaftsbezogenem, nach außen gewandtem Denken und Handeln und der gelassenen, nach innen gewendeten Betrachtung dessen, *was ist*: Die gemeinsame Substanz von uralter mystischer Weisheit und neuester wissenschaftlicher Erkenntnis könnte sich vereinen. Ost und West hätten dann beide ihren notwendigen anderen Teil, ihre lebensnotwendige andere Seite gefunden.

Peter Michael Hamel: Mit diesen optimistischen und für mich heute auch etwas blauäugigen Worten endete vor 40 Jahren mein Vortrag bei der Pfingsttagung der Evangelischen Akademie Hofgeismar. Der mir selbst heute reichlich naiv erscheinende Versuch einer Harmonisierung von Ost und West ist schon lange einer Skepsis und Distanzierung gewichen. Jean Gebsers Schriften hatten mich damals beflügelt; das Postulat einer „Großen Begegnung" war das Credo seiner *Asienfibel*. Sein wichtigstes Buch *Ursprung und Gegenwart* wurde mir 1972 zum spirituellen „inspirierenden" Impuls für eine „integrale Weltmusik", eine Utopie, die nachvollziehbar in der Neuen Musikszene belächelt wurde.

Meine Versuche einer integralen Musik waren indessen mit ihrem Kunstanspruch im Genre der klassischen Orchesterkonzerte für die entstehende New-Age-Szene gerade nicht kompatibel, beim kalifornischen Radiosender KPFA/FM „Music from the hearts of space" erklangen im Übrigen ausschließlich frühe Schallplattenveröffentlichungen als „new spiritual music."

Die Suche nach gemeinsamen spirituellen Wurzeln im Austausch und Dialog zu erleben und zu gestalten, das muss nicht *per se* ein nivellierendes Vermengen bedeuten. In ihrer Vermarktbarkeit sind Spiritualität und Esoterik in der öffentlichen Wahrnehmung allerdings längst verflacht. Damals hatte sich der spirituelle Blick ja gen Osten gewandt und auch dieser alte eben gehörte Vortragstext von 1974 war durch die Begegnung mit klassisch-indischer und tibetischer Kunst- und Ritualmusik geprägt und fokussierte auf die damals in den USA entstandene „andere" Neue Musik, die dann später als meditativ und minimalistisch apostrophiert worden ist.

Auch mein Buch *Durch Musik zum Selbst* ist zwei Jahre später aus diesem Vortrag erwachsen, denn der Kontakt zum Auftrag gebenden Scherz Verlag wurde dadurch aufgebaut dank der gemeinsamen Lektorin Susanne Schaup.

40 Jahre später würde ich freilich vieles anders schreiben, weglassen, berichtigen und vor allem wäre ein wesentlicher Teil dazugekommen, im Zusammenhang mit der europäisch-klassischen westlichen „eigenen" Musik. Das Ausblenden der eigenen westlichen Spiritualität in meinem Buch hat übrigens mein Kollege Wolfgang-Andreas Schultz zurecht angemahnt. Ihm sind wesentliche Schriften zu diesem Thema zu danken.

Seit früher Kindheit war das eigene aktive Mitwirken und auch Mitsingen entscheidend für ein spirituelles Erhobensein in Mozarts c-Moll Messe oder Bruckners e-Moll Messe, in der Bachkantate *Fürchte dich nicht* im 1. Sopran, später im 2. Tenor.

Ein geistiges Durchdrungensein hatte ich bei Schuberts Streichquintett, in späten Beethoven-Quartetten, bei Béla Bartóks Musik für Saiteninstrumente oder bei Olivier Messiaen erlebt – das hätte viele weitere Kapitel in meinem Buch nötig gemacht. Die „eigene" westliche Musik hatte ich wohl zeitweise gar nicht in ein spirituelles Kalkül gezogen, war der klassischen, konservativen Musikszene entfremdet worden. Und eigentlich erst durch die Begegnung mit Sergiu Celibidache habe ich (wieder) den Zugang und Bezug zum religiös Spirituellen im Rahmen und der Essenz europäisch-klassischer Musik gefunden. Und auch jetzt erst finde ich Zugang zu Jochen Kirchhoffs Schrift von 1989 *Klang und Verwandlung*.

Die ursprüngliche Frage nach der Begeisterung kommt hier nochmal zur Sprache, wenn spirituelles Erfahren, ja Erwachen mittels Musik möglich wird, wenn Musik zum Träger, zum Ausdruck, zur Ursache zum Auslöser wird. Das kann aber nur im Jetzt der Gegenwart sich vollziehen. Klang kann zu Musik werden von Augenblick zu Augenblick. Die Wahrnehmung des jeweiligen Jetzt wäre die Voraussetzung für ein spirituelles Erfahren. Als bliebe die (Uhr)Zeit stehen. Als wäre die Zeit vergessen. Wenn Kinder im Jetzt spielen, vergessen sie die Zeit. Die Spontankunst aus dem Stegreif feiert den Augenblick des Jetzt.

Klingende Zusammenhänge schaffen in allen Kulturen hermeneutische Kontexte und Entsprechungen. Der spektrale Klang des Schamanenbogens etwa steht als Synonym für die Jakobsleiter der Naturtonreihe. Und so wurde der spektrale Klang des mongolischen Obertonsängers und des tibetischen Mönchsgesanges zum Ausgangspunkt einer neuen spirituellen Musik: *Prima Materia, The Harmonic Choir,* Giacinto Scelsis Improvisationskompositionen, Stockhausens Stimmung und die Gesänge des kürzlich verstorbenen Michael Vetter. Hier eine Aufnahme seiner *Ancient Voices* vom September 1988 zusammen mit einem Obertonchor aufgenommen in der im Jahre 1145 gebauten berühmten französischen Zisterzienser-Abtei Sénanque.

⊙Musik 11: Michael Vetter, Ancient Voices (AMIATA records)

Auch einige meiner Schallplatteneinspielungen wie *Organum* oder *Nada* waren Anfang der 1980er-Jahre in den USA als *new spiritual music* erschienen. Bereits 1973 ist meine *Dharana* Uraufführung von Donaueschingen im kalifornischen Radiosender KPFA/FM von Charles Amirkhanian als meditativ und spirituell wahrgenommen worden. Zeitgleich ist unsere Gruppe *Between* als Krautrock-Variante von *Oregon* oder der Londoner *Third Ear Band* gesehen worden. Als „spirituelle Bilder auslösend" wurde 1974 die Jazz and Lyrics-Produktion *Hesse Between Music* charakterisiert. Und erstmals wurden 1975 beim sogenannten *Katathymen Bilderleben* des Hans Karl Leuner unsere *Between*-Platten und das Doppelalbum *Hamel 1972* zum Einsatz gebracht.

Zu dieser Zeit hörten wir dann als Kompliment, dass das *New-Age-Music* sei und es fand sich ein erstaunlich großes neues Fan-Publikum bei unseren

Konzerten in Amsterdam ein, das kaum aus der Neuen Musikszene oder dem Jazzbereich entstammte, eher einem *easy spiritual listening.* Und so begann ein Dilemma für mich. Denn ich wollte alles andere als ein Pionier der *New-Age-Music* sein, wenn dort Skrjabin oder Messiaen und nicht einmal mein Freund Terry Riley präsent waren, als zu anspruchsvoll gar nicht rezipiert. Ein für mich schon damals unpassendes Etikett. Für eine *New-Spiritual-Music* als Ware wollte ich nicht firmieren. Ein immens expansiver Markt verspricht uns ja seit *New-Age*-Zeiten das Blaue vom Himmel *for healing and uplifting.* Und das Geschäft blüht! Esoterisches Wissen auch anderer Kulturen ist nivelliert, vereinnahmt und verkäuflich gemacht worden. Da wünsche ich schon lange Jesus von Nazareth herbei, um die Händler wieder aus den Tempeln zu vertreiben. Die naive Selbstgewissheit und ein oft herablassendes Abgehobensein esoterischer Kreise haben nicht nur mich seit Jahrzehnten abgeschreckt, doch hatte ich das Glück, wirklich Authentischem begegnet zu sein, was aber im Verborgenen geschah. Esoterisches Wissen war ja in all den Jahrhunderten nicht nur im Westen der Kirche wegen geheim, aus Furcht vor der Inquisition. Auch in Asien heißt es: Wer redet, der weiß nicht. Und im Orient: „Sagt jemand, er sei ein Sufi, dann ist er keiner".

Wohl deshalb hat sich der berühmte Arvo Pärt in Wien zu seinem spirituellen Werk *Fratres* nicht geäußert. Bei unserer ersten Begegnung 1980 im ORF kurz nach seiner Übersiedlung aus Estland hat er geschwiegen wie ein Starez-Priester und ein Ikonograph, der immer wieder den einen Pantokrator erschafft.

⊙ Musik 12: Arvo Pärt, Fratres (ECM)

Von Pythagoras über Athanasius Kircher und Roberto de Fluctibus war esoterisches Geheimwissen auch auf die Tonwelt bezogen. Die harmonikale Entsprechungslehre, die Proportionen in der Musiktheorie, makro- und mikrokosmische Parallelen, schamanistische Praktiken, Siddhikräfte von Ragas, die psychische Kraft eines Tones oder Intervalls in seinem Inneren, Synästhesie. Ein abendländischer Ausgangspunkt ist im *Timaios* bei Platon die „sinnlich-sittliche Wirkung": ein Modus auf dem Doppel-Aulos gespielt, habe bestimmte Effekte auf das menschliche Gemüt, erhebe das Herz oder wirke beruhigend. Die Musiktherapie hat hier ihren Anfang, aber eben auch jedes Heilsversprechen des Esoterica-Handels. Zeitgenössische esoterische Komponisten als geniale Glasperlenspieler haben und hatten auch großen Einfluss auf mein eigenes Schaffen und Denken. Anton von Webern, sein Streichtrio in einem Satz Opus posthum: Wie in der Nuss entstehen auf kleinstem Raum und mit wenigen Tönen ganze Kosmologien.

⊙ Musik 13: Webern, Streichtrio in einem Satz (Wiener Streichtrio)

Esoterisch war auch die „kosmische Zwölf" meines schon genannten anthroposophischen ersten Lehrers Fritz Büchtger und die Tropen- und Klangspiele des anderen Erfinders der Zwölftonmusik Josef Matthias Hauer. Und schließlich könnte Alexander Skrjabin mit seinem mystischen Akkord aus der Naturtonreihe als esoterischer Komponist bezeichnet werden. Das Poème *Vers la flamme,* übersetzt etwa: „Der Flamme entgegen", hier gespielt von Volker Banfield, entstand 1914 als eines seiner letzten Klavierstücke, das Skrjabins Zeitgenosse Leonid Sabanejew wie folgt umschreibt:

Sprecher: „Ein geisterhafter Tempel aus leuchtendem Weihrauch irgendwo in den Tropen, eine geheimnisvolle Musik, Sterne und die Sonne des Abendrots als Rahmen für eine ekstatische Selbstvernichtungsfeier der Menschheit."

⊙ Musik 14: Skrjabin,Vers la flamme (Volker Banfield)

Peter Michael Hamel: Schließlich soll Olivier Messiaens *Pfingstmesse* diese Sendung mit dem Titel *Komm Schöpfer Geist* beschließen. Die *Messe de la Pentecote* von 1950 umfasst fünf Sätze, die auch zeitlich den betreffenden Teilen der Messfeier ungefähr entsprechen. Wir hören den dritten Teil *Consécration,* die Wandlung, mit einem Motto aus dem Johannesevangelium: „Der Heilige Geist wird euch an alles erinnern, was ich euch gesagt habe."

⊙ Musik 15: Messiaen, Pfingstmesse III Consécration (Feller CALIG)

Mit ganz anderen Intervallen hat Olivier Messiaen hier die rhythmischen und melodischen Konturen des zweiten Halleluja der Gregorianischen Messe vom Pfingstsonntag nachgezeichnet. Die rituale Wiederholung dieser nebeneinandergesetzten Formeln, deren irreale Farbigkeit die Organistin Sieglinde Arens an „die bunte, glühende Pracht französischer Kathedralfenster" denken lässt und die im Wechsel mit dem „Wehen des Geistes" eine geheimnisvollbesinnliche Atmosphäre schafft.

Die folgende *Communion* mit dem Untertitel „Die Vögel und die Quellen" hat einen fast idyllischen Charakter: Kuckucks- und Nachtigallrufe wechseln mit vielfarbig leuchtenden „Kirchenfenster-Akkorden", Höhe und Tiefe scheinen sich am Ende aus unendlicher Entfernung in geheimnisvoller Harmonie zu spiegeln. Messiaen zitierte als seine eigene Assoziation zu diesem Ausklang Worte von Paul Eluard: *„unsichtbar in der Stille".*

⊙ Musik 15a: Messiaen, Pfingstmesse IV (Communio)

Bevor wir den letzten Teil von Olivier Messiaens Pfingstmesse hören, möchte ich nochmal auf die Inflation und Verflachung des Begriffes „spirituell" zu sprechen kommen. Anlässlich der Neuauflage von *Durch*

Musik zum Selbst, in den USA als *New-Age*-Bestseller bei Shambhala seit 1978 in englischer Übersetzung, hatte ich tatsächlich versucht, für die Taschenbuchausgabe das Wort spirituell so oft wie möglich zu vermeiden oder zu ersetzen. Ich wollte dem falschen Eindruck entgegenwirken, dass meine Kreationen irgendein Heilsversprechen enthalten würden. Beim Komponieren und Improvisieren war es mir nämlich niemals um eine zielgerichtete Absicht gegangen, etwas „Spirituelles" zu schaffen. Gerade die Absichtslosigkeit war und ist angestrebt und intendiert, ganz im Sinne von John Cage: *My music is non intention.* Im Übrigen hat Kunstanspruch und mein Unvermögen, „in Serie" zu komponieren, die Marktfähigkeit, also das Zur-spirituellen-Ware-Werden meiner Produkte sehr begrenzt und behindert. Den einstigen Indienfahrer und New-Age-Apostel hat dann zum Glück eine seriöse Lehrstuhl-Berufung ereilt und es wurde ihm sogar die Ehrendoktorwürde verliehen. Worum es immer gegangen ist, das findet sich in Jochen Kirchhoffs Text zu seiner *Anderswelt* (AUFGANG Bd. X):

Sprecher: „Kein Zweifel, dass es das Unsagbare gibt und dass die Sprache, auch in ihrer differenziertesten und subtilsten Form, Grenzen hat. Nicht selten sagt die Musik mehr, als Worte dies vermögen, auch und gerade, wenn es um das Jenseits der physisch-sinnlichen Welt geht."

Peter Michael Hamel: In seiner Schrift *Die Erlösung der Natur* spricht der Philosoph Jochen Kirchhoff von der spirituellen Essenz der musikalischen Melodie als Impuls für ein kosmisches Menschenbild, in welchem Zeit wie der Strom der Musik fließt:

Sprecher: „Die kosmische Zeit ist eng verbunden mit dem Mysterium des Klangs und der Musik. Was ich als Über-Zeit bezeichne, jene der Anderswelt angehörenden kosmische Sphäre einer höheren und anderen Zeit, lässt sich am melodisch-musikalischen Verlauf verdeutlichen. Wir hören im gerade erklingenden Ton oder Teilstück einer Melodie sowohl das vergangene, also alle früheren Töne/Teile der Melodie (im weit gefassten Sinne) als auch alle zukünftigen Töne/Teile, und zwar im Kern auch dann, wenn wir den betreffenden melodisch-motivischen Verlauf, die melodisch-motivische Ganzheit gar nicht kennen. Wir hören stets das Ganze, die Ganzheit als lebendige Gesamtgestalt. Jeder Mensch, ob Interpret oder schöpferischer Komponist, weiß das in unterschiedlichen Bewusstseinsgraden. Die Über-Zeit der melodisch-motivischen Gestalt konstituiert geradezu das, was wir Musik nennen. Die Zeit ist wie der Strom der Musik, wie das (auch zahlenmäßig fassbare) Geflecht der musikalischen Form."

Peter Michael Hamel: Kongenial musiziert der Münchner Komponist, Organist und Hochschullehrer Harald Feller das „Über-Zeitliche" am Ende von Messiaens Pfingstmesse. Die jubilierende Lerchen-Vokalise als Symbol vollkommener Freiheit, als das Halleluja der vom Heiligen Geist erneuerten Schöpfung – entfaltet sich auf dem Hintergrund einer rhythmischen Konstruktion, die zwei entgegengesetzte Aspekte der Zeit miteinander konfrontiert: Eine ständig schneller werdende Bewegung in chromatisch abnehmenden Werten wird von einer sich ständig verlangsamenden Bewegung in zunehmenden chromatischen Werten überlagert. Es handelt sich hier um eines der überzeugendsten und mitreißendsten Beispiele für die dem großen französischen Komponisten vorschwebende „Übertragung, Verwandlung und Interpretation der Gesänge unserer kleinen Boten der immateriellen Freude". Eine Art Kadenz im rhapsodischen Stil mit dem pfingstlichen Motto aus der Apostelgeschichte beschließt das Werk und diese Sendung im Fortissimo.

Sprecher: „Ein gewaltiges Brausen erfüllte das ganze Haus."

☉ Musik 15b: Messiaen, Pfingstmesse V Sortie Feller (CALIG)

Musikliste:

1 HAMEL Hari, Om (Patekar) BR
2 PENDERECKI, Stabat Mater (BR)
3 HAMEL, Albatros (Münchner Rundfunkorchester Peter Falk) BR
4 BÜCHTGER, Gott ist Geist (BR/CD HfM)
4a COLTRANE, My Favorite Things
5, 6 SCELSI, Anahit (KAIROS CD) und Canti del Capricorno (WERGO CD)
7 Indische Tanpura
8 LA MONTE YOUNG, Composition 1960 Nr 7 (CD Prisma)
8a RILEY Terry, The Persian Surgery (CD)
9 STOCKHAUSEN, Stimmung (BR)
10 DAK YUK, Tibetischer Mönchsgesang (BR)
11 VETTER *Michael,* Ancient Voices (Amiata CD)
12 ARVO PÄRT, Fratres (ECM)
13 WEBERN, Streichtrio in einem Satz Op. Post. (BR)
14 SKRJABIN , Vers la flamme (BR)
15, 15a, 15b MESSIAEN, Pfingstmesse Feller (CALIG CD)

Saale Kareda

Über energetische Felder in der Musik und ihre Wirkkraft
Das Phänomen des Tintinnabuli-Stils von Arvo Pärt

I. Einleitung

Wir leben in einer dramatischen Phase der westlichen Kultur. Einerseits droht die spirituelle Dimension durch Kommerzialisierung und Manipulation der Massenmedien verloren zu gehen. Andererseits wachen immer mehr Menschen aus einer spirituellen Trägheit auf und übernehmen Verantwortung. Der Schlüsselbegriff für die Bewältigung der weltweiten Krise ist Bewusstseinsentwicklung bzw. Bewusstseinserweiterung. In einer Welt ohne Geist geht die Ehrfurcht vor dem Leben schnell verloren. Den Geist und die Seele wieder in unsere Welt und die Verantwortung in unsere Gesellschaft zurückzubringen, ist derzeit eine dringende Aufgabe.

Laut biophysikalischer Wirtschaftstheorie ist die westlich-rationalistische Zivilisation, die an den technokratischen Fortschritt glaubte, unweigerlich an den Grenzen ihres Wachstums angelangt.[1] Der Hedonismus-Feier der Industriegesellschaften mit ihrem Konsumwahnsinn ist die Phase der Ernüchterung gefolgt. Die thermodynamischen Grenzen und die Unmöglichkeit des Wirtschaftswachstums werden sichtbar, der weltweite Kollaps rückt immer näher.

Dabei kommt die Begrenztheit der Weltanschauung zum Ausdruck, bei welcher nur die Gesetze der grobstofflichen Welt in Betracht genommen werden. Die Astrophysik hat festgestellt, dass wir vom Ganzen nur etwa zwischen 4 und 5% sehen können. Die übrigen 95% folgen nicht den Gesetzen, die die Menschen normalerweise „Naturgesetze" nennen.

Für die Bewältigung der globalen Krise scheint es keinen anderen Ausweg zu geben als einen Paradigmenwechsel zu einer holistisch-integralen Gesellschaftsorganisierung. Wenn wir kollektiv wirklich die Verantwortung übernehmen für das Überleben des Ökosystems dieses Planeten, können sich auch Energiequellen eröffnen, von denen der heutige Mensch wenig oder gar

---

[1] Kaupo Vipp, Globaalpohmelus. Naftatipuvaade tööstusühiskonnale. Pärnu, Gutenbergi Pojad, 2012. Auf Deutsch gibt es hierzu eine reiche Literatur, etwa die erste Schrift des Club of Rome, *Die Grenzen des Wachstums* von 1972, dann *Die neuen Grenzen des Wachstums* von 1992, Jørgen Randers, *2052. Der neue Bericht an den Club of Rome*, 2012.

nichts weiß. Der Weltraum ist ein superdichtes Meer fluktuierender Energien. Wie der Physiker John Wheeler bemerkte, ist das grundlegendste Merkmal des Universums Information, andere physikalische Mengen sind dagegen eher Nebenprodukte. Erwin Schrödinger:

> Die Welt besteht nur aus Bewusstseinselementen. Der Geist baut die reale Außenwelt aus seinem eigenen geistigen Stoff auf.

Das alles durchdringende und beseelende reine Bewusstsein befindet sich in jedem kleinsten Teilchen und wartet darauf, dass die Menschen endlich wieder aufwachen und erkennen, dass alles Seiende lebendig und untereinander verknüpft ist.

Neben der klassischen Thermodynamik (worauf die biophysikalische Wirtschaftstheorie aufbaut) wurde im 20. Jahrhundert auch die Nichtgleichgewichtsthermodynamik entwickelt. Ilya Prigogine erhielt 1977 den Nobelpreis für Chemie für seinen Beitrag zur irreversiblen Thermodynamik, insbesondere zur Theorie der dissipativen Strukturen. Der interessanteste Aspekt dieser Theorie ist der Punkt der Instabilität, wo dramatische Ereignisse stattfinden. Wenn eine dissipative Struktur den Punkt der Instabilität (Gabelungspunkt) erreicht, ist das Verhalten des Systems unvorhersagbar. In diesen Stellen können spontan neue Strukturen von höherer Ordnung und Komplexität auftreten. Auch wir befinden uns als Menschheit an einem ähnlichen Gabelungspunkt, wo sowohl Zerstörung als auch Paradigmenwechsel auf einer höheren Bewusstseinsebene möglich sind. Die Bewusstseinsimpulse, die jeder integral-holistisch denkende und agierende Mensch ausstrahlt, können bei der weiteren Entwicklung entscheidend sein. Solange der moderne Mensch sich nur durch seine fünf Sinne identifiziert, ist es schwer, eine tiefere Dimension der Existenz zu finden. Musik ist ein Medium, das den Zuhörern tiefe transpersonale und spirituelle Erfahrungen schenken und dem Menschen helfen kann, aus der winzigen „5%-Welt" herauszuwachsen und sich als kosmisches Wesen mit einer entsprechenden Verantwortung zu verstehen.

Arvo Pärts Œuvre stellt einen Weg auf der Suche nach der Seele dar, die aus der modernen Welt verbannt wurde. Das Leben entfaltet sich nicht nur in die Länge und in die Breite, sondern auch in die Tiefe und in die Höhe. Erst hier kann die Seele frei atmen, da es die Verbindung zwischen sichtbarer und unsichtbarer Welt ermöglicht.

Dem Menschen der Neuzeit war allmählich die vertikale Dimension im Denken und Fühlen verloren gegangen. Die Sehnsucht nach der verloren gegangenen Spiritualität war zur Entstehungszeit des Tintinnabuli-Stils Mitte der 1970er-Jahre besonders jenseits des Eisernen Vorhangs extrem stark. Durch die Musik Arvo Pärts fanden viele Menschen diese vertikale Dimension wieder, sowohl damals in der Sowjetunion, als auch später überall in der Welt. Pärts Musik wird bei äußerst reduzierten Mitteln von einer außergewöhnlichen geistigen Konzentration getragen, welche die verloren gegangene spirituelle Dimension wiederherstellen kann. Hinter der scheinbaren Einfachheit offenbart sich eine höhere Ordnung.

II. *Über energetische Felder in der Musik und ihre Wirkkraft*

Ein sehr intensives Beeinflussen und „Stimmen" des Bewusstseins erfolgt durch Klänge. Musik ist eine Kunstart enormen Potenzials, da die Klangschwingungen den Zuhörer auf allen möglichen Ebenen beeinflussen – sowohl auf emotionaler, seelischer, geistiger, spiritueller, feinstofflicher, als auch direkt auf physischer Ebene. Mit Klängen kann man – bildlich gesagt – sowohl töten als auch heilen. Ebenso kann Musik das Transformieren des menschlichen Bewusstseins anregen und unterstützen. Der menschliche Körper ist ein komplexes System unterschiedlicher Schwingungsprozesse, angefangen von Pulsschlägen, kraniosakralen rhythmischen Pulsationen usw. bis zu den Schwingungsprozessen auf Zellebene. Verschiedene Teile unseres Körpers – unsere Organe, Knochen, Gewebe und verschiedene Körpersysteme – besitzen bestimmte je eigene Resonanzfrequenzen. Dazu kommen auch noch energetische Schichten, also die feinstofflichen Ebenen des Menschen, ebenso die Gedanken- und Empfindungsimpulse. Unser Gehirn erzeugt beim Pulsieren elektromagnetische Frequenzen. Umgekehrt können auch spezielle Schallfrequenzen unsere Hirnwellen beeinflussen. Die Harmonie (oder Disharmonie) dieser unterschiedlichen Schwingungsebenen im und um den menschlichen Körper erzeugt ein einzigartiges Energiesystem jedes Menschen, das sich sowohl auf physischer, wie auch auf energetischer Ebene ausdrückt. Die zum Klingen gebrachte Musik ist ein Komplex unterschiedlicher Schwingungsprozesse, die auch bis zur Zellenebene des Zuhörers durchdringt. Klang erzeugt eine Art Energie, die in unsere Zellstruktur eindringen kann und sich auf unsere Moleküle auswirkt. Klang kann sogar Moleküle umstrukturieren und neu ordnen.

Zeitgenössische Musik ist auf die eine oder andere Weise mit den gesellschaftlichen Transformationsprozessen verbunden, die der heutige Mensch inmitten von höchst intensiven mentalen und emotionalen Spannungsfeldern miterlebt. Das Komponieren und Aufführen zeitgenössischer Musik ist eine Möglichkeit, diese Prozesse zu durchleuchten und auch zu beeinflussen. Der Bereich Neuer Musik wirkt in der Gesellschaft wie eine unterirdische Strömung, die an den Transformationsprozessen zwar leise, aber doch intensiv teilnimmt. Wenn der Komponist über einen Zugang zum alles beseelenden Bewusstsein verfügt, kann Neue Musik ein gewaltiges Medium werden, das durch von Klängen erzeugte energetische Felder das Bewusstsein der Zuhörer transformiert und heilt.

So ein Spezialgebiet wie „Energetik in der Musik", „musikalische Energetik" oder „energetische Felder in der Musik" gibt es in der heutigen Musikwissenschaft noch nicht. Nassim Haramein, ein Querdenker der neuen Physik, sagt:

Alle spirituellen, metaphysischen oder paranormalen Phänomene sind eigentlich nur so eine Art Physik, die wir noch nicht imstande sind zu verstehen.

Das gleiche gilt meiner Ansicht nach auch hinsichtlich der energetischen Felder der Musik.

Die empirische Basis der objektiven Wissenschaft ist bekanntlich nichts „Absolutes", und es kann überhaupt nur ein annäherndes Wissen geben, da wir von der multidimensionalen Realität immer nur einen Teil wahrzunehmen imstande sind. Keine Wahrheit ist endgültig. Hinter jeder Wahrheit liegt eine andere Wahrheit verborgen, die im Widerspruch steht zu der Wahrheit, mit der wir vielleicht einige Zeit glücklich waren. Widerspruch ist unsere einzige Hoffnung, weil er neue Aspekte eröffnet, und ein dynamischer und kreativer Prozess ist der einzige Weg, um den Widerspruch zu ertragen, ohne die Orientierung zu verlieren.

Da alle wissenschaftlichen Begriffe und Theorien nur näherungsweise gültig sein können, wird im integralen Denken die Metapher des Wissens als Gebäude durch die des Netzwerks ersetzt. Die holistische Naturwissenschaft beschäftigt sich nicht mit immer kleineren Elementarteilchen, sondern untersucht die aller Existenz zugrunde liegenden Basismatrizen. Unsere Welt „befindet sich" in einer größeren Matrix und gerade die unsichtbaren Proportionen und Muster dieser Matrix kreieren unsere sichtbare Welt. Meiner Erkenntnis nach erfolgt dies, vereinfacht ausgedrückt, durch Klang-, Geometrie- und Lichtmuster. Erinnern wir uns an das Wort Heraklits „Verborgene Harmonie ist mächtiger als offenbare" oder was Hans Kayser von J.F.Molitor zitiert: „Alle Formen und Maßverhältnisse sind der Ausdruck unsichtbarer geistiger Kraftverhältnisse."[2] Der Physiker Ernst Senkowski sagte:

> In der Quantentheorie ist es so, daß man von Statistik und Wahrscheinlichkeiten und im Grunde genommen von Rauschen spricht. Wir haben ein Untergrundrauschen, das ist einfach da. Was wir mit unserem Gehirn tun, ist aus dem Rauschen Informationen herauszuziehen. Im Rauschen wäre dann in diesem Sinne alles mögliche drinnen. Das sind Informationsfelder, die aus anderen raumzeitlichen oder nicht-raumzeitlichen Bereichen das Geschehen hier auf der Erde steuern. Und zwar mit Hilfe der Vorgänge, die in unserem Gehirn stattfinden.[3]

Die Quantenphysik besagt, dass bei der Entstehung von Formen und Materie die Schwingungsprozesse primär sind. Eine sehr interessante Definition, die den Anteil der Schwingungsprozesse bei der Entstehung der Materie charakterisiert, habe ich bei der Physikerin Gabi Müller gefunden:

> Feste Materie besteht aus Ätherwirbeln hoher Ordnung, die untereinander fest vernetzt sind in Form von stehenden Skalarwellen aus magnetischen Strömungen. Aber da es

---

[2] Johann Franz MOLITOR, *Philosophie der Geschichte oder über die Tradition*, Münster 1834, Bd. I, 124. Zit. nach Hans KAYSER, *Der hörende Mensch. Elemente eines akustischen Weltbildes*. Stuttgart, 1993, 22 f.

[3] DVD (R) Evolution 2012.

Bewegungen gibt, ist diese Ordnung nie perfekt, immer ist ein gewisser Anteil am Sublimieren, am Zurückkehren in das heiße Chaos außerhalb des Netzes.[4]

Der Physiker Ken L. Wheeler schreibt:

> The universe is divinely simplex, with only three components, the Ether, mass particles, and fields (all of which are Ether in principle, and the particles themselves are stable dielectric conglomerations and Ether-based). Everything else is tones, overtones, geometry, and movements, spatial and counterspatial, centrifugal and centripetal.[5]

Das Phänomen des Tintinnabuli-Stils von Arvo Pärt ist nach meiner Überzeugung mit bestimmten universellen Basismustern verbunden – Basismustern, die allem Existierenden unserer Welt zugrunde liegen. Zu der Dreiheit (in der Analogie mit dem oben genannten Sinn – Äther, Maßpartikel und Felder) komme ich im letzten Abschnitt zurück. Der Forschungsweg zu den Tiefenstrukturen der Tintinnabuli-Musik erfolgt schichtweise und ist ein langwieriger Prozess. Arvo Pärt hat zu seinem Schaffensprozess gesagt:

> Das ganze Geheimnis ist in der Anziehungskraft zwischen den Teilchen enthalten. Je näher dem Kern, desto größer wird das Potenzial. [6]

Von allen Schwingungsprozessen im Unversum nehmen wir nur einen winzigen Teil als Klangphänomene wahr. In einem einzigen Klang (mit all seinen Obertönen) befindet sich ein unfassbar reiches Spektrum an mathematischen Proportionen, worin – so wird auch behauptet – alle erdenklichen Proportionen der Welt vorhanden seien. Das Obertonspektrum beinhalte also alle strukturellen Basisbeziehungen, worauf unsere sichtbare Welt aufbaut.[7] Einer der stärksten Impulse von Pärt auf das musikalische Denken im letzten Viertel des 20. Jahrhunderts war die Fokussierung auf einen einzelnen Ton.

> Ich habe entdeckt, dass es genügt, wenn ein einziger Ton schön gespielt wird. Dieser Ton, die Stille oder das Schweigen beruhigen mich. Ich arbeite mit wenig Material, mit einer Stimme, mit zwei Stimmen. Ich baue aus primitivem Stoff, aus einem Dreiklang, einer bestimmten Tonqualität. Die drei Klänge eines Dreiklangs wirken glockenähnlich. So habe ich es *Tintinnabuli* genannt.[8]

---

[4] Gabi MÜLLER, *Wirbelwelten.* Teil 1: Leben im Äther. – raum&zeit 2007, nr 146.

[5] Kenneth Lee Wheeler, *Uncovering the Missing Secrets of Magnetism. Exploring the nature of Magnetism, with regards to the true model of atomic geometry and field mechanics by means of rational physics&logic.* Darkstar Publications, 2nd Edition 2014.

[6] Die nicht genauer belegten Zitate hier und weiter unten stammen aus den Gesprächen der Verfasserin mit Arvo Pärt im Jahre 2000.

[7] Andreas BEUTEL, DVD: *Die harmonische Ordnung des Universums. Schwingungen im Quantenraum.* Koha Verlag, 2012. DVD: *Raum – Klang – Stimme. Auf der Suche nach dem Ursprung der Obertöne.* Ein Film von Minghao Xu. Traumzeit – Verlag der Neuen Klangkultur.

[8] Harenberg Komponistenlexikon, Mannheim. 691. Pärt hat seinen neuen Stil, den er seit Mitte der 1970er-Jahre entwickelte, nach dem lateinischen Namen für „kleine Glocke" (*tintinnabulum*) benannt.

Arvo Pärt hat etwas Essenzielles erkannt zum mathematischen und geome-
trischen Wesen des Klanges. Wenn schon in einem Klang das ganze mathematische Spektrum der strukturellen Grundverhältnisse unserer Welt
vorhanden ist, wäre es ja weise, es ungestört auf sich wirken zu lassen. Das
heute dominierende gleichstufig temperierte Stimmungssystem der westlichen Musik ermöglicht zwar alle Tonarten problemlos zu verwenden, hat
aber dafür mit kleiner Verstimmung aller Intervalle, außer der Oktave, zahlen
müssen.

Durch dieses Stimmungssystem haben wir es außer bei a' (und seinen
Oktaven) immer mit Dezimalzahlen zu tun. Wenn nur a' (gestimmt im tem-
perierten System auf 440 oder 442Hz) gespielt wird, haben wir es
ausschließlich mit ganzzahligen Frequenzverhältnissen zu tun, bei anderen
Tönen im temperierten System aber immer mit einer Dezimalzahl. Das
Hertz, die Einheit für die Frequenz, gibt die Anzahl sich wiederholender
Vorgänge pro *Sekunde* an. Die Sekunde als Basiseinheit für die Zeit ist
wiederum mit menschlichen Rhythmen verbunden, sie ist etwa einen
Herzschlag lang (Ruhepuls eines Erwachsenen). Laut Hulda R. Clark ist die
Sekunde eine wichtige Einheit auch auf der Zellebene.[9] Das bedeutet, dass
Töne mit ganzzahligen Frequenzverhältnissen mit dem menschlichen Körper
gut in Resonanz gehen und den Körper dadurch auch energetisch
unterstützen. Besonders viele frühere Tintinnabuli-Werke haben die Tonart
a-Moll, d-Moll oder e-Moll, wo a' auf struktureller Ebene eine wichtige
Rolle spielt. „Cantus of Memory Benjamin Britten" könnte als eine
Erweiterung vom Ton a' angesehen werden. Während der Aufführung dieses
Werkes sammeln sich sehr viele Obertöne von a', sodass man am Ende des
Werkes buchstäblich „Säulen" von Obertönen im Raum wahrnehmen kann.
    Nach jahrelanger Forschung ist mir klar geworden, dass ein großes
Geheimnis des weltweit gefeierten Tintinnabuli-Stils in der Entstehung
bestimmter energetischer Felder liegt. Die ganzzahligen Frequenz-
verhältnisse der Obertöne sind sicher ein wichtiger Aspekt, aber nicht der
einzige. Die in diesem Abschnitt gebrachten Gedankengänge versuchen alle
aus dem einen oder anderen Blickwinkel dem Rätsel des Tintinnabuli-Stils
näher zu kommen und sind als Anregungen gedacht, um in der Tintinnabuli-
Forschung schichtweise tiefer zu gelangen.
    Zum Schluss dieses Abschnitts bringe ich einige Abschnitte eines Artikels
von Ernst Kurth, der fast vor einem Jahrhundert über die Energetik in der
Musik interessante Abhandlungen verfasste und unter anderem schrieb:

> Harmonien sind Reflexe aus dem Unbewußten. Alles Erklingende an der Musik ist nur
> emporgeschleuderte Ausstrahlung weitaus mächtiger Urvorgänge, deren Kräfte im
> Unhörbaren kreisen. In ihnen liegt auch die Naturgewalt aller Harmonik, nicht aber im

---

[9] Hulda R. CLARK, *Syncrometer Science Laboratory Manual*. New Century Press, 2000,
63.

Tönenspiel, dessen farbig leuchtende Bewegtheit überhaupt nur in Spiegelungen psychischer, aus dem unterbewußten Tiefenbereich ausbrechender Energien besteht.

Was man gemeinhin als Musik bezeichnet, ist in Wirklichkeit nur ihr Ausklingen.[…] Die Klänge sind der hauchartige Niederschlag, den der eigentliche Lebensatem der Musik im Aufsteigen an die Tagessphäre findet. Die Energien gehen in die sinnlich wahrnehmbaren Klangwunder über, wie der Lebenswille ins Weltbild. Erst an ihrer letzten Oberfläche tönt die Musik.

Der Blick in die Musik ist durch Klänge verhängt. Die Theorie aber hat das Ohr für das Unhörbare verloren und damit für die Erfassung der Grundvorgänge, die durch Töne und Klänge nur hindurchschimmern. Aus dem A u s s t r ö m e n drängender Willensspannungen, aus Ertönen in Klang und Farbe ergeben sich auch alle typischen Formen, in denen sich die Harmonik entwickelt, und die Eigentümlichkeit ihrer inneren Wirkungen. Die Klänge sind nicht wie einzelne Kristalle vorgebildet, deren sich wie zum Spiel einer schönen „Zusammenstellung" die „Komposition" bedient; Kristallisation ist Ende und Erstarrung einer Entwicklung. Die Theorie muß am lebendigen Grundprozess, dem A u s b r e c h e n und W e r d e n z u m K l a n g, einsetzen, um sich nicht zu Formelwesen Schematismen in weitem Bogen aus der Musik herauszuverirren; sie darf nicht den Zauber des Unbewußten, der in ihr liegt, zerstören, sie muß ihn begreifen.

[…] Die musikalische Energie verdichtet sich zur ersten Deutlichkeit in der Form oder wenigstens zunächst in der E m p f i n d u n g von Bewegungsvorgängen. Die Musik ist daher keine S p i e g e l u n g der Natur, sondern das Erlebnis ihrer rätselhaften Energien selbst i n u n s; die Spannungsempfindungen in uns sind das eigentümliche Verspüren von gleichartigen lebendigen Kräften, wie sie sich im Uranfang alles physischen und organischen Lebens offenbaren.[10]

III. Musikalische Wurzeln von Esten

Der estnische Komponist Arvo Pärt, der in diesem Jahr seinen 80. Geburtstag feiert, gehört seit längerer Zeit zu den meistgehörten Tonkünstlern zeitgenössischer Musik. Heute ist er auch wirklich der am häufigsten aufgeführte lebende Komponist weltweit.[11] Arvo Pärt war in den 1960er-Jahren der wichtigste Avantgardist in Estland, Mitte der 1970er-Jahre fand er zu seinem weltberühmten Tintinnabuli-Stil, dem neuen kompositorischen Prinzip, das sein Werk bis heute prägt.

Obwohl seine Musik nicht direkt mit der estnischen traditionellen Musik in Verbindung gebracht werden kann, ist es doch wichtig, seine musikalische Heimat ein bisschen vorzustellen, um den Kontext seiner Entwicklung als Künstler besser zu verstehen. Arvo Pärt ist ein tief religiöser Komponist, kommt aber aus keiner besonders religiösen Umgebung. Er ist in einem damals evangelisch-lutherischen Land geboren und im sowjetisch besetzten Estland aufgewachsen. Wie es vor dem Zweiten Weltkrieg in Estland üblich

---

[10] Ernst KURTH, *Zum Wesen der Harmonik*. In: Musikblätter des Anbruch, 2. Oktober-Heft 1920, S. 539–541.
[11] Stand 8. Januar 2015: http://bachtrack.com/top-ten-statistics-classical-music-2014.

war, wurde auch er als Kind in der lutherischen Kirche getauft; zu dieser Tradition hatte er aber kein aktives Verhältnis. Das sowjetische Regime hatte religiöse Wurzeln abgeschnitten, und für den sowjetischen Menschen war der „wissenschaftliche" Atheismus als einzige „Konfession" vorgeschrieben. Viele Intellektuelle in Estland haben die christliche Religion für sich erst als Erwachsene entdeckt, so war es auch mit Arvo Pärt und seiner Frau Nora.

Estland ist ein kleines Land an der Ostsee, verfügt aber heute über eine erstaunlich reiche Musikkultur, und das betrifft sowohl Musik Schaffende wie Ausführende. Die Esten – *Aestii* – gehören zu den ältesten Völkern weltweit und sind wahrscheinlich eines der am längsten im selben Areal lebenden Völker in Europa. Die ersten Siedlungen auf dem Territorium des heutigen Estlands werden ins neunte Jahrtausend vor unserer Zeitrechnung datiert. Unser Schriftsteller Ain Kaalep hat einmal gesagt: „Die Esten sind die Indianer von Europa."

Noch vor hundert Jahren waren die Esten hauptsächlich auf dem Lande ansässig und in ihrem alltäglichen Leben auf die Natur angewiesen. In der Volkskultur spielte diese auch eine wichtige Rolle, und etliche vorchristliche Traditionen wurden noch lange Zeit nach der Ankunft des Christentums in Ehren gehalten. Alte Bäume, Steine, Quellen wurden als heilig betrachtet, und in der Volksmedizin fanden hauptsächlich natürliche Heilmittel Verwendung. Diese Spuren der Vergangenheit sind in den Wertvorstellungen auch des modernen urbanen Esten noch deutlich zu erkennen.

Während die Esten rund 700 Jahre unter der Herrschaft der Baltendeutschen lebten, haben sie ihre vorchristliche Volkskultur bewahrt, und das war die wichtigste Voraussetzung, um die estnische Identität durch die Jahrhunderte zu tragen. Dabei hat das estnische Volkslied eine Schlüsselposition. Die estnische Volksmusiktradition verfügt über ein sehr altes Gut an Volksliedern – eine Runengesangstradition, die buchstäblich Jahrtausende alt ist. Diese Tradition ist sogar heute noch lebendig – in Ost-Estland, im Gebiet Seto gibt es alte Volkssängerinnen, die diese Runenlieder genauso im täglichen Leben weitertragen wie in den früheren Jahrhunderten. Das ist für Musikethnologen von unschätzbarem Wert und gehört zum UNESCO-Weltkulturerbe.

Ich vermute, dass die Musikalität der Esten eng damit zusammenhängt, dass wir einerseits unsere Wurzeln noch sehr stark in der Natur haben und andererseits, dass wir als Volk durch unsere Musiktradition haben überleben können. Unsere Ahnen haben die Kraft des Singens auf einer ganz anderen Ebene erlebt und gekannt, als es heute dem modernen Menschen bewusst ist. Sie haben die richtige Macht der Musik verstanden und im alltäglichen Leben eingesetzt. In der heutigen Sprache würden wir sagen, die Musik war für die Esten die Überlebensstrategie. Und dieses Erbe tragen auch die heutigen Esten noch in ihren Genen, in ihrem Unterbewusstsein, obwohl die wahre Bedeutung dieses Erbes mittlerweile schon in Vergessenheit geraten ist.

Die jüngste Erscheinung dieser besonderen Erfahrung, dieses besonderen Wissens ist die sogenannte Singende Revolution, die Ende der 1980er-Jahre stattfand. Wir Esten haben uns buchstäblich von der russischen Besatzung freigesungen, und es gab während dieses Befreiungsprozesses keine Opfer. Die riesengroßen und regelmäßig stattfindenden Sängerfeste gehörten schon seit Mitte des 19. Jahrhunderts zur estnischen Kultur. Ende der 1980er-Jahre wurde dieses Phänomen eingesetzt, um die Freiheit zu erlangen.

Nach dreizehn Jahren im deutschsprachigen Raum kehrte ich nach Estland zurück und war erstaunt, wie viele talentierte zeitgenössische Komponisten es im heutigen Estland gibt. Die estnischen jungen Komponisten waren seit Jahrhundertbeginn immer wieder erfolgreich beim internationalen Rostrum der Komponisten (im Jahr 2015 wird das Rostrum in Tallinn durchgeführt). Zwei weltweit gefeierte estnische Komponisten sind Arvo Pärt und Erkki-Sven Tüür, aber auch Namen wie Veljo Tormis, Lepo Sumera, Helena Tulve, Jüri Reinvere, Toivo Tulev, Ülo Krigul, Mirjam Tally, Malle Maltis und viele andere sind international bekannt. Der in Berlin lebende Jüri Reinvere hat schon zwei internationale Opernaufträge bekommen und mit großem Erfolg erfüllt; Ende 2014 wurde seine zweite Oper „Peer Gynt" in der Norwegischen Oper uraufgeführt und hat sehr viel positives Echo in Europa (von London bis Moskau und von Tromsø bis Wien) erhalten. Reinvere spricht in dieser Oper brennende Themen der heutigen Gesellschaft an wie: Worauf bauen wir unser Leben auf, auf Wahrheit oder auf Lügen? Dem gegenwärtigen Menschen ist es einfacher, sein Leben auf Lügen aufzubauen, wenn er für die Wahrheit nicht stark genug ist.

Die transformative Kraft der Musik von Arvo Pärt und Erkki-Sven Tüür ist enorm. Pärt und Tüür sind einerseits sehr unterschiedlich vom Klangbild ihrer Musik, doch gibt es auch Gemeinsamkeiten. Beiden ist es gelungen, wenn auch auf unterschiedliche Art und Weise, rationale und intuitive Annäherung zu einem organischen musikalischen Gesamtsystem zu synthetisieren. Sowohl die Musik von Pärt als auch jene von Tüür hat ihr Fundament im rationellen, stark mathematischen Denken, und gleichzeitig haben beide einen direkten Zugang zu einer musikalisch umwandelnden Information. Es gab Etikettierungsversuche zu beiden, aber der Tintinnabuli-Stil von Pärt ist ebenso wenig Minimalismus wie die Musik von Tüür Postmoderne. Das Œuvre von Tüür und Pärt reicht jenseits von solchen „-ismen", bis zu einer universellen Tiefenschicht.

Die Tintinnabuli-Musik von Pärt gehört zu den größten Rätseln der zeitgenössischen Musik. Aus welchen Quellen schöpft diese auf sehr einfachen Elementen basierende Musiksprache, in der sich auch unglaublich komplexe Strukturen finden, ihre magische Kraft?

IV. Das Phänomen des Tintinnabuli-Stils von Arvo Pärt

Die Tintinnabuli-Musik von Pärt ist getragen von einer ontologischen Tiefendimension, die sich in ihrer Gesamtheit nicht in Worte fassen lässt.

Der Weg Arvo Pärts hat ihn in Richtung größtmöglicher Konzentration der musikalischen Substanz geführt – gleichsam wie zu einem Punkt auf der Nadelspitze, wo alles, was existiert, in innerer Hochspannung zusammenfließt. Pärt schreibt sakrale Musik, und das hauptsächlich auf geistliche Texte, doch sollte man diesen Aspekt nicht überbewerten, da seine Musik nicht nur religiöse Menschen anspricht. Es ist das Verlangen nach Klarheit, Konzentration, Essenziellem, die Sehnsucht und Suche nach dem Kern des Existierenden, das an keine Konfession oder Weltanschauung gebunden ist und die Zuhörer in seinen Bann zieht.

Die Biographie von Pärt ist auf der Website seines Verlegers Universal Edition[12] nachzulesen, deswegen verzichte ich hier auf biographische Einzelheiten. Die gewaltige Transformation von Pärts Werk – die Evolution von einem der radikalsten Vertreter der sogenannten sowjetischen Avantgarde (er schrieb die ersten dodekaphonischen Werke in Estland) über Collage-Technik-Kompositionen und eine acht Jahre dauernde schöpferische Krise bis zum neuen Tintinnabuli-Verfahren – stellt einen wesentlichen Teil des Paradigmenwechsels der modernen Musik dar. Pärt hat mit seinem Tintinnabuli-Stil bewiesen, dass die Rückkehr zu den uralten tonalen Elementarzellen – Tonleiter und Dreiklang – unter der Bedingung, dass der Komponist die tonalen Atome neu strukturiert, zu einer qualitativ neuen Ebene führen kann. Die Tintinnabuli-Musik ist einerseits zwar eine einzigartige Weiterführung serieller Strukturierung, andererseits aber klug mit dem obertönig wohlklingenden Klangmaterial synthetisiert und findet auch deswegen bei den Zuhörern breite Anerkennung, „denn das Gehör des Menschen apperzipiert eben nur Klangerscheinungen, für welche die Natur es einrichtete.“[13]

Der Tintinnabuli-Stil von Arvo Pärt besitzt eine ganz besondere Energetik, musikalische energetische Felder, die auf Zuhörer seelisch reinigend wirken. In vielen Tintinnabuli-Werken weint die Musik dem Verlust der seelischen Unschuld und Reinheit des Menschen nach, als ob sie wegen aller Verbrechen und Kriege auf diesem Planeten leiden würde. Die Tintinnabuli-Musik trägt aber auch eine immense Kraft in sich, die das Leidende aus Hoffnungslosigkeit und Destruktion emporhebt. Diese Musik kann dem Suchenden neue Dimensionen aufmachen, vor allem aber kann sie helfen, dass der Mensch den Weg zum eigenen inneren Kern erlangen kann. In der Musik von Pärt liegen Licht und Schatten dicht beieinander. Das Lichtvolle hilft dem Menschen, den Weg in Richtung göttliches Licht zu gehen, die Schattenseite, die eigenen Schatten zu transformieren. Die enorme Konzentration der Tintinnabuli-Musik wird sie zu einem Heilmittel machen, vergleichbar mit starken Medikamenten, die man nur in bestimmten Dosen einnehmen

---

[12] http://www.universaledition.com/Arvo-Paert/komponisten-und-werke/komponist/534/biographie.
[13] Rudolf HAASE, *Über das disponierte Gehör*, in: Fragmente als Beiträge zur Musiksoziologie *4*, Wien 1977, 49 f.

kann. Sie wirkt auch wie ein Katalysator auf das kollektive Unbewusste und damit heilend.

Wie schon oben erwähnt, einer der stärkeren Impulse der Tintinnabuli-Musik auf die Musik im letzten Viertel des 20. Jahrhunderts ist es, jeden einzelnen Klang schätzen zu lernen und ebenso auch die Stille. In unserer von Lärm überfluteten Welt brauchen wir zuerst Ruhe und Stille, um uns von der Verrücktheit der modernen Gesellschaft zu distanzieren und um den Kontakt mit uns selbst herstellen zu können.

Über die Bedeutung der Stille in Pärts Musik wurden in den letzten Jahrzehnten viele schöne Essays geschrieben, hier sei nur einer von vielen hervorgehoben: „Vom Strahlen in der Stille" von Andreas Peer Kähler.[14]

Die Fokussierung auf den Wert jedes einzelnen Klanges, die durch den Tintinnabuli-Stil sehr intensiv zum Vorschein kommt, hat im Kontext der Bewusstseinserweiterung auch unter einem anderen Aspekt eine ganz besondere Bedeutung. Es symbolisiert die Fokussierung auf den Wert jedes einzelnen Menschen. Erst wenn jeder einzelne Ton mit voller Aufmerksamkeit, Achtung und Liebe behandelt wird, ist es möglich ein Musikwerk zu schaffen, das in seiner Wirkung in die Tiefe geht und den Zuhörer mit der spirituellen Dimension verbindet. Die Achtung und das Hören auf jeden einzelnen Ton symbolisiert den Menschen, der in sich hineinhorcht, zum eigenen inneren seelischen Kern gelangt und dadurch die Verbindung mit der Quelle alles Seienden herstellt. Erst wenn der Mensch aus seiner körperlichen Existenz herauswächst zu einem selbstständigen spirituellen Wesen – genauer gesagt, wenn er den Kontakt mit seiner Seele und seinem Geist bewusst herstellt und dadurch sich an seine göttliche Herkunft wieder erinnert, kann er in der chaotischen Welt geistig, spirituell, ethisch die besten Entscheidungen treffen, die nicht vom Ego-Wesen des Menschen getrieben, sondern von zeitlosen Wertvorstellungen getragen werden.

Arvo Pärt hat in seiner Dankesrede anlässlich der Verleihung des Brückepreises der Stadt Görlitz im Jahre 2007 eine schöne Parallele zwischen Einzelklang und einzelnen Menschen gebracht:

> Versuchen wir, eine Menschenseele quasi unter einem solchen Mikroskop zu beobachten, wobei wir nach und nach den Grad der Vergrößerung erhöhen. Wir werden Zeuge sein, wie alle äußeren Merkmale eines Menschen mit all seinen Besonderheiten, seinen Schwächen und Tugenden im Verlauf der zunehmenden Vergrößerung mehr und mehr aus dem Bild verschwinden. Es wird wie ein endloser Verkürzungsprozess sein, der uns in die Richtung des Wesentlichen führt. Hinter uns lassen wir auf dieser „Reise ins Innere" auch alle gesellschaftlichen, kulturellen, politischen und religiösen Kontexte. Am Ende gelangen wir zu einem netzartigen Grundmuster. Man könnte es vielleicht als „menschliche Geometrie" bezeichnen, klar geordnet, ruhig geformt – vor allem aber schön. In dieser Tiefe sind wir uns alle so ähnlich, dass wir in jedem anderen uns selbst erkennen könnten. Und diese Ebene

---

[14] Erschienen in: Hermann CONEN und Leopold BRAUNEISS (Hg.) *Arvo Pärt, Die Musik des Tintinnabuli-Stils.* Köln, 2006.

könnte die einzige sein, auf der eine wirklich funktionierende (Friedens-)Brücke überhaupt vorstellbar wäre, wo all unsere Probleme – falls es sie dann noch gibt – lösbar wären.

Es ist für mich eine große Versuchung, diese so schön geordnete Ur-Substanz, diese kostbare Insel in der inneren Verborgenheit unserer Seele, als den „Ort" anzusehen, über den uns vor 2000 Jahren gesagt wurde, dass Gottes Reich dort sei – nämlich in unserem Inneren. [...] Und so versuche auch ich bis heute, mich auf dem Pfad zu halten auf der Suche nach dieser so heiß ersehnten ‚Zauberinsel', wo alle Menschen – für mich auch alle Klänge – in Liebe miteinander leben könnten.[15]

V. Die Tintinnabuli-Kompositionstechnik[16]

Die Tintinnabuli-Kompositionstechnik ist eine einzigartige Synthese der uralten Musikelementarzellen und eines neuen Anordnungsverfahrens, in dem die algorithmische und die sprachrelevante Strukturbedingtheit die wichtigsten Faktoren sind.

Die Hauptbegriffe, mit denen Pärt die Prinzipien seines Kompositionsprozesses beschreibt, sind: „Formel", „Zahl", „Eins" und „Wort".

Für mich bedeuten Zahlen alles. Ich will nicht von irgendwelchen abstrakten, mystifizierten Zahlen sprechen, sondern von den konkreten Zahlen, die unseren materiellen Dingen zu Grunde liegen. Jeder Teil eines Musikinstrumentes, auch das Stimmen, jeder Ton wird aus Zahlen gebildet. Die numerischen Bedingungen sind es, die den Unterschied begründen zwischen einem sauberen und einem unsauberen Spiel, ebenso wie alle akustischen Gesetze. [...] Wenn Sie sich am Telefon verwählen, dann landen Sie ganz woanders als da, wo Sie hinwollten. Mit der Komposition ist es genau dasselbe: eine ganz einfache Sache – man muss nur die richtigen Zahlen finden. [...] Zahl, das ist Qualität, das ist Klarheit – alles ist Zahl.[17]

Alle Dinge sind Zahlen", hat bekanntlich schon Pythagoras gesagt. Ebenso wie bei Pythagoras liefert diese Sentenz auch bei Pärt den Schlüssel zum Ganzen. Die Information, die von mir kommt, ist in mathematischen Regeln kodiert [...].[18]

Der Metapher von der „menschlichen Geometrie" ist eine Gedankenentwicklung einer allen Dingen zugrunde liegenden Geometrie vorausgegangen:

Wenn wir durch ein Elektronenmikroskop irgendeine Substanz oder einen Gegenstand beobachten, dann sieht die tausendfache Vergrößerung ganz offensichtlich anders aus als eine dreißigmillionenfache Vergrößerung. Wenn man sich durch die verschiedenen

---

[15] Arvo Pärt, *Dankesrede für den Internationalen Brückepreis der Europastadt Görlitz 2007*, in: Restagno etc., Arvo Pärt im Gespräch, 167.

[16] Dieser Abschnitt ist ein überarbeiteter Teil des Artikels der Verfasserin: *Dem Urknall entgegen: Einblick in den Tintinnabuli-Stil von Arvo Pärt*, erschienen im Kirchenmusikalischen Jahrbuch 2000 (84. Jg.).

[17] Bertrand Dermoncourt, *Le cœur du silence*, in: Classica Nr. 17, Nov. 1999, 20.

[18] Geoff Smith, *Sources of invention. Interview with Arvo and Nora Pärt*. In: The Musical Times 140 (1999), 21.

Stadien der Vergrößerung bewegt, dann kann man unvorstellbare „Landschaften" sehen. Aber irgendwann gibt es eine Grenze, sagen wir bei dreißigmillionenfacher Vergrößerung. Dann sind die Landschaften verschwunden. Dann sehen wir eine kalte Geometrie, sehr speziell und sehr klar. Sie ist vor allem sehr ähnlich bei ganz verschiedenen Substanzen oder Gegenständen. Diese Geometrie hat auf den ersten Blick nichts mit der Vielfalt dieser phantastischen Landschaften zu tun. Doch sind sich Landschaft und Geometrie nicht fremd. Die Geometrie ist der Punkt, an dem alles anfängt. Geometrie und Landschaft sind nicht unabhängig voneinander, sondern verhalten sich wie Ausgangspunkt und Prozess. Diese Geometrie ist eine Abstraktion, wie eine mathematische Formel.[19]

Ähnlich vielen Mathematikern scheint Pärt zu glauben, dass die Mathematik nicht bloß eine Sprache ist zur Beschreibung der Natur, sondern in der Natur selbst enthalten sei.

Die Wirkung, die ein Kunstwerk ausstrahlt, ist viel objektiver als die Menschen in der Regel wahrnehmen können, weil die Zahl, die dem Werk zugrunde liegt, auf uns in einer bestimmten Weise wirkt. (Arvo Pärt)

Hier kommt das berühmte Zitat von Gottfried Wilhelm Leibniz in den Sinn:

Die Musik ist eine verborgene mathematische Übung der Seele, die sich dessen nicht bewusst ist, dass sie rechnet.

Es handelt sich hier um das Verständnis, dass die Zahlen nicht nur quantitative, sondern auch qualitative Aspekte haben.

Zum Wesen der Musik Pärts könnte man auch ganz einfach sagen, dass die Tintinnabuli-Kompositionstechnik ein neues Verfahren ist, Mehrstimmigkeit aufzubauen. Der Kern des Stils befindet sich in einem zweistimmigen „Ursatz" neuer Art, oder anders gesagt, im „Zweiklang". Die Bausteine des „Zweiklangs" sind eine Melodiestimme (M-Stimme)[20] und eine dieser entgegengesetzten Tintinnabuli-Stimme (T-Stimme), die durch die strengen Regeln in der Melodiestimme verankert ist und sich nur auf den Dreiklangtönen bewegt. So ist die M-Stimme kontinuierlich von der T-Stimme umhüllt.

Wie zum intuitiven Gegengewicht zur sprunghaften Bewegung der T-Stimme reduziert sich die Melodiestimme zu einer skalenförmigen Linie. (Arvo Pärt)

Die T-Stimme hat keine harmonische Begleitfunktion im Sinne der Funktionsharmonik und überhaupt nichts mit den auf dem Dreiklang basierenden Klangbeziehungen früherer Musik gemein. Der Dreiklang als Grundlage für die Tintinnabuli-Stimme hat sich von dem traditionellen Kontext gelöst, er ist eine selbstständige Kraft, „eine Art festes Plateau".

---

[19] Ebd., 20.
[20] Die Abkürzungen „M-Stimme" und „T-Stimme" stammen von Paul Hiller (P. Hiller, Arvo Pärt, Oxford 1997, 93) und werden auch von anderen Musikwissenschaftlern als sehr treffend bezeichnet und benutzt.

Von der Art der Textur ist die Tintinnabuli-Musik weder harmonisch noch polyphon. Man könnte sagen, sie ist eine neue Synthese von Harmonie und Polyphonie. Die Melodie- und die Tintinnabuli-Linie sind zwei Kräfte, die in sich unterschiedliche Spannungen tragen und gleichzeitig gegeneinander wirken. Das so entstandene Spannungsfeld besitzt sowohl vertikale als auch horizontale Vektoren. Die beiden Stimmen sind einerseits einander gegen-übergestellt, andererseits gehören sie aber eng zusammen und bilden eine klangliche Einheit. Das kleinste unteilbare „Tintinnabuli-Atomteilchen" besteht aus einem vertikalen Zweiklang (aus einer Melodienote und aus einer Note der Tintinnabuli-Stimme, die vertikal übereinander liegen). Zu dem Verhältnis der M- und T-Stimmen hat Pärt gesagt:

> Die beiden Stimmen gehören so stark zusammen wie bei dem Effekt von Magdeburger Halbkugeln, die durch das Vakuum zwischen den beiden Teilen nicht mehr trennbar sind.

Die Mikrospannungen in der beweglichen M-Stimme werden mit der beton-ten Erstarrung der T-Stimme konfrontiert. Dadurch entsteht eine Spannung zwischen Dynamik und Statik, deren Intensität die stärkste strukturprägende Kraft der Tintinnabuli-Musik ist. Diese Intensität könte mit folgender Gleichung veranschaulicht werden:

$$-1 \text{ und } +1 = X; X \text{ ist nicht } 0,$$

wobei -1 und $+1$ (oder M- und T-Stimmen) die zwei Pole dieses musika-lischen Binärsystems darstellen und X eine neue synergetische Qualität verkörpert. Die genaue Formulierung dieses X ist die größte Heraus-forderung des Tintinnabuli-Stils, weil das X schon das ganze System in sich trägt.

Der allgegenwärtige Tintinnabuli-Dreiklang, der als horizontal auseinan-dergebreiteter Dreiklang immer der ihr zugeordneten Melodiestimme durch das ganze Werk folgt, stellt ein Dreiklangskoordinatensystem für die M-Stimme dar. Leopold Brauneiss hat im Jahr 2001 formuliert:

> Sie [die T-Stimme] ortet gleichsam die Melodie in ihrer Bewegung durch das grundierende Dreiklangsgitter mit jedem Ton neu, liefert die stets neu berechneten harmonischen Koordinaten.[21]

Wenn der M-Stimme Bewegung, Dynamik, lineare Zeit als Charakteristiken zugeordnet werden, wird die T-Stimme mit Statik, aber auch Zeitlosigkeit gleichgesetzt. Durch das Koordinatensystem der Ewigkeit (T-Stimme) wird die bewegliche M-Stimme quasi ausbalanciert. Pärt als religiöser Komponist sagt: Die Melodiestimme sind meine Sünden, Tintinnabulistimme die Erlösung der Sünden.[22]

---

[21] Leopold BRAUNEISS, *Grundsätzliches zum Tintinnabulistil Arvo Pärts*. In: Musiktheorie 2001, Hft 1.
[22] Arvo PÄRT, *Tintinnabuli – Flucht in die freiwillige Armut*. In: Sowjetische Musik im Licht der Perestroika, herausgegeben von Hermann Danuser, Hannelore Gerlach und Jürgen Köchel, Laaber 1990.

Für jedes Werk wählt der Komponist neue Regeln, nach denen die „Atomteilchen" angeordnet werden. Die konkrete Art und Weise, wie M- und T-Stimme miteinander verknüpft sind, ist nur die sichtbare „Spitze des Eisbergs". Wenn man die ganze Struktur eines Tintinnabuli-Werkes untersucht, eröffnet sich eine erstaunliche Welt, einerseits äußerst komplex, gleichzeitig aber durch ein höchst geordnetes harmonisches System geprägt.[23] Von besonderer Bedeutung ist in diesem Punkt die Tatsache, dass sich diese Komplexität schon in der Vorentscheidung der Regeln verbirgt, ohne vom Komponisten als solche bewusst geplant worden zu sein.

So paradox es auch scheinen mag: Während Pärt äußerst einfache Elemente benutzt, ist das ganze Werk durch das Anordnungsverfahren viel mehr determiniert, als es die serielle Musik je gewesen ist. Mehr noch: Arvo Pärt sagt, dass jedem Tintinnabuli-Werk eine „Formel" zugrunde liege, durch die das ganze Werk vorprogrammiert sei. Auf die Frage, ob er die bisher noch nicht definierten Formeln findet oder er-findet, antwortete er: „Ich versuche zu erfinden, was schon existiert."

VI. Der Kern des Tintinnabuli-Stils: Zweiheit versus Dreiheit

In den analytischen Texten zur Tintinnabuli-Kompositionstechnik wurde in den letzten 15 Jahren einiges über „Zweiheit" als das Wesensmerkmal des Tintinnabuli-Kerns geschrieben. Der gründlichste Analytiker der Tintinnabuli-Technik ist der oben erwähnte Wiener Musikwissenschaftler Leopold Brauneiss, der viele wichtige Beiträge verfasst hat.[24] Wenn die Basisterminologie des Tintinnabuli-Stils von Paul Hiller stammt (aus seiner 1997 veröffentlichten Monographie[25]), hat Brauneiss den besten in die Tiefe gehenden Überblick des ganzen Œuvres von Pärt und auch zahlreiche Detailanalysen gebracht.

Auch meine Ansicht zum Thema „Zweiheit" war noch vor Kurzem folgende: Der Kern des Tintinnabuli-Stils verbirgt sich in einer Einheit, die aus zwei entgegengesetzten Kräften – aus der Melodiestimme und der Tintinnabuli-Stimme – besteht. In den strukturell, nach bestimmten Formeln verknüpften, sich gegenseitig magnetisch anziehenden Urelementen liegt das Mysterium und die Magie des Tintinnabuli-Stils. Ich würde dieses Phänomen mit Elektromagnetismus vergleichen, das ebenso bis zum heutigen Tag ein noch zu entzifferndes Geheimnis geblieben ist. In dem einmaligen Tintinnabuli-Stil entsteht aus der Spannung zweier polarisierter Kräfte erstaunlicherweise eine übergeordnete Einheit, eine Art vereinigte oder verschmolzene Dualität.

---

[23] Saale Siitan KAREDA, *Arvo Pärdi Passio Domini nostri secundum Joannem*, Diplomarbeit an der Musikakademie Estland, Tallinn 1998.

[24] Im Jahr 2015 wird das Arvo Pärt Zentrum einen Sammelband von seinen Texten auf Estnisch herausgeben.

[25] Anmerkung 20.

In den Vortex Based Mathematics[26] bin ich auf eine interessante Ansicht gestoßen, die aus der VBM-Theorie resultiert:

> In fact, the Yin/Yang is not a duality but rather a trinary. We think that the universe is based on dualities because we see the effects not the cause.[27]

Auch im Fall des Kerns des Tintinnabuli-Stils haben wir es eigentlich nicht mit Zweiheit, sondern mit Dreiheit zu tun. Dieses „X", das im Abschnitt V erklärt wurde, ist eigentlich die dritte Dimension, es ist ein FELD, das aus der Spannung zweier polarisierter Kräfte entsteht. Wie im vorigen Abschnitt erklärt, verkörpert die M-Stimme die linearzeitliche, horizontale Dimension und die T-Stimme zeitlose Energie, die vertikale Dimension. So wie im Leben, ist es auch in der Musik lebenswichtig, dass die horizontale und die vertikale Dimension in jedem Augenblick vertreten sind und dass sie sich in einer bestmöglichen Balance befinden. Arvo Pärt hat gesagt:

> Das ist mein Ideal. Zeit und Zeitlosigkeit hängen zusammen. Augenblick und Ewigkeit kämpfen in uns.[28]

Wenn vertikale und horizontale Dimension miteinander unter bestimmten Bedingungen verknüpft sind, entsteht ein lebendiges energetisches Feld – sowohl im Menschenleben als auch in der Musik. Fehlt eine Dimension, verschwindet das lebendige energetische Feld. Durch Kommerzialisierung, übertriebenen Konsum wird in vielen Bereichen oft die vertikale Dimension gekappt; dann betrachten wir leblose, maschinenhafte Menschen oder hören Musik, die nur eine Tapetenfunktion erfüllen. Andererseits, wenn man am gemeinsamen Leben der Mitmenschen nicht teilnimmt, um ein eigenes „reines Leben" zu führen, d.h. wenn man sich nur der Ewigkeit widmet, kann das lebendige energetische Feld ebenso verschwinden. Die Systeme, die sich sehr nah am völligen Gleichgewicht befinden, sind erstarrte Systeme, und wenn z.B. der Herzschlag des Menschen sehr regelmäßig wird, ist der Tod nahe. Das Phänomen Leben braucht beides – Augenblick und Ewigkeit gleichzeitig, dynamischen und statischen Aspekt im lebendigen Gleich-gewicht, erst dann entsteht das lebendige energetische Feld. In der Tintinna-buli-Musik, im Kern dieses Anordnungsverfahrens, ist diese Verbindung auf eine einmalige Weise von Pärt erfunden worden und deswegen spricht diese Musik Millionen Menschen an.

   In seinem Tintinnabuli-Laboratorium untersucht Pärt die uralten tonalen Elementarzellen Skalen und Dreiklänge, und kreiert aus ihnen faszinierende Klangorganismen, deren innere Struktur nicht nur für Musikwissenschaftler interessant sein mag – ihm ist es meines Erachtens gelungen, zu bestimmten

---

[26] http://vortexmath.webs.com/apps/blog/show/5475132-introduction-to-vortex-based-math-vbm-
[27] Ebenda.

[28] Wolfgang SANDNER, Annotation für *Tabula rasa*, ECM New series 1275, München 1984.

Urprinzipien unserer Existenz durchzudringen, die gleichzeitig sehr einfach und sehr komplex sind. Wenn wir Partituren der Tintinnabuli-Musik anschauen, dann nehmen wir als Kernphänomen dieses Stils die Verbindung von M- und T-Stimme als Zweiheit wahr. Wenn wir diese Musik anhören, dann nehmen wir aber intuitiv die Dreiheit dieses Phänomens wahr. Auch in der christlichen Religion haben wir es mit einer Dreiheit – Dreieinigkeit – zu tun. Wenn wir diese Analogie weiterführen, wäre das Ebenbild des Vaters die Tintinnabuli-Stimme, die Verkörperung des Sohnes die Melodie-Stimme und das lebendige energetische Feld würde den Heiligen Geist symbolisieren. Oder wenn wir in den Kategorien des Physikers Ken L. Wheeler denken – „das Universum ist göttlich einfach und besteht nur aus drei Komponenten: Äther, Maßpartikeln und Felder"[29] – dann wäre Äther gleichzusetzen mit T-Stimme, Maßpartikeln würden als M-Stimme wahrgenommen und die energetischen Felder hauchen sowohl der Musik als auch der ganzen Existenz auf der Erde Leben ein.

---

[29] Vgl. Anmerkung 5.

Thomas Ogger

Die verborgene Sprache der Musik
Musikauffassung und -ausübung in Orient und Okzident

Die Sprache der Musik besteht aus Tönen, Tonfolgen und Zusammenklängen. Als Sprache der Seele kommt in ihr der nicht sichtbare Aspekt des menschlichen Daseins zum Ausdruck. Und als schwingender Energiestrom spiegelt sie den Makrokosmos im Mikrokosmos.

Jeder einzelne Ton ist Sinnbild des Werdens und Vergehens von Zeit und Raum, denn nach seinem Verklingen ist er unwiederbringlich dahin. Diese Eigenschaft verbindet die Musik mit der gesprochenen Sprache, die ebenfalls derselben fühlbaren Vergänglichkeit unterliegt. Während beim Menschen der rationale Aspekt in der gesprochenen Sprache Ausdruck findet, drückt sich der emotionale Aspekt in der Sprache der Musik aus, wobei sich beides überkreuzt.

Prolog

Im September 2010 hatte ich ein bemerkenswertes Erlebnis: Anlässlich des groß ausgerichteten Geburtstagsfestes einer bedeutenden Goethe-Islam-Forscherin in Weimar spielte ich auf Wunsch der Jubilarin als „Vorprogramm" persische Santur-Musik, um die Gäste musikalisch in eine ost-westliche Stimmung zu versetzen. Dem entsprach auch die Ausgestaltung des Festsaales mit arabischer Kalligrafie aus Koransuren und zwei farbig ausgestalteten Glaskassettenwänden, in deren einhundert Kassettenfelder die neunundneunzig Namen Gottes eingelassen worden waren, wobei das hundertste Feld leer blieb.

Nach meinem Spiel und einer kleinen Zäsur sollte ein Kammermusikensemble Werke von Bach, Schumann u.a. aufführen. Doch bereits während meines Spielens ergriff der Cellist jenes Kammerensembles sein Instrument und begann darauf einige Töne anzuspielen. Selbstverständlich unterbrach ich mein Spiel und wartete ab. Nach wenigen Minuten legte er sein Instrument wieder beiseite und ich spielte weiter. Doch plötzlich, nach etwa fünf Minuten, geschah dasselbe noch einmal.
Später fragte ich ihn, was ihn zu diesem Tun bewogen habe, worauf er sich entschuldigte und hinzufügte: Wenn er mein Spielen bemerkt hätte, hätte er selbstverständlich nicht gerade da hineingeübt. Vielleicht hätte er sich visuell überzeugen müssen, dass ich noch spiele – gehört jedenfalls habe er nichts.

Dem muss ich hinzufügen, dass mein Santurspiel über einen Verstärker in dem großen Saal deutlich hörbar gemacht wurde. Allerdings sollte die Musik auf meinen Wunsch nicht zu laut oder gar störend empfunden werden, denn die Menschen, die sich im Raum aufhielten, sollten miteinander über die Ausstellung ins Gespräch kommen – ein Umstand, den ich in mein Santurspiel miteinbezog und wohltuend empfand.

So gelangte ich zu der Überzeugung, dass „meine" Musik deshalb von einem anderen westlichen Musiker nicht wahrgenommen wurde, weil mein Handeln auf der Bühne den hier typischen und daher üblichen Merkmalen eines ausübenden Musikers nicht entsprach, wie Notenständer, solistisch-virtuoses Gebaren und Ähnliches. Außerdem klingt nichteuropäische improvisierte Musik für Nichtkenner möglicherweise wie „Geklimper", das vielleicht nicht allzu ernst zu nehmen sei.

Musik – Denken – Sprache – Globalisierung

Dennoch hört man immer wieder, Musik habe die Fähigkeit, Grenzen zwischen Völkern und Kulturen zu überwinden. Dann zitiert man den inzwischen international berühmten chinesischen Pianisten Lang Lang, aber auch japanische, indische oder auch iranische Dirigenten, die sich im Westen einen Namen gemacht haben, wie Seiji Ozawa, Zubin Mehta oder Ali Rahbari.

Der in Argentinien geborene Daniel Barenboim, argentinischer, spanischer, israelischer wie auch palästinensischer Staatsbürger, gründete 1999 in Weimar das *West-Eastern Divan Orchestra*, das es sich zur Aufgabe gemacht hat, die jüdischen und arabischen Bewohner in Palästina miteinander zu versöhnen. Es wurde nach Goethes *West-östlichem Divan* benannt und bekennt sich zum Dialog zwischen Orient und Okzident. Dementsprechend setzt sich das Orchester aus jungen Israelis, Palästinensern, Ägyptern, Syrern, Libanesen, Tunesiern, Iranern und Andalusiern zusammen, wohingegen das Repertoire vor allem der europäischen Klassik, Romantik, aber auch Moderne entstammt.

Für diese Dialog-Idee Daniel Barenboims spricht vieles. Schließlich soll der Dialog vor allem in Palästina Grenzen und damit verbundene Missverständnisse als Ursache aller vorhandenen Missstände überwinden! Schon Präsident Khatami hatte sich vehement für den *Dialog der Kulturen* eingesetzt und ihn seinerzeit in Teheran institutionell verankert. Leider blieb diese Tatsache im Westen weitgehend unbekannt.

Doch gibt und gab es einen entscheidenden Unterschied zwischen dem Dialog im Sinne Khatamis und Barenboims: Khatami wollte den Dialog auf gleicher Augenhöhe. Seine Sprache bzw. das, was er zu sagen hatte, sollte der anderen Seite ebenbürtig sein. Barenboims Dialog hingegen beruht auf der oben erwähnten Vorstellung, dass die westliche Musik weltumfassend sei und dadurch von allen Menschen dieser Welt verstanden würde.

Interessanterweise bekommt er sogar von maßgeblichen Menschen aus nichtwestlichen Ländern Zustimmung.

So gilt z.B. in Iran, dem früheren Persien, seit dem frühen 20. Jahrhundert die an sich „westliche" Musik als „international", während die persische traditionelle Kunstmusik bzw. persische klassische Musik immerhin als „nationale" Musik dasteht. Demgegenüber gibt es aus den Sechziger- oder Siebzigerjahren des vorigen Jahrhunderts Schallplatten aus Marokko oder aus Syrien mit traditioneller Kunstmusik, auf deren Etiketten die Musik unter der Kategorie „folklorique" eingestuft wird. Man hatte sich dort also an europäischen Vorstellungen orientiert, nach denen alle außereuropäische Musik, wie bereits europäische Volksmusiktraditionen, unter den Begriff „Folklore" falle.

Auch in den früheren zentralasiatischen Sowjetrepubliken, wie Usbekistan, Turkmenistan oder Kasakhstan, wurde eine alte klassische Tradition, *Schasch-maqom* („die sechs Maqāme") genannt, als „Volksmusik" – vielleicht auch als „Musik des Volkes" – eingestuft. Möglicherweise wollten die Kommunisten die „Tradition des Volkes" damit ehren. Doch der Begriff „klassische Musik" in Taschkent, Alma Ata (Almaty) oder Aschkhabad meinte ausschließlich die europäische Kunstmusik und richtete sich an der Zentrale Moskau aus, sodass es hier ebenfalls um eine europäische Tradition ging.

Würde nämlich die europäische Kunstmusik in dasselbe Schema wie die nichteuropäische Kunstmusik eingestuft, müsste sie ebenfalls das Etikett „europäische Folklore" erhalten.

Um beim Beispiel Iran zu bleiben, erinnere ich mich an meine dortige Studienzeit in den Siebzigerjahren, als viele jüngere Musiker, mit denen ich in Kontakt stand und die sich der westlichen Musik verschrieben hatten, den eigenen überlieferten Maqām-Tonleitern verständnislos, ja sogar verächtlich mit dem deutschen Fremdwort *falsch* begegneten. In ihren Augen war die westliche (klassische) Musik „rein", denn die „Vierteltöne" genannten Mikrotonstufen der orientalischen Tradition galten ihnen als „unsauber".

Zur Vorbereitung eines Vortrages über persische Musik im damaligen „Deutschen Haus" der Deutsch-Iranischen Gesellschaft zu Schiras benutzte ich das Buch *Naẓarī be-mūsīqī* (Ein Blick auf die Musik) von Ruhollah Khaleqi, Band 2, das recht ausführlich über Geschichte und Gesetzmäßigkeiten, Theorie und Praxis der persischen Kunstmusik seit Pythagoras (ca. 570–510 v.Chr.) über Alpharabius (al-Fârâbî, 870–950) bis in die neuere Zeit Auskunft gibt.

Bemerkenswerterweise handelt es sich bei Band 2 dieses Werkes um die Geschichte und die Gesetzmäßigkeiten der *persischen* Musik, wohingegen in Band 1 die „allgemeine" – sprich: *europäische* – Musikgeschichte behandelt und die eigene persische Tradition auf diese bezogen wird. Es gibt zu denken, wenn selbst ein solch bedeutender iranischer Musiker und Musikschriftsteller wie Khaleqi einerseits voller Stolz die Tradition seines Landes darstellt, andererseits dieselbe aus westlicher Sicht definiert! Dies lässt die Deutung zu, dass man sich frühzeitig in Iran auf den westlichen Ursprung des Faches „Musikwissenschaft" berief und sich an dessen Methoden orientierte.

Allerdings mag dies nicht der einzige Grund sein, warum westliche Musikgrößen, wie Bach, Mozart oder Beethoven, jenseits aller Kategorisierung weltweit berühmt wurden, während die eigenen, „nationalen", Musikgrößen im Allgemeinen nur im eigenen Land bekannt sind. Der Hauptgrund dürfte in der seit dem 19. Jahrhundert zunehmenden Verwestlichung der Welt liegen, auch „Internationalisierung" genannt. Zur westlichen „Klassik", die in zunehmendem Maße als Vorbild für die eigene Musikentwicklung betrachtet wird, kommt neben der einheimischen traditionellen Unterhaltungsmusik („Lieder") die durch Radio und Fernsehen immer größere Verbreitung findende westliche Unterhaltungsmusik in Form von Schlager- und Popmusik hinzu, die beide durchaus auch „nationale" (Klang-) Färbungen erhalten können. Dabei bemerken wir, dass sich hier neben einigen „nationalen" Instrumenten das vorrangige Instrumentarium wie auch der Gesangsstil ziemlich deutlich am amerikanisch-westlichen Vorbild der Rockmusik ausrichten.

Ob diese Entwicklung als großer Verlust für die kulturelle Vielfalt der Weltgemeinschaft zu betrachten ist, soll der Entscheidung des betroffenen Publikums überlassen bleiben. Trotz einiger Institutionen und Vereinigungen, wie dem *International Council for Traditional Music* (ICTM), der mit der UNESCO kooperiert, schreitet jedoch die Globalisierung unter westlich-amerikanischer Dominanz immer schneller voran. Obwohl autochthone Traditionen aller Art immer wieder unterschiedlichen Einflüssen ausgesetzt waren, konnten sie diese bisher immer wieder in sich aufnehmen und sich dadurch sogar weiterentwickeln. Doch ist die gegenwärtige westliche Einflussnahme dermaßen massiv, dass sich solche Traditionen möglicherweise bis zur Unkenntlichkeit verändern und als Folge dessen auszusterben drohen.

Definition: Musik, Klang, Sprache

Was ist eigentlich *Musik*? – Das Wort entstammt dem Altgriechischen, heißt eigentlich *musikē technē* (μουσικὴ τέχνη) und bedeutet *Kunst der Musen*. Die Musen waren die Schutzgöttinnen der Schönen Künste, die allesamt mit bestimmten, ihnen zugeordneten Instrumenten dargestellt wurden. Und somit ist *Musik* die „[...] absichtsvolle Organisation von Schallereignissen [...]" (vgl. *Meyers Taschenlexikon*), die sich von der *Sphärenharmonie* des Pythagoras gewissermaßen „emanzipiert" hat.

Obwohl *Musik* in sämtlichen Teilen der Welt zu Hause ist, benutzen alle bedeutenden Sprachen in den Gebieten westlich von Indien diesen aus dem

Griechischen stammenden Begriff, sodass davon ausgegangen werden muss, dass vor dessen Einführung als Fremdwort in jenen Gebieten andere Begriffe bzw. Definitionen dieses Phänomens vorherrschten.

Ein Beispiel aus moderner Zeit weist uns den Weg: Nach der Islamischen Revolution, etwa um 1980/81, wurde das Wort *Musik*, arab.-pers. *mūsīqā/mūsīqī*, für kurze Zeit aus dem öffentlichen Diskurs verbannt und durch das arabische *ṣaut* (= *Klang*) ersetzt. Zum Teil hing dies sicherlich mit bestimmten anfänglichen Diskussionen unter den schiitischen Gelehrten und einer damit verbundenen theologisch begründeten Ambivalenz zusammen, doch geht dieser Begriff zugleich über die verengte eigentliche Musikbestimmung hinaus, die ja nur, wie oben definiert, die vom Menschen verursachte Klangerzeugung meint:

Der Begriff *Klang* verweist nämlich auf die Schwingungen, die hörbar oder unhörbar im Weltraum existieren und nur zu einem begrenzten, kleinen Teil vom Menschen wahrgenommen werden. Pythagoras sprach dabei von der *Sphärenharmonie*, die zwar nicht vom Menschen wahrgenommen werde, aber sich aus dem regelmäßigen Lauf der Gestirne ergebe. Er war der Erste, der herausfand, wie die Intervalle beschaffen sind, indem er die Frequenzverhältnisse auf seinem berühmt gewordenen Monochord berechnete und dabei harmonische Übereinstimmungen feststellte (altgriech. *kanón* = „festgesetzte Ordnung, Gesetz", arab. *qānūn*). So wird z.B. das Intervall der Oktave über das Schwingungsverhältnis 2:1 erreicht, das der reinen Quinte über 3:2, das der reinen Quarte über 4:3 usw. Deshalb gelten vornehmlich diese drei Intervalle traditionell in der orientalischen wie in der europäischen mittelalterlichen Musik als *Konsonanzen*, die „Wohlklingenden".

Hinzu kommen noch die Obertonreihen, die bei jedem *Ton* eines Instrumentes wie auch der menschlichen Stimme entstehen und so diesen *Ton* im eigentlichen Sinne zum *Klang* (= Zusammenklang) werden lassen, denn in der Physik besteht ein *Ton* aus einer einzigen Sinuskurve, sodass er keine weiteren Eigenschaften besitzt. Dies ist der *reine* Ton, wie er auch auf dem *Synthesizer* erzeugt werden kann. Alle Instrumente wie auch jede Stimme besitzen jedoch ihrer physischen Beschaffenheit gemäße Nebentöne, die ihnen Individualität verleiht. Die *Obertöne* hingegen sind vom Ton-Klang abgespaltene Sinustöne, die eine natürlich erzeugte Tonreihe innerhalb dieses Tonklangs bilden und nach der Vorstellung der alten Philosophen ebenfalls ein Abbild der *Sphärenharmonie* darstellen. Zugleich werden Obertöne innerhalb eines gesamten Ton-Klang-Spektrums nicht bewusst wahrgenommen.

Im Gegensatz hierzu gibt es jedoch eine Musikkultur, in der sich das Obertonsingen zu großer Könnerschaft, ja sogar Virtuosität entwickelt hat: im Gebiet des Altaigebirges (Tuwa, West-Mongolei). Zwar scheint dort die *Obertonstimme* eher einer zweiten Stimme zu entsprechen, die neben der ersten Stimme angewandt wird, doch bleibt vordergründig scheinbar offen, welche von beiden die eigentliche Hauptstimme bildet. Dann wird aber bald deutlich, dass die Melodielinie tatsächlich im Obertonbereich verläuft. Grundsätzlich werden Obertöne wahrgenommen, wenn ein dazugehöriger Grundton mitgesungen oder auf einem Instrument mitangeschlagen wird, damit sich der Oberton *abspalten* kann.

Ein in verschiedener Hinsicht wichtiges Instrument ist die Glocke. In ihr verbinden sich mehrere Elemente von Klang und Ausdruck, Haupt- und Nebenschwingungen, Einfluss auf Seele, Geist und Körper miteinander. Bronzeglöckchen bzw. -schellen galten schon im Altertum als akustisches Zeichen spiritueller Reinigung vom Bösen. Wir finden sie im pharaonischen Ägypten wie im israelitischen Tempeldienst. So wurden sie schließlich in die christliche (katholische) Tradition übernommen. Die ersten Bronzeglocken aus der 2. Hälfte des 2. Jahrtausends v.Chr. wurden allerdings in China gefunden und traten offenbar von dort aus ihre Reise in die restliche Welt an. Es handelte sich um Kultinstrumente, deren geheimnisvoller Klang eine besondere Zauberkraft besaß. Erst seit neuerer Zeit kommt man dem Glockenklang mithilfe neu entwickelter Messinstrumente auf die Spur, doch bleibt die Wirkung des Glockenklangs auf die Seele der Menschen noch immer rätselhaft.

Im Herkunftsland China entsprach der Glockenklang dem konfuzianischen Weltbild: Die Schwingungen des Klanges entstehen im All, sind auf der Ebene der Erde zu Teilen wahrnehmbar und verschwinden dann wieder im All. Diese Wahrnehmbarkeit erstreckt sich auf alle drei Bereiche des menschlichen Daseins: Seele, Geist, Körper. Dementsprechend spiegelt auch hier die Klangentfaltung der Glocke die pythagoreische *Sphärenharmonie* wider, wie sie auch von den Neuplatonikern über die Jahrhunderte hin vertreten wird.

Einfach gearbeitete Glöckchen fanden seit dem 6. Jahrhundert in die west-christliche Liturgie Eingang, und etwa ab dem 9. Jahrhundert wurden sie aus Bronze gegossen und in kleinen Türmen oder Dachreitern platziert, wo sie zum Gottesdienst rufen sollten. Ab dem 10. und 11. Jahrhundert entstanden allmählich die großen Kirchtürme als Glockenträger. Deren architektonische Vorbilder waren, wie inzwischen erwiesen, die Minarette in den nordwest-afrikanischen Gebieten der islamischen Welt, von denen die *Kutubiyya* zu Marrakesch, der *Hassan-Turm* zu Rabat oder auch die später zum Kathe-dralturm umgewandelte *Giralda* zu Sevilla heute noch Zeugnis ablegen.

Und so ertönen die Glocken hoch über den Dächern der Städte und Dörfer noch immer und ihr Klang scheint vom Himmel zu kommen. Er erinnert zugleich an biblische Vorstellungen über die Engelschöre oder andere bibli-sche Erwähnungen himmlischer Harmonien.

Möglicherweise dachte der katholische Reformator Martin Luther (1483–1546) daran, als er folgende Zeilen niederschrieb:

> Wer sich die Musik erkiest,
> Hat ein himmlisch' Gut gewonnen,
> Denn ihr erster Ursprung ist

> Von dem Himmel hergekommen,
> Weil die lieben Engelein
> Selber Musikanten sein'.

Die himmlische Musik bewegt die Seele und den Geist, und sie ist für Menschen, die dafür nicht empfänglich sind, unhörbar.

Die Sprache wiederum besteht ebenfalls aus *Klang* bzw. *Lauten*, die von Schriftkundigen in *Buchstaben* umgewandelt werden. Im Englischen gibt es hierfür die Bezeichnung *character*, was auch „Wesen, Wesensart" bedeutet. Vergleichbares gilt für den persischen Sprachgebrauch, wo *ḥarf* neben anderen Bedeutungen sowohl „Buchstabe" als auch „Laut, Schall, Ton" heißt. Dieser Auffassung gemäß ist gesprochene Sprache ein Aspekt von *Klang*.

Auch der griechische Begriff *logos* bedeutet mehr als bloß „Wort". Er steht in Zusammenhang mit geistigen Kräften wie *Vernunft* oder *geistiges Vermögen*. Es handelt sich also um eine geistige Kraft. Dies wurde im Johannesevangelium (Joh 1,1.14), das auf Griechisch verfasst wurde, folgendermaßen ausgedrückt:

> *Im Anfang war das Wort, und das Wort war bei Gott, und Gott war das Wort [...] und das Wort ward Fleisch und wohnte mitten unter uns [...]"*

Damit ist im christlichen Sinne der Messias gemeint.

Im Koran entspricht dem der Begriff *kalama*:
„*Wie da die Engel sprachen: O Maria! Gott verheißet dir ein* Wort *von sich, Sein Nam' ist der Messias, Jesus, Sohn Marias* [...]" (Übersetzung von Fr. Rückert, 1788–1866, nach Koran 3:44)

[إِذْ قَالَتِ الْمَلَائِكَةُ يَا مَرْيَمُ إِنَّ اللَّهَ يُبَشِّرُكِ بِكَلِمَةٍ مِّنْهُ اسْمُهُ الْمَسِيحُ عِيسَى ابْنُ مَرْيَمَ]

Der Begriff *logos* wurde als Lehnwort *luġa* ins Arabische übernommen und bedeutet dort alles, was mit *Sprache* oder *sprechen* in Beziehung steht.

Und so weist das, was wir als *Sprache* definieren, eine Übereinstimmung mit dem auf, was wir auch unter *Musik* verstehen: Vom Menschen erzeugte Kombination von Klängen, Tönen, Lauten, auch Rhythmen, die zur Verständigung im weitesten Sinne zwischen den Menschen innerhalb eines bestimmten (kulturellen) Umfeldes dient.

Weitere Begriffe der Musik – die Modi und ihre Namen

Um die Hörbarkeit der Musik oder des himmlischen Klanges allen Menschen zugänglich zu machen, fanden in allen Hochkulturen der Erde weise Männer und Frauen einen Weg, Tonsysteme aus dem vorhandenen Schatz der Tonschwingungen herauszuarbeiten und zu bestimmen. Auf diese Weise „erfanden" sie die *Modi* gleichsam als Ausschnitte aus dem vorhandenen Schwingungsspektrum. Der lateinische Begriff *modus* bedeutet „Art und

Weise (der Musik)", wohingegen der arabische Begriff *maqām* als „Ort, auf dem der Finger (auf dem Griffbrett der Laute) steht" und damit verbundene Tonleitern verstanden werden kann. Im späten 19. Jahrhundert wurde dieser Begriff teilweise mit dem Wort *dastgāh* im Persischen wiedergegeben. Auch hier handelt es sich im wörtlichen Sinne um den „Ort der Hand (auf dem Griffbrett der Laute)". Doch fließt hier noch ein Begriff aus der späten Sassanidenzeit mit ein: *dastān*, pl. *dasātīn* mit der Bedeutung „Hand (auf dem Griffbrett der Laute)". Dieser Begriff existiert so noch im Arabischen, während er als spezifizierenderes *parde-bandī* (zu Deutsch: „Bünde" auf einem Instrument) ins Persische übertragen wurde.

Einen weiteren Hinweis auf die eigentliche Bedeutung des Begriffs *dastgāh* liefert der altpersische Begriff *gāθa*, der im Mittel- und Neupersischen zu *gāh* umgewandelt wurde. Zu achämenidischer Zeit (6.–4. Jh. v. Chr.) bezeichnete er Hymnen, die an bestimmten Orten und zu bestimmten Zeiten gesungen wurden. Noch heute besitzt der Begriff *gāh* die Bedeutung von „Zeit, Ort", umfasst also alle vier dem Menschen bekannten Dimensionen und gibt im eigentlichen Sinne die vieldimensionale Harmonie der Sphären wieder.

Weitere persische Begriffe sind *āhang* (= „Weise" oder auch „Melodie") sowie *sorūd*, das heutzutage als „Hymne" wiedergegeben wird, aber auch als „Gesang" oder „Melodie" verstanden werden kann. All diese Bezeichnungen sind aufs Engste mit dem Begriff *Musik* in seiner Bedeutung „absichtsvolle Organisation von Schallereignissen" verknüpft.

Einer der grundlegenden Begriffe in der heutigen persischen Musik lautet *āwāz*, in seiner eigentlichen Bedeutung „Stimme, Schall, Laut", der schon im Mittelalter als einer der arabisierten Termini der Musiktheorie in Gebrauch war (*āwāza*, pl. *āwāzāt*). Doch seit der Wende zum 20. Jahrhundert ersetzt er zunehmend den arabischen Terminus *maqām* und verweist damit eindeutig auf den Gesang als immer noch wichtigsten Aspekt der persischen Kunstmusik.

Dieser Terminologie stehen allerdings Bezeichnungen gegenüber, die zwar in die Kategorie *Musik* fallen, aber als eigenständig betrachtet werden. Hierzu gehört der Gebetsruf, der gesungen wird, aber, vergleichbar dem Glockengeläut, nicht zur Kategorie *Musik* zählt. Ähnliches gilt für die gesungene Koranrezitation, die in ihrer Ausdrucksform mit dem gesungenen Rezitieren heiliger Texte in allen Religionen übereinstimmt, darunter mit der in der katholischen Liturgie an Hochfesttagen üblichen gesungenen Lesung aus den Evangelien, die damit als besonders heilige Texte hervorgehoben werden. Es handelt sich in all diesen Fällen um das unmittelbare Wort Gottes, dem im Sinne der Psalmen Davids (hebr. *sefer tehillîm* = „Buch der Lobpreisungen", arab. *sifr al-mazāmīr*) Melodien unterlegt sind und das nicht in der für Menschen üblichen Sprechweise überbracht werden kann. Allerdings werden in den Psalmen Davids auch Musikinstrumente, darunter vor allem Saiteninstrumente, erwähnt, die in das Lob Gottes mit einstimmen sollen. So heißt es in Psalm 33,1–3 (nach der Luther-Übersetzung):

Freuet euch des Herrn, ihr Gerechten; die Frommen sollen ihn recht preisen. Danket
dem Herrn mit Harfen; lobsinget ihm zum Psalter von zehn Saiten! Singet ihm ein
neues Lied; spielt schön auf den Saiten mit fröhlichem Schall!

Dennoch sind bei den unmittelbar gesungenen Lesungen aus den heiligsten
Texten – im Christentum die vier Evangelien, im Islam der Koran –
begleitende Musikinstrumente nicht vorgesehen.

Bleiben wir bei der katholischen Liturgie, so stoßen wir auf den nach
Papst Gregor I. (um 540–604) auch *gregorianisch* genannten *römischen
Choral*, der zur wichtigsten Grundlage der abendländischen Musik wurde. Er
ist in seiner Struktur verwandt mit dem *byzantinischen Choral*, aber auch mit
anderen ostchristlichen Choralformen, die sich allesamt auf Überlieferungen
innerhalb, aber auch außerhalb des Römischen Reiches zurückführen lassen.
Dabei war neben der griechischen Überlieferung vor allem der Synagogal-
gesang für den späteren christlichen liturgischen Gesang maßgebend. Dieser
entwickelte sich dann innerhalb des später geteilten Römischen Reiches in
den verschiedenen Regionen unterschiedlich weiter. Doch wie die Musik
damals geklungen hat, ist nicht mehr rekonstruierbar, da sich ihre Tonalität
bzw. Qualität im Laufe der Jahrhunderte der jeweiligen zeit- und kulturbe-
dingten Ästhetik entsprechend verändert hat.

Was jedoch beim *römischen Choral* auffällt, ist die Bezeichnung der *Modi*
bzw. *Kirchentöne/Kirchentonarten*. Es handelt sich bei ihnen oft um Namen
von Landschaften, wie *Dorisch*, *Phrygisch*, *Lydisch*, die im Mittelalter aus
der altgriechischen Musik und deren *Nómoi* (Pl. v. *nómos* = „Gesetz" in
Bezug auf Tonfolgen) entlehnt wurden. Dies erinnert an die Landschafts-
namen orientalischer Maqâme, welche die jeweilige Atmosphäre bestimmter
Landschaften und deren Bewohner sowie die ihnen jeweils innewohnende
Charaktereigenschaft einfangen und wiedergeben sollten. Wir denken dabei
an Maqâm-Namen, wie *bayātī*, *kurdī*, *bayāt-e kurd* („zu Kurdistan
gehörend"), *āzarbāygānī* (= „Aserbaidschanisch"), *daštī* (= „ebene Landschaft"), *ḥiğāz* (= „Hedschas", Landschaft bei Mekka), *bayāt-e eṣfahān*
(arab. *iṣfahān*, auch *iṣbahān* = „Landschaft der Stadt Isfahan") usw. Man war
also der Ansicht, dass die Stimmung der Landschaft sich auf die darin
lebenden Menschen und sogar mittels des entsprechenden Modus auch auf
andere Menschen auswirke.

Für die altgriechische Musik trifft dies insoweit zu, dass Platon in seinem
Werk *Politeia* (Der Staat) die Wirkung bestimmter Modi *(nómoi)* auf die
Menschen ausführlich beschrieben hat. Sein Schüler Aristoteles ging noch
weiter und fand im Umkehrschluss, dass man die Menschen und damit auch
ihr Verhalten sogar über die Modi der Musik beeinflussen könne. Musik zur
Erziehung, aber auch zur Unterstützung kriegerischer Handlungen, wie
Kriegstänze, sind auf diese Vorstellung zurückzuführen; doch gilt dies für
alle Kulturen weltweit, in denen die psychologische Macht der Musik
genutzt wurde und weiterhin genutzt wird, um die Menschen zu bestimmten
Handlungen anzuregen oder sie gar zu heilen.

In der gregorianischen wie in der altgriechischen, orientalischen und indischen Musik spiegeln also bestimmte Tonfolgen etwas wider, was sich durch gesprochene Sprache allein kaum vermitteln lässt. Raum, Zeit, aber vor allem auch die spirituellen Aspekte und Bedürfnisse sowie nicht zuletzt die Seelenzustände in ihrer Mannigfaltigkeit finden in dieser Art von Musik nicht nur ihren Ausdruck, sondern wirken auch auf sie zurück.

So werden beispielsweise heute noch im gregorianischen Gesang dieselben Hymnustexte im Verlauf des Jahreskreises mit unterschiedlichen Tonarten und Melodieführungen *(Kirchentonarten)* wiedergegeben, denn dieser Vorstellung zufolge hat jeder Abschnitt des Jahres seine eigene kosmische Atmosphäre (Konstellation), der die jeweilige Kirchentonart entspricht – eine Tradition, die in der weltlichen, später aber auch in der nachgregorianischen geistlichen Musik des Abendlandes bis auf wenige Ausnahmen verloren gegangen ist.

Demgegenüber wurde das Modalprinzip in den vorderasiatischen Ländern als *maqām* und auf dem indischen Subkontinent als *rāg* oder *rāga* nicht nur beibehalten, sondern ständig weiterentwickelt. Allerdings ist in neuerer Zeit festzustellen, dass der Zeitbezug der Maqāme immer weniger streng eingehalten wird.

Während Indien und das seit dem 15. Jahrhundert meist erschütterungsfreie Osmanische Reich eine weitgehend ungebrochene musikalische Traditionslinie aufweisen, gilt dies für den Iran und die östlichen arabischen Gebiete nur bedingt. Eine historische Zäsur fand im vormals sunnitisch-heterodoxen Iran mit der Errichtung der schiitischen Safawidenherrschaft um 1500 statt. Daraufhin folgte eine längere Periode der Stabilität, die bis zu Beginn des 18. Jahrhunderts andauerte. Anschließend begann eine lange Zeit von Bürgerkriegen und Machtkämpfen, bis es unter den Fürsten der Zand in Schiras zu einer nicht allzu lange währenden Friedensperiode kam, die dann mit dem Umsturz durch die Kadscharen erneut unterbrochen wurde.

Um die eigene Musiktradition gegen die im Verlauf des 19. Jahrhunderts aufkommende Flut der westlichen Musik zu schützen und ihr gleichsam ebenbürtig zu machen, nahmen gegen Ende jenes Jahrhunderts die beiden großen Meister der persischen Kunstmusik Mīrzā ʿAbdollāh und Ḥosein Qolī die Kodifizierung und Neubestimmung der persischen Maqāme in Angriff; das Ergebnis stellt unter dem Namen *Radīf* (= „Aneinanderreihung") das Urmuster der heutigen persischen Kunstmusik dar. Zu ihrer Zeit waren die alten, traditionellen Maqām-Namen zwar noch bekannt, aber nicht starr festgelegt, sodass diese sich seit jener Zeit von ihren „Namensvettern" der türkischen oder arabischen Maqāme in heutiger Zeit vielfach unterscheiden.

Wie bereits erwähnt, wurden schon in der griechischen Antike, aber auch in Indien und anderen alten Hochkulturen den Modi bestimmte Fähigkeiten bzw. Wirkungen zugesprochen. So gab es Modi, die vordergründig den Mut stärken oder auch die weiblichen oder die männlichen Wesensanteile hervorheben sollten. Hintergründig jedoch wurde ihr Einfluss auf das Seelenleben aller Geschöpfe Gottes wahrgenommen und dieses mit den zeit- und ortsgebundenen Stimmungen, die den Schwingungen in der Natur entsprachen, in Übereinstimmung gebracht. Die Theorie der heutigen Musiktherapie hat hier ihre Wurzeln.

Zu Beginn des 20. Jahrhunderts erschien das umfangreiche Werk *Buḥūru'l-alḥān* (Die Meere/Metren der Melodien) des Musik- und Literaturwissenschaftlers Forṣat-e Šīrāzī (gest. 1920), das etliche der oben erwähnten, aber auch noch weitere Aspekte und Zusammenhänge der persischen Musik aufzeigt, darunter und vorzugsweise deren Wechselbeziehung mit der Sprache der Poesie. Auch beschäftigt sich Forṣat-e Šīrāzī mit der Frage, an welchem Ort und zu welcher Zeit ein Maqām, aber auch das dazu passende Gedicht aufzuführen seien. Für Musikgelehrte von besonderem Interesse ist ein weiterer wichtiger Gesichtspunkt seines Werkes, denn er offenbart sich darin als Zeitzeuge der Umwandlung einiger musikalischer Fachausdrücke aus der ehemaligen arabischen Gelehrtensprache ins Persische (Beispiel: *maqām* zu *dastgāh*).

Entwicklungsverläufe und deren Auswirkungen
auf Musikpraxis und -auffassung

Ein für die Entwicklung der Musik wichtiges Element war die Erfindung einer Schrift, mit welcher melodische Bewegungen aufgezeichnet werden konnten. Im antiken Griechenland nahm man Buchstaben zu Hilfe, um die Tonhöhen festzulegen. Allerdings handelte es sich um die schriftlich fixierte „Erinnerung" eines jeweiligen Melodietypus, da davon ausgegangen wurde, dass die entsprechende musikalische Sprache, nämlich die der *Nómoi*, dem Musizierenden geläufig sei. Und so ging es dabei nicht um absolute Tonhöhen, sondern um die Tonfolgen innerhalb eines bestimmten *Nómos*. Dieses Prinzip, Töne bzw. Tonstufen innerhalb eines Modus schriftlich festzuhalten, ging in die orientalische Musiktheorie über. Der letzte große Musiktheoretiker und Musikschaffende 'Abdu'l-Qādir al-Marāġī (gest. 1435), der im gesamten östlichen Bereich der islamischen Welt bis heute große Autorität genießt, gilt als der Angelpunkt einer Traditionskette, auf den sich heute noch die persische wie auch die osmanisch-türkische Musik bezieht. Auch er soll seine Musikwerke mit einer Buchstabennotation nach dem Buchstaben-Zahlwert-System der arabischen Schrift versehen haben (vgl. „römische" Zahlen).

Während im Iran keine Notationen überliefert, sondern die Melodien mündlich weitertradiert wurden, entwickelten im Osmanischen Reich des 18. Jahrhunderts Musiker eine weitere und exaktere Notenschrift, um die Melodien noch besser festhalten zu können, bis schließlich ab Anfang des 20. Jahrhunderts in allen orientalischen Ländern die westliche Notenschrift in Gebrauch kam, allerdings mit spezifischen Zusatzzeichen für die Mikrotöne, „Vierteltöne" genannt.

Dabei blieb die orientalische Musik weiterhin dem einstimmig aufgeführten Maqām-System verhaftet, dessen Tonleiteränderungen (Modulationen) sehr komplex gestaltet sind, sodass ein Maqām ein kleines Universum an Tonleitern mit ihren spezifischen Veränderungen darstellt. Eine solche Verfeinerung, die sich in kleinsten Stufen abspielt, lässt eine Mehrstimmigkeit im abendländischen Sinne nur äußerst bedingt zu, da solcherlei „Zwischentöne" innerhalb eines atmosphärischen Spannungsbogens eine unmittelbare Wechselwirkung zwischen Musikern und Zuhörenden entstehen lassen. Stattdessen herrscht anstelle der formal gestalteten Polyphonie eine Heterophonie vor, die das freie Umspielen einzelner Töne innerhalb des Tonleitersystems erlaubt. Diese Freiheit des einzelnen Musizierenden deutet auf die noch größere Freiheit der Improvisation hin, die zwar in heutiger Zeit weniger in der Türkei, ein bisschen mehr im arabischen Bereich, im iranischen Raum jedoch eine herausgehobene Rolle spielt, die allerdings auch dort allmählich abzunehmen scheint.

Auf diese Art und Weise entsteht das, was eine traditionelle Maqām-Ausführung charakterisiert: ein von Tönen bzw. Schwingungen getragener lebendiger Raum, der nur dem Augenblick Rechnung trägt und bei dem besonders deutlich die Tatsache zur Wirkung kommt, dass ein Ton oder ein Tongebilde, kaum verklungen, auf immer verschwunden ist und niemals wiederkehren kann, weil sich Zeit und Raum bereits verändert haben. Es verhält sich wie bei der gesprochenen Sprache in einem Gespräch: Die Worte verhallen, nachdem sie gesagt wurden.

Dementsprechend zehrt die improvisierte Musik sowohl vom spontanen musikalischen Ausdruck des Musizierenden und dem damit verbundenen Verstehen des Zuhörenden als auch von der lebendigen Atmosphäre, die im Raum herrscht und unbewusst wahrgenommen wird. Und so entspricht die intuitive Improvisation auf der Basis der vorhandenen und allgemein verständlichen musikalischen Sprache dem lebendigen Wechselgespräch zwischen all diesen Elementen.

Im Abendland hingegen wurde schon sehr früh eine von Buchstaben unabhängige Notenschrift, die *Neumen*, erfunden. Damit konnten die Melodien des gregorianischen Gesangs festgehalten werden. Allerdings war auch diese Musikschrift zunächst nur ein Mittel zur Orientierung für die Sänger. Doch schon in der Zeitspanne um das 13. Jahrhundert wurden die ersten mehrstimmigen Hymnen *komponiert* (= „zusammengesetzt") und diese Technik über die nächsten Jahrhunderte weiterentwickelt, bis es schließlich zu den prachtvollen polyphonen Musikaufführungen des 16. und 17. Jahrhunderts an kirchlichen wie weltlichen Höfen kam.

Mit der Mehrstimmigkeit verlor die abendländische Musik jedoch allmählich ihren Bezug zu den Kirchentönen und reduzierte ihr Modalsystem auf die beiden Tongeschlechter *Dur* (lat. *hart*) und *Moll* (lat. *weich*), wobei immerhin noch ein Rest des ursprünglichen seelischen Ausdrucks erhalten blieb: *Dur* steht nach wie vor für Fröhlichkeit wie *Moll* für Trauer und Schwermütigkeit.

Doch auch andere Relikte der alten Kirchentonarten blieben noch erhalten, vor allem im Zusammenhang mit weiterhin aufgeführten gregorianischen Weisen. Allerdings wurden diese innerhalb der Gesamtkompositionen dem neuen Dur-Moll-Prinzip unterworfen. Im gleichen Zug verlor die abendländische Musik das Element der Improvisation als wesentlichen Bestandteil der Musikausübung, da ein *komponierter* mehrstimmiger Satz von Natur aus strengen formalen Regeln unterworfen ist. Dennoch ist bekannt, dass weiterhin die Möglichkeit zu solistisch ausgeführter Improvisation bestand, allerdings nur noch in begrenztem Rahmen.

Und da sich mithilfe der stets ausgefeilter werdenden Notenschrift das polyphone Musizieren immer komplexer gestaltete, erfanden Musikgelehrte um 1700 die *temperierte Stimmung*, indem sie die Oktave in zwölf gleichmäßige Halbtonintervalle unterteilten. Auf dieser Grundlage konnte Johann Sebastian Bach (1685–1750) sein *Wohltemperiertes Klavier* schaffen, was für die darauf folgende Entwicklung der Kunstmusik in West- und Mitteleuropa bahnbrechend wurde. Zum einen spielte es von nun an keine Rolle mehr, von welchem Grundton eine Tonleiter ausging, zum anderen konnten nun Musikstücke in sehr phantasievollen Tonarten, wie H-Dur mit fünf Kreuz-Vorzeichen, Fis-Dur mit sechs Kreuz-Vorzeichen, Des-Dur mit fünf B-Vorzeichen, Ces-Dur (= H-Dur !) mit sieben B-Vorzeichen usw. aufgeführt werden …

Während in den orientalischen Ländern und in Indien grundsätzlich jeder Meister neben seiner Improvisierkunst auch an der „persönlichen" Stimmung seines Instrumentes erkannt werden kann, ist dies in westlichen Ländern aufgrund der angewandten *temperierten Stimmung* nicht mehr so unmittelbar möglich. Stattdessen ist seit jener Zeit ein Musiker fast nur noch an der Technik oder gar an der Virtuosität seiner Spielkunst zu erkennen. Und so ergab sich eine Entwicklung, die dem einzelnen Ton nur noch in Ausnahmefällen zu seiner Entfaltung Raum lässt und stattdessen den Virtuosen in den Vordergrund hebt. Damit wird der Orchestermusiker zu einem „technischen Rädchen" im Gesamtgetriebe reduziert, das eigentlich nur noch seine „Technik" zu beherrschen hat, jedoch sonst in der Tat nichts Persönliches in das ausgeführte Musikstück einbringen *darf*, denn den verbliebenen Freiraum auszuloten, ist ausschließlich dem Dirigenten erlaubt. Dies betrifft hauptsächlich die Interpretation der vom Komponisten vorgegebenen *Tempi* und der ebenfalls von diesem vorgegebenen Dynamik.

Folgerichtig gingen – und gehen – beispielsweise Komponisten so weit, eine in Noten gesetzte solistische Komposition von einem Solisten wiedergeben zu lassen, sodass die Kunst der Musikausübung darin zu bestehen scheint, solch ein Stück überhaupt vom Notenblatt spielen zu können. Dies ist nach westlich orientiertem Verständnis ein wichtiger Aspekt musikalischer Kunstausübung. An solch ein Konzert in den frühen 1980er-Jahren im Haus des RIAS Berlin erinnere ich mich noch sehr genau: Der Solist spielte auf seiner Klarinette von Noten eine zeitgenössische, atonale

Komposition und musste dabei offensichtlich alle ihm zur Verfügung stehenden technischen Möglichkeiten nutzen, derer eine Klarinette fähig ist: neben der atonal gehaltenen Melodie Klappern mit den Klappen, Überblasen, Quietschen u. Ä.

Dennoch liegt ein Vorteil bei komplex niedergeschriebener Musik in der Tat darin, dass sie bei Bedarf immer wieder genutzt und zur Aufführung gebracht werden kann.

Auf diese Weise ist die westliche Kunstmusik frühzeitig einen anderen Weg gegangen als ihr orientalisches Pendant, denn dort kommt es noch immer darauf an, dem Ton oder Klang Raum zu geben, um die notwendige kontemplative Atmosphäre zu schaffen. Dabei wird im Gesang traditionell die Hauptrolle gesehen, denn er transportiert den darin innewohnenden Geist über die entsprechende Poesie, die häufig mystischer Natur ist. Und so sehen sich die ausübenden Musiker, Instrumentalisten wie Sänger, bewusst oder auch unbewusst als Übermittler und Verstärker der genau im Augenblick der Aufführung herrschenden spirituellen Atmosphäre und seelischen Stimmung.

Allerdings ist auch im Orient seit Längerem zu beobachten, dass die modale Verbindung zur jeweiligen Atmosphäre von Ort (Raum) und Zeit im Sinne Forṣat-e Šīrāzīs immer weniger Beachtung findet. Zwar halten sich auch heute noch maßgebliche nachwachsende Musiker der persischen Kunstmusik an den *Radīf* mit seinen musikalisch-grammatischen Vorgaben, doch besteht die Tendenz, diesen Rahmen mit der ihm eigenen Atmosphäre und Sprache zu verlassen. Außerdem ist festzustellen, dass viele jüngere Musiker gerne zu vorgefertigten, auskomponierten Stücken greifen, mit denen sie die technische Beherrschung ihres Instrumentes unter Beweis stellen können. Somit nimmt der bislang hohe Stellenwert der Improvisationskunst, die das Wesen der persischen klassischen Musik ausmacht, insgesamt allmählich ab.

Ungeachtet dessen ist es infolge der vom Westen übernommenen Notenschrift selbstverständlich auch hier möglich, immer größere – und virtuosere – Kompositionen zu schaffen, die durchaus hohe künstlerische Anerkennung verdienen. Hierzu zählt vor allem das Werk des bedeutenden iranischen Komponisten und Instrumentalsolisten Hossein Alizadeh, der die Musik von ihrem mystisch-spirituellen Hintergrund lösen, „emanzipieren", will, wie er mir persönlich erklärte. So schrieb er in der ersten Hälfte der 1980er-Jahre ein *Concerto für Ney und Streichorchester*, das nationale iranische, aber auch „international" geltende musikalische Gesetzmäßigkeiten berücksichtigt: Es wurde für westliches, „internationales", Orchester, aber auch für die iranische Schilfrohrflöte Ney geschrieben. Das Werk ist vollständig im selten aufgeführten Maqām mit Namen *Nawā* nach den überlieferten Regeln des *Radīf* gehalten. Die in diesem Maqām vorhandenen „Vierteltöne" werden dabei von der Ney-Flöte gespielt, vom Orchester jedoch elegant *um*-spielt. Damit ist es diesem Komponisten gelungen, die traditionelle iranische Kunstmusik für „internationale" Orchester aufführbar zu machen, wobei allerdings weiterhin ein Solist notwendig ist, der die traditionellen Maqām-

Skalen kennt und dieses traditionelle iranische Instrument zu spielen imstande ist.

Mit der Schilfrohrflöte Ney kehren wir wieder zum Ausgangspunkt der Musik als Klang, nämlich zur *Sphärenharmonie* des Pythagoras, zurück, denn der große Meister Maulānā Ğalāl ad-Dīn-i Balḫī (Rūmī, gest. 1273) stellt den Flötenton an den Anfang seines großartigen *Maṯnawī-ye ma'nawī* (Doppelverse der Vergeistigung), ein Universum der Poesie. Hier die Übersetzung und Nachdichtung der Dichterin und Islamwissenschaftlerin Gisela Kraft (1936–2010):

> Lausche du der Flöte und versteh:
> Was sie singt, ist immer Abschiedsweh.
> Seit sie mich aus meinem Röhricht schnitten,
> Singt sie, sang ich, was die Menschen litten.
> Mein Mark zerhöhlt, zerschnitzt, ich geb es hin,
> Bis ich nur noch der Sehnsucht Stimme bin.
> Denn wer aus seinem Urgrund ausgerissen,
> Will nichts, als den Moment der Heimkehr wissen.
> Sing allein vom Miteinandersein.
> Sing den Doppelton: von Lust und Pein.
> Wer mich hört, muss gleich für mich entbrennen,
> Mein Geheimnis will er gar nicht kennen,
>
> Was da dunkel bleibt, mein leidig Klagen,
> Weiß den äußer'n Sinnen nichts zu sagen.
> Leib und Seele sind sich längst vertraut,
> Doch die Seele ward noch nie geschaut.
> Feuer bläst dies Rohr, und keine Luft.
> Außer diesem Feuer: alles Luft!
> Liebe hat den Flötenton geboren,
> Kocht und reift und wird zu Wein vergoren.
> Flöte tröstet den betrübten Freier,
> Tränenschleier wird zum Töneschleier.
> Wie ein Gift sein Gegengift, bedingt
> Liebe, lau, die Liebe, die verschlingt.
> Blut erzählt das Lied, das ich erfand.
> Zu viel Liebe kostet den Verstand.
> Zu viel Weisheit fasst allein der Tor,
> Denn die Zunge reicht nur bis zum Ohr.
> Kummer lässt den Tagen keinen Ort,
> So geht Kummer mit den Tagen fort.
> Hab keine Angst! Lass Zeit die Zeit vertreiben,
> Am Ende wird das Liebste übrig bleiben.
> Ein Fisch trinkt niemals sich am Wasser satt.
> Der platzt vor Zeit, der nichts im Magen hat.
> Von purer Wirklichkeit wird Dumm nicht klug.
> Drum nur noch ein paar Takte, und genug.

Epilog

Wir haben festgestellt, dass sich Musik, Musikausübung und selbst der Musikgeschmack weltweit immer häufiger an der dominierenden Musikkultur des Westens orientieren, seien es „Klassik" oder „Pop". Dennoch sind auch im Westen in den letzten Jahrzehnten Tendenzen zu beobachten, die auf neue Art und Weise auf Traditionen zurückgreifen, die noch lebendig sind und deren Kostbarkeit wahrgenommen wird. Dass die Welt infolge der nicht nur medialen Vernetzung immer mehr zusammenwächst und eine immer einheitlicher werdende, in der Tat vom westlichen Lebensstil dominierte Kultur entwickelt, liegt auf der Hand. Ob es sich nun um leise, verinnerlichte Musik handelt oder um laute, von Riesenorchestern vorgetragene Musik oder gar um überlaute Techno-Musik, ob sie zur Verwirrung der Menschen eingesetzt wird oder zu ihrer Seligkeit, so bleibt sie als Klang unschuldig und wertet nicht. Ihr Ursprung als kosmische Schwingung und dem daraus hervorgehenden Klang ist der eine, das „durch den Menschen erzeugte Schallereignis" der andere Aspekt. Jeder Mensch nimmt sie anders auf, assoziiert sie unterschiedlich und fühlt sich ebenso unterschiedlich berührt. Dies verbindet die Musik mit der Sprache. Beide machen Zeit und damit die Vergänglichkeit allen Seins wahrnehmbar.

Und wie sich die Sprachen aus einer Ursprache, dem *logos*, heraus entwickelt und in unterschiedliche Sprachen verzweigt haben, so verhält es sich auch mit der Musik, die sich vom Urklang der *Sphärenharmonie* eines Pythagoras losgelöst und in unterschiedliche Kulturen hineinverzweigt hat. Doch bei allen Musikrichtungen, wie verschieden sie auch immer gestaltet sein mögen, bleibt eine Ahnung, dass es sich um Schwingungen handelt, die aus dem Unendlichen kommen und die Seelen in Schwingung versetzen. Und so wird bei der Musik besonders deutlich, wie der Mikrokosmos der Seele Teil des universalen Makrokosmos ist, denn ihr äußeres Schwingen erzeugt ein inneres Schwingen – und umgekehrt.

Zugleich wird dem zuhörenden und wahrnehmenden Menschen bewusst, dass ein Ton vergänglich ist und sich nie wiederholen wird, da Raum und Zeit weitergegangen sind. Ein Ton mag *gleich* klingen, doch ist er nie mehr *derselbe*. Er entspricht vielleicht dem, was ebenfalls dieser dynamischen Schwingung unterworfen ist und wie es Rūmī in seinem großen Werk, dem *Dīwān-e Šams-e Tabrīzī*, ausdrückt:

> Seit die Liebe zu dir zu musizieren begonnen hat,
> Bin ich einmal die [saitenschlagende] Hand, einmal die Saite [selbst] Tag und Nacht.

II. Dem Dichter das Wort

José Sánchez de Murillo

Zu Ute Zydeks Dichtung

Die Dichterin teilt mit, was Dichtung für sie bedeutet:[1]

> Dichten:
> eine Sprache sprechen
> die wortübersteigend
> Herzen berührt

Es geht um mehr als nur um die Mitteilung von Inhalten. An sich besteht die Sprache aus Worten, dient der Kommunikation. Die Sprache der Dichtung aber übersteigt das, woraus sie besteht, und verwandelt sich in Hülle, die verbirgt, was eigentlich gezeigt sein will. Sie öffnet und verbirgt in einem. Dergestalt offenbart sich das Unsägliche.

Das, was jeden angeht, mithin das Allgemeine, wird durch die dichterische Wandlung zum unwiederholbar Jeweiligen. Es ist das unvordenklich Einmalige, welches durch sein stets unvorhersehbares Auftreten das Sein selbst überrascht.

Dichtung stellt das Paradoxon schlechthin dar: Durch sie kommt zum Ausdruck, was nicht gesagt werden darf noch kann, wonach sich aber jedes sehnt. Das einzig Notwendige ist unteilbar. Doch durch die Dichtung vollzieht sich die Mitteilung des Einen und Einzigen so, dass es gänzlich jeden Einzelnen erreicht.

Den Ort dieses wundersamen Geschehens nennt die Dichterin *Herz* – so wie es in einer altehrwürdigen Tradition üblich ist, die sich durch Zeiten und Kulturen zieht und von einigen Philosophen (Augustinus, Pascal u.a.) sogar thematisiert wird. Wie die Sprache der Dichtung die Worte übersteigt, so auch das Herz den Kompetenzbereich der Vernunft: *Le cœur a des raisons que la raison ne connaît pas.*

Herz nennt den geheimen Quell als treibende Mitte, die jedem Menschen als das Eigene innewohnt, ihn aber zugleich mit jedem und allem verbindet. Der Lebensquell spendet überall seine Kraft. Die Mitte *ist* nur eine. Aber sie *lebt*, indem sie sich vervielfältigt. Die Dichterin geht durch diese Vielfalt hindurch, um – wortübersteigend – das Zentrum zu berühren.

Regierende verordnen, Philosophen belehren, Wissenschaftler begründen und beweisen – die Dichterin berührt das Herz. So vollzieht sie den kreativen Akt, auf den Michelangelo im Gemälde der *Sixtinischen Kapelle* bei der Begegnung zwischen dem Schöpfer und dem Geschöpf hinweist. Nur mit der

---

[1] Ute ZYDEK, *Hat wohl jemand eine Harfe in den Baum gehängt*. Gedichte und kleine Prosa. Aufgang Verlag, Augsburg 2015.

Fingerspitze berühren sie sich die Größen und stiften den transzendentalen
Augenblick, in welchem etwas vom Nichts ins Sein übergeht. Die
geheimnisvolle Kraft dieser ursprünglichen Zärtlichkeit bringt ein anderer
Dichter dergestalt zu Wort, dass die Schönheit des Ausdrucks das
überwältigende Geschehen des Schöpferischen darstellt:

> ¡Oh Cauterio suave!
> ¡Oh regalada llaga!
> ¡Oh mano blanda! ¡Oh toque delicado!
> Que a vida eterna sabe,
> y toda deuda paga;
> Matando, muerte en vida la has trocado.

Das heißt:

> O Flammenmal, voll Wonnen!
> O Wunde, die begnadet!
> O holde Hand! Berührung, die berauschet,
> Wie Trunk vom Lebensbronnen,
> Und aller Schuld entladet:
> Hast tötend Tod in Leben umgetauschet!

Der „toque delicado", die zarte Berührung, schmerzt und beglückt. Doch erst
diese Flamme erreicht die Seele und bringt den Menschen zu sich. Bei
diesem Erwachen stellt sich die große Frage, die das zweite Leben einleitet:
Wer bin ich?

Da ist also die Unruhe, die das Suchen des dichterischen Prozesses
verursacht. Ute Zydek spricht sie so aus:

> Ich möchte die sein
> die ich bin
> aber wer bin ich

Das Fehlen der Interpunktion betont Entschiedenheit und Unsicherheit, lässt
sie gelassen bis zum *Herzen* des Lesers gleiten.

Bei Zydek jedoch erhält die Urfrage die dramatische Prägung, die ihr der
historische Augenblick und die geographische Situation verleihen. Das Ich
wird durch das Du ermöglicht, das Eigene vom Fremden geprägt. Das
Umliegende verleiht dem Innersten Substanz, Farbe und Ton.

Die Eigenart des Zydekschen Gesangs erscheint, wenn man die entsprechende Erfahrung in anderen Melodien hört.

Johannes vom Kreuz betont die transzendentale Unerreichbarkeit des
Zieles. Aus dem Schmerz der existenziellen Leere heraus sucht der Mensch
im großen Du die individuelle Fülle. Immer wieder glaubt er, es gefunden zu
haben. Doch kaum angekommen, ist das Gesuchte wieder weg. Unnach-
ahmlich behutsam wird die umwerfende Erfahrung hervorgesungen:

> ¿Adónde te escondiste,
> Amado, y me dejaste con gemido?
> Como el ciervo huiste,

habiéndome herido,
salí tras tí clamando, y eras ido.

Das heißt:

Wo birgst du dich, Geliebter,
Seitdem du meinen Armen dich entwunden?
Du flohest gleich dem Hirsche,
Mir lassend Harm und Wunden;
Ich lief dir nach, doch ach! du warst entschwunden.

„Y eras ido". *Du warst entschwunden.* Das Geliebte ist das immer schon Verschwundene, aber stets in der Mitte der Seele als Drang der unendlichen Sehnsucht beunruhigend Anwesende. Der Mensch als Sucher, dessen Bestimmung darin besteht, nicht finden zu können?

Die Sehnsucht erstrebt die Erfüllung in der Vielfalt der inkarnierten Manifestationen des Einen. Die Frage, wer der Geliebte (die Geliebte, das Geliebte) sei, findet deutliche Antwort: Es sind die Bäume und die Blumen, die Berge und die Flüsse. Deren Gesicht das kristallene Wasser des Baches widerspiegelt. Das Abendmahl der Verliebten in der tonreichen Stille der Nacht (la soledad sonora, la cena que recrea y enamora). Von unersättlichem Hunger getrieben, müsste sich der Mensch zu seiner Befriedung das Ganze einverleiben. So bleibt ihm sein Gesang als Trost – ebenso wie sich später der zerrissene Hölderlin die Ruhe von den Ortschaften seiner ursprünglichen Reinheit erhoffte:

Ihr teuern Ufer, die mich erzogen einst,
 Stillt ihr der Liebe Leiden, versprecht ihr mir,
Ihr Wälder meiner Jugend, wenn ich
 Komme, die Ruhe noch einmal wieder?

Am kühlen Bache, wo ich der Wellen Spiel,
Am Strome, wo ich gleiten die Schiffe sah,
 Dort bin ich bald; euch traute Berge,
 Die mich behüteten einst, der Heimat

Ungefragt in der Welt ausgesetzt ist der Mensch in seinem Wesen von der Urfrage beunruhigt: Warum? Wozu? Alle tragen sie in ihrem Herzen. Es ist das Siegel der Endlichkeit. Viele versuchen darüber hinwegzuleben. Die Empfindlichen jedoch spüren den Stich der Einsamkeit lebenslänglich wie eine unheilbar metaphysische Wunde.

Jeden schmerzt sie. Aber der Schrei hört sich jeweils anders an. Beim mystischen Dichter spricht sich die Unruhe des Menschen überhaupt aus, der das Höchste notwendig anstrebt, obwohl er es nicht zu erreichen vermag. Hölderlin verlor früh seinen Vater, fasste nie beruflich Fuß, fühlte sich von Freunden und Verwandten unverstanden, erfuhr Liebe nur als das Entzogene. Denn Diotima war für ihn genauso unerreichbar wie dem spanischen Dichter *El Amado.*

Bei Ute Zydek wird die Tragödie des Daseins punktuell konkret. Im Gedicht *Lebenslauf* beschreibt sie die Trostlosigkeit ihrer eigenen Erfahrung:

> Hart an der Grenze von
> Auschwitz zum Leben gekommen
> umspült vom Blutgestöhn
> der Geschändeten
> befrachtet mit ihrem Leiden
>
> dem Schuld- und Sühnegedanken
> lebenslang ausgeliefert

Oft finden Dichter in der Pflanzen- und Tierwelt Spiegel ihres eigenen Lebensgeschehens. Der verwundete Hirsch auf der Flucht, das Kamel und der Löwe als Stationen der drei Verwandlungen bei Nietzsche. Bei Zydek weist die Gestalt der Katze auf die ontologische Situation des Unterwegs. Keine Bleibe für den ausgesetzten Menschen:

> Eine zähe Katze
> aus Versehen
> nicht ersäuft
>
> (…)
>
> Immer
> auf dem Sprung[2]

Auf der Grundlage des einen Wesens sind die Menschen doch zugleich wesenhaft verschieden. Das allgemeine Schicksal erhält seine Dringlichkeit durch die Konkretion der historischen Gestaltung. Auch Menschen, die den Geburtsort nie verlassen haben, befinden sich – wie unbewusst auch immer – lebenslänglich auf der Suche nach Heimat. Doch das Wagnis wird offensichtlich, wenn sogar die empirische Heimat fehlt; weil man sie nie hatte und weil man sie nie finden konnte. Das Gedicht nennt Zydek unumwunden *Eine Heimat nicht gefunden*:

> Seit Jahrzehnten auf der Flucht
> nie angekommen irgendwo
> Landschaften durchquert
> an Türen gepocht
> immer wieder abgewiesen worden
> streunend weitergezogen
> manchem hinterhergetrottet
> viel gehungert und gefroren
> zuweilen in Herbergen gerastet
> dort Brot und Gnade bekommen
>
> Aber
> eine Heimat nicht gefunden

----

[2] A.a.O. 10.

Eine Heimat wirklich nicht gefunden? Durch das Leiden des Weg-
gestoßenseins wird Ute Zydek in ein Land gleichsam katapultiert, das für
anspruchsvoll einsame Menschen wie geschaffen ist: die Sprache.
Geschmeidiger Boden für Geher des Eigenwegs.

Doch auch hier muss Zydek ihren Platz einnehmen. Zuerst findet sie das
Durcheinander vor, das die Ortschaften des Menschen kennzeichnet. Was
von Natur aus dazu da ist, um die Kommunikation zu ermöglichen, wird zum
Vehikel der Konfusion verkehrt. Babel und Babylon. Die Sprache verwirrt.
Wortreich heißt prägnant das Gedicht, welches das Paradoxon der
Verkehrung vorträgt:

Lallend
waren wir uns gleich
lallten wir doch
ein und dasselbe

Und übten das Sprechen
jeder
mit anderem Akzent

Nun sprechen wir
wortreich
aneinander
vorbei

Hölderlins *Da ich ein Knabe war* besingt auf eigene Weise dasselbe
Phänomen:

Oh all ihr treuen
Freundlichen Götter!
Dass ihr wüsstet,
Wie euch meine Seele geliebt!

Zwar damals rief ich noch nicht
Euch mit Namen, auch ihr
Nanntet mich nie, wie die Menschen sich nennen
Als kennten sie sich.

Doch kannt' ich euch besser,
Als ich je die Menschen gekannt,
Ich verstand die Stille des Aethers,
Der Menschen Worte verstand ich nie.

Ute Zydek erfährt, nun in der Sprache, wieder die Einsamkeit. Doch Sprache
ist ein Paradies, aus dem der Mensch nicht ausgestoßen werden kann. Da gilt
es nicht, sich zu arrangieren. Als Werkstatt des Schöpferischen gestaltet Ute
Zydek dichtend das Leben neu. Das Erlittene wird, kann man annehmen,
durch die Ekstase des Schreibens genossen.

Zufälligkeiten und Grausamkeiten werden keineswegs beiseitegelassen;
woraus bestünde dann Leben? Es besteht aus Kleinigkeiten und schönen
Augenblicken, aus Nebensächlichkeiten, Gemeinheiten, epochalen Momen-

ten und großen Katastrophen mit einigen guten Absichten als Beilage. Dies unverblümt wiederzugeben, also wie es sich ereignet, das ist hier die Kunst.

Derart dichten Menschen, deren Seele kindlich bleibt. Oder besser: Eigentlich dichten können Menschen in den Augenblicken, da sie, am Boden zerstört, sich durch die Kraft des Kindlichen wieder aufzurichten vermögen.

Kinder erfahren dieselbe Welt wie die Erwachsenen – nur anders. Doch Kinder sehen auch, was Erwachsene, durch die Gewöhnung abgestumpft, oft nicht mehr sehen können: den Reichtum von Möglichkeiten, der sich überall verbirgt. So können Kinder spannend spielen, wo sich Erwachsene langweilen. Die alltägliche Wiederholung (die Wiederkehr des Gleichen) bewirkt, dass die Menschen über den Reichtum hinwegleben.

Die Dichterin sieht aber die spannende Seite und erhellt von daher Erfahrungen und Situationen eigenartig. Das, was sich wiederholt, ist eigentlich einmalig. Während die normalen Menschen die *Wiederholung* des Einmaligen erleben (daher die Lang-Weile), erfährt die Dichterin die *Einmaligkeit* des Wiederkehrenden. Unaufhörliches Erblühen. Aufgang!

So bringt sie es auch zu Wort. Mit der ihm eigenen Aura. Ohne Getue. Genial schlicht. Deshalb faszinierend, bewegend.

Dichtung als Sprachereignis, das die Wirklichkeit erhöht, indem sie sie getreu abbildet. Schöpferisches Geschehen, das das Erfahrene verwandelt, indem es dieses vom Ursprung her erneut hervorbringt.

Zydek, meine ich, schreibt am besten, wenn sie dichtet. Die Prosatexte sind meistens gut, interessant, gelegentlich sogar spannend, doch kann man hier und da anderer Meinung sein, sich andere Formulierungen wünschen.

Bei Gedichten dagegen steht der Leser gleichsam vor einer erhabenen Burg. Man kann sich weigern, sie zu betreten. Doch einmal über der Schwelle, neigt sich die Stimmung nach innen, das *Herz* wird berührt. Schweigen ist angesagt. Andacht.

So ein Urteil angebracht ist, können die Gedichte insgesamt als gelungen gelten. Zu den besten gehört m. E. *Der Stammtisch:*

> Den Stammtisch ließ sich Großvater nicht nehmen
> er ging jede Woche einmal nachmittags hin
> Großmutter war zwar immer dagegen
> was musst du quatschen gehn wie ein Weib
> außerdem ist hier Arbeit im Garten
>
> Aber er machte die blaue Krawatte um
> zog den Anzug an und die bessern Schuh
> kämmte liebevoll seine drei Haare und adieu
> nahm Hut und Spazierstock war weg
>
> Am Abend kam er mit roten Bäckchen
> und lustig zurück

Sie sagte du schwankst ja
und ach geh wie du riechst
Da ging er in seine Kammer hoch

nahm die Geige
spielte den Zigeunerbaron
und dann Maria zu lieben

Nach und nach haben sich die Märchen der Kindheit, die Träume der Jugend, der Ernst des Erwachsenen verbraucht. An ihre Stelle ist die Weisheit getreten. Deren Haupttugend heißt Gelassenheit. Den Augenblick genießen. Nicht nur weil jeder der Letzte sein kann. Im Nu ist alles enthalten.

Souverän durch seine Gebrechlichkeit schaut der Alte auf das Treiben der Geschichte hinab. Ach! Wie hieß es gleich wieder? Er kratzt sich den Kopf mit den drei Haaren […] Ach ja! Die Menschen verändern, die Welt verbessern, ja die Welt neu machen sogar! Das war eine wunderschöne Illusion. Sie hatte ihre Zeit. Die ist um. Nun ist das Ende nah. Das Elementare zeigt seine Dringlichkeit. Man schaut ein Leben lang darüber hinweg. Seit dem Augenblick des Entstehens ist das Ende da – nicht einmal versteckt, ganz offen, unbewegt, bedrohlich.

Großvater spricht wenig, aber denkt viel. Das Leben! Es waren nur Augenblicke. Die sind alle unbarmherzig verschwunden. Einer nach dem anderen – und alle insgesamt. Wo ist das Wesentliche geblieben? Dabei kommt es eben auf das Wesentliche an. Auf den Augenblick. Nunc stans, alles ist darin enthalten, sagten die Lateiner. Ja, in jedem Augenblick stand das Ganze auf dem Spiel. Man hat es aber meistens nicht oder zu spät gemerkt.

Großvater hat verstanden. Einst war die Zeit der Ernsthaftigkeit, des Wichtigen, der Aufregung, denn man hatte eben die Welt zu verändern. Nun hat die Zeit der Ruhe begonnen. Wichtig ist die Freude des Zusammenseins mit guten Freunden, plaudern über frühere Zeiten, mit Phantasie erfinden, was man nicht zustande gebracht hat. Man ist endlich ein großes Kind geworden.

Das ist die Philosophie, die mir *Der Stammtisch* suggeriert. Sie könnte natürlich auch anders aussehen.

Nun lese ich den Text nochmals – ohne zu denken. Ich lese nur. Lasse mich vom Rhythmus tragen. Keine Interpunktion. Der Text fließt ungestört, entfaltet die Tiefe seiner Einfachheit. Eine Aura entsteht, die die Gebrechlichkeit des Menschen umhüllt. Die Zärtlichkeit des Phänomens berührt die Seele. Kostbarkeit des Augenblicks. Du schwankst ja!, schimpft Großmutter. Der Kosmos auch!, hätte Großvater antworten können. Aber er sagt nichts. Mit roten Bäckchen wie einst, als Mutti ihn rügte, geht der Alte hinauf in seine Kammer und spielt den *Zigeunerbaron* und *Maria zu lieben*. Erde und Himmel werden durch seine Geige verbunden. Es ist die Stimmung, die den Weisen zuteil wird im Wartesaal vor der letzten Reise zur Urmutter.

In der Regel löst Dichtung keine Probleme, heilt keine Krankheiten, nimmt vom Tod nicht aus. Aber sie tröstet, erfreut, gibt Kraft. Die Dichterin kann gelegentlich mit sich selbst zufrieden sein – stolz sogar über die – sagen wir erstaunliche – Leistung. Sie ist sicher auch dankbar für die ekstatischen Augenblicke, aus denen die Gesänge hervorsangen.

Dann bleibt sie wieder alleine mit ihrem Leiden, mit ihrer Einsamkeit, mit ihrer Zerrissenheit. Vielleicht sogar noch einsamer als zuvor. Denn: Sind Dichterinnen und Dichter die eigentlichen Autoren ihrer Dichtung?

> Zerrissen-kaputtes Herz
> ich hängs in den Birnbaum vom Nachbarn
> geh herzlos umher unangreifbar
> die Leut findens gut sagen na siehst du
> und schütteln mir freundlich die Hand
>
> Nur nachts wenn ich still lieg und horche
> klingts wie zerrissenes Schluchzen und ich denk
> hat wohl jemand eine Harfe in den Baum gehängt
> und der Wind fährt drüber da weint sie[3]

---

[3] Ute ZYDEK, a.a.O., 17.

III. Zeitgeschehen

Heinrich Beck

Maria als Vermittlerin der „weiblichen Seite" Gottes
Eine philosophisch-theologische Betrachtung

Gott wird grundlegend als der erschaffende Ursprung, als die tragende Mitte und als das vollendende Ziel des Seins aller Dinge und des Menschen angesprochen. Dabei erscheint es wesentlich, wie vor allem in den letzten Jahren immer wieder betont wird, Gott nicht nur unter dem Bilde des Mannes – als *Herrn* und *Vater* –, sondern auch dem der Frau vorzustellen. Denn schon im biblischen Schöpfungsbericht ist klar gesagt, dass sowohl der Mann als auch die Frau „nach dem Bilde Gottes" geschaffen ist.[1]

Das heißt, dass Gott nicht nur als das „Urbild" des Mannes, sondern ebenso auch der Frau zu erkennen ist und es daher eine unbiblische Einseitigkeit darstellt, Gott nur in der einen Hinsicht zu sehen. Ein beide „Seiten" umfassender Blick auf Gott könnte wesentlich zu einem angemesseneren Verhältnis zu Gott – und in der Konsequenz auch zum Menschen als seinem „Ebenbilde" und „Partner" – beitragen.

Einen Hinweis darauf, dass auch das Weibliche im Wesen der Gottheit verankert ist, geben sicher auch zahlreiche mythische Vorstellungen, z. B. bei den alten religiösen Traditionen Ägyptens, Mesopotamiens und Babyloniens, nach denen sowohl Götter als auch Göttinnen verehrt werden.

Unsere These lautet nun, dass in ganz hervorragender Weise durch die leuchtende Wirklichkeit der Jungfrau Maria die *weibliche Seite* Gottes uns vermittelt wird und nahe kommt. Deshalb kann eine Hinwendung zu Maria unsere Beziehung zu Gott und unsere Aufnahmebereitschaft für sein Wort entscheidend fördern.[2]

1. Maria als „Modell" einer kreativen Aufnahme des Wortes Gottes

Nach Aussage des christlichen Glaubens hat Maria das Wort Gottes in einzigartiger Weise empfangen: Sie wurde mit ihm geschwängert, trug es unter ihrem Herzen und brachte es zur Welt – als den Jesus Christus.

---

[1] „Gott schuf die Menschen nach seinem Bilde und sich selbst ähnlich [...] Als Mann und Frau schuf er sie." – Vgl. Gen. 1,26 f.

[2] Dazu passt, dass Maria in der griechisch-orthodoxen Liturgie als *besondere Ikone Jesu Christi* gilt, die auf ihn hinweist und durch die Christus durchleuchtet und herankommt, wie es den Evangelien entspricht.

Demnach hat Gott, der in sich selbst „Wortcharakter" besitzt, indem er sein Wesen in einem „inneren Wort" ewig und zeitlos in sich selbst ausdrückt, dieses sein Wort durch die Liebe des Hl. Geistes auch in den Leib der Jungfrau Maria hinein ausgesprochen und in die zeitliche Welt gesandt. In diesem Sinne machte Gott sich gleichsam zum „Mann" und „Ehepartner" der Jungfrau Maria; Gott-Vater, ewig und unendlich in seinem Sein, hat ein kontingentes und begrenztes Geschöpf in eine Partnerschaft erhoben, die Ähnlichkeit mit einer „Ehe" hat![3] Einer solchen Beziehung der Frau Maria zu Gott-Vater entspricht es, dass Maria sich ausschließlich für ihn bereithält und sich mit ihrem ganzen Sein ihm vollkommen zur Verfügung stellt. Es ist schwer vorzustellen, dass sie nach der körperlichen Erfahrung der Liebe des unbegrenzten Gottes, die jede mögliche Erfüllung durch einen Mann übersteigt, noch den Wunsch nach einem menschlichen Mann empfunden haben könnte, der ihr im Vergleich mit Gott wohl fast wie ein Nichts vorgekommen wäre. So scheint nicht zuletzt vom natürlichen Blickpunkt aus die Jungfräulichkeit Marias naheliegend.

Eine solche „Jungfräulichkeit" – anstelle dieses heute weithin als antiquiert empfundenen Wortes sollte vielleicht ein besseres gefunden werden – drückt keineswegs eine Negation von Sexualität aus, sondern im

---

[3] Dabei sind vor allem folgende Aspekte zu beachten:

a) Gegen eine solche Bezeichnung scheint zunächst zu sprechen, dass in der Tradition Maria vielfach die „Braut des Hl. Geistes" genannt und damit nicht zur ersten, sondern zur dritten Person des dreifaltigen Gottes in eine entsprechende Beziehung gesetzt wird; dabei wird durch den Ausdruck „Braut" die Bezeichnung „Ehefrau" vermieden. – Diese Sprechweise ist jedoch zumindest missverständlich, weil der Hl. Geist nicht zeugt, sondern verbindet; er „zeugt" nicht das Wort (als seinen „Sohn"), sondern verbindet es mit der menschlichen Natur: Als die „Liebe in Person" ist der Hl. Geist das schlechthin Verbindende; er ist die „personale Mitte" der Einheit der ersten und der zweiten Person Gottes, der Einheit Gottes und der Welt (als Schöpfer- und Vollendergeist) und der Einheit des Verschiedenen in der Welt (vgl. das Pfingstereignis). Deshalb ist angemessener zu formulieren: Das Wort wird von Gott-Vater gezeugt und durch den Hl. Geist in Maria mit der menschlichen Natur verbunden; *es wird vom Vater durch den verbindenden Liebesgeist Maria „eingezeugt".*

b) Die so geschaffene Beziehung Marias zu Gott-Vater hat nicht Ähnlichkeit mit einem bloßen Brautverhältnis, sondern mit einer Ehe. Denn das Verhältnis hat von beiden Seiten den Charakter einer unwiderruflichen Verbindlichkeit und wurde durch eine totale Vereinigung, die auch die physische Wesenskomponente des Menschen mit einbezog, das heißt durch die körperliche Empfängnis, besiegelt und erfüllt. – Entsprechend wird im Alten Testament die Verbindung Gottes mit seinem Volk häufig mit einer Ehe verglichen; sie „kulminiert" in Maria: Die geschichtliche Bestimmung des Judenvolkes, Wegbereiter des Messias zu sein, kam nach christlichem Verständnis in Maria an ihr Ziel; die „Ehe" Gottes mit seiner Schöpfung tritt mit ihr in das Erfüllungs- und Vollendungsstadium.

c) Dabei ist klar zu unterscheiden: Die eheähnliche Beziehung Gottes zu Maria ist nicht etwa Ausdruck einer Unvollkommenheit Gottes, einer Ergänzungsbedürftigkeit durch das „weibliche Element" (wie bei manchen Göttermythen), sondern einer freien Entscheidung überströmender Liebe. Maria erscheint als Repräsentantin letztlich der ganzen Schöpfung. Sie ist gewissermaßen die „Eintrittspforte", durch die Gott sich in die Welt hinein ausspricht, um sich mit ihr zu „vermählen".

Gegenteil ihre höchste Erfüllung und Würdigung durch Gott selbst. Denn der Sinn von Sexualität realisiert sich durch die existenzielle Selbstüberschreitung in der physischen Hingabe an eine andere Person.

Im Hinblick auf ihre grundlegende Disposition ist Maria das Modell einer Haltung, die jedem Menschen ansteht. Sie liegt darin, das Wort Gottes in existenzieller Hingabe zu *empfangen*, es in sich selbst *auszutragen* und durch Angleichung der eigenen Person *ans Licht der Welt zu bringen*, sodass es sich auf diese Weise mehr und mehr verwirklicht. Dabei verwirklicht sich ebenso auch das Sein des Menschen selbst in seiner originären Ähnlichkeit mit Gott.

In diesem fortlaufenden Geschehen, das Wort Gott-Vaters zu empfangen und es durch entsprechende Gestaltung der eigenen Persönlichkeit zur Welt zu bringen, setzt der Mensch gewissermaßen die Tat Marias fort – und das Sein Marias als Gefährtin Gottes kommt durch die Christen in der Geschichte zur Entfaltung.

Von da aus könnte man die Hypothese wagen, dass die Gemeinschaft der Christen so etwas wie ein *Mystischer Leib Marias* ist. Wenn die Kirche als der *Mystische Leib Christi* beschrieben werden kann[4], so ist sie auch – als dessen „rezeptives Fundament" – als *Mystischer Leib Marias* zu bezeichnen. Daraus folgt, dass durch die Hingabe an die Person Marias – und durch die von Maria ausgehende Liebe – der Habitus und die Fähigkeit Marias, das Wort Gottes zu empfangen und zu verwirklichen, sich auf den Menschen überträgt und mehr und mehr in ihn eingeht, sodass er dem Göttlichen Wort, Jesus Christus, ähnlicher wird.[5]

---

[4] So in der hochmittelalterlichen Theologie – im Anschluss an die Rede des Paulus von der Kirche als „Leib Christi" (z. B. in 1 Kor 10,16 f.).

[5] Dieser Zusammenhang deutet sich immer schon an, wenn Maria als das „Urbild der Kirche" verstanden wird (wie z. B. bei *O. Semmelroth*). Der Begriff *Mystischer Leib Marias* versteht sich im Sinne einer *Analogie der Proportionalität*: Maria verhält sich zur Kirche und ihren Gläubigen ähnlich wie die Seele zu ihrem Körper – insofern die Seele den Körper belebt und sich in ihm und seinen Organen ausdrückt. So wird durch den wesenhaften und substanziellen Einfluss Marias der „Organismus der Kirche" mehr und mehr befähigt und disponiert, das Wort Gottes aufzunehmen und umzusetzen. Das heißt: Maria bringt, indem ihr Sein in den Christen durch die Geschichte hindurch nachgeahmt und so „verlängert" wird, Jesus Christus mehr und mehr ans Licht der Welt – insoweit die Christen selbst „kooperieren" und sich mit ihr und ihrem hervorbringenden Einsatz identifizieren. So wird die Kirche auf dem Weg zu ihrer Identität als *Mystischer Leib Christi* von ihrer Grundlage her „gestärkt" – wobei Christus der Position des „Hauptes" entspricht, Maria aber wohl eher der eines dienenden „Herzens".

Das Sein Marias fungiert für die Christen hier gleichsam wie ein „personales Taufbecken": Durch ihre Identifizierung mit Maria „tauchen" sie in dieses ein, wobei sie sich von aller Verspannung in sich selbst lösen können und sich offen und empfänglich machen für das Wort Gottes. In diesem Sinne erscheint Maria als der fortwährende „Quellgrund" der Kirche.

Hier ist auch an den schlesischen Mystiker *Angelus Silesius* (1624–1677) zu erinnern, nach dem die Christenheit die Beziehung Marias zu Gott fortsetzt – sowohl ihre eheähnliche Braut-Beziehung als auch ihre Mutter-Beziehung. Dabei ist die

2. Maria als Repräsentantin der „weiblichen und mütterlichen Seite" Gott-Vaters und als unser Zugang zu ihr

Durch die Jungfrau Maria – und durch unsere Hingabe an sie – offenbart und vermittelt sich eine Dimension im Sein Gott-Vaters, die gewöhnlich nicht ausdrücklich beachtet wird, deren Herausstellung aber für die Reform und Heilung unserer einseitig am „Mannesideal" orientierten technischen Gesellschaft unerlässlich ist. Denn indem die Jungfrau sich zum Wort Gottes rezeptiv verhält, bildet sie ab, wie der Vater sich selbst zu seinem Wort verhält; sie macht sein Verhältnis zu seinem Wort für uns sichtbar. Dies erklärt sich so: Gott-Vater spricht sein göttliches Wesen aus in seinem Wort. Mit diesem Akt geht er aber nicht ins Nichts, sondern in sich selbst hinein; das Wort existiert nicht „im Nichts" (das es ja realiter gar nicht gibt; es ist nur ein *ens rationis*), sondern das Wort hat seinen Ort im Vater selbst. Das heißt: Einerseits bringt der Vater das Wort hervor, andererseits *empfängt* er es – von sich selbst her – und *trägt* es in sich selbst; der Vater verhält sich zu seinem Wort (zu seinem „Sohn") *auch* wie ein lebendig aufnehmendes Gefäß, wie ein Schoß (Uterus).

Dazu passt die Aussage des Konzils von Toledo (675), dass das Wort aus dem „Uterus" des Vaters geboren ist.[6] Also: Es gibt in Gott-Vater einen

---

Voraussetzung, unter der Gott empfangen werden kann, die Demut, d.h. eine mutige Bereitschaft, sich ihm dienend zur Verfügung zu stellen. So kann Gott in die „Niedrigkeit seiner Magd" herabsteigen, um sie zu seiner bräutlichen Partnerin zu erheben: „Sag an, o werte Frau, hat dich nicht auserkorn die Demut, dass du Gott empfangen und geborn? […] damit auch ich auf Erden kann eine *Magd* und *Braut* und *Mutter* Gottes werden" (III 3), „Die Braut des ewgen Gotts kann jede Seele werden, wo sie nur seinem Geist sich unterwirft auf Erden" (IV 40), „ […] da ich Braut Gott meinem Bräutigam werd innig eingetraut" (III 51), „Mariens Demut wird von Gott so wert geschätzt, daß er auch selbst ihr Kind zu sein sich hoch ergötzt. Bist du demütiglich wie eine Jungfrau rein, so wird Gott bald dein Kind, du seine Mutter sein." (III 23), „Ich muss Maria sein und Gott aus mir gebären, soll er mich ewiglich der Seligkeit gewähren" (I 23), „Wird Christus tausendmal zu Bethlehem geboren und nicht in dir, du bleibst doch ewiglich verloren" (I 61). Zit. nach ANGELUS SILESIUS, *Sämtl. Poetische Werke in 3 Bänden*, hg. und eingel. von Hans Ludwig Held, Wiesbaden 2002, hier: Band 3, Cherubinischer Wandersmann. – Zu der von Origenes initiierten Braut-Mystik, die bei Angelus Silesius nachwirkt, vgl. auch: HUGO RAHNER, *Die Gottesgeburt. Die Lehre der Kirchenväter von der Geburt Christi im Herzen der Gläubigen*, in: Zeitschr. für Kath. Theologie 59(1935)333-418.

[6] Concilium Toletanum XI: „ Nec enim de nihilo, neque de aliqua alia substantia, sed de *Patris utero*, id est, de substantia eius idem Filius genitus *vel natus* esse credendus est. » Henricus Denzinger, Enchiridium Symbolorum, no. 276, Barcione-Friburgi/Br.-Romae MCMLX. – Vgl. auch die Version im Nikäno-Konstantinopolitanischen Glaubensbekenntnis (von 387): „ […]aus dem Vater *geboren* vor allen Zeiten". – Während also oben vom „Empfangen" des Wortes (bzw. des Sohnes) die Rede war, ist nun ein „Gebären" ausgesagt – womit die weiblich-mütterliche Wirkweise des Vaters zum Sohn hin noch weitergehend beschrieben wird (und im Glaubensbekenntnis heißt es sogar noch pointierter: nicht *vom* Vater, sondern „*aus dem* Vater geboren" – was vielleicht weniger auf ein aktives Tun des Vaters, sondern eher auf ein Geschehen-lassen hinweisen soll, im Sinne einer *resultatio naturalis*). Somit liegt es nahe zu sagen: Die „Substanz" des Vaters

Aspekt, nach dem er das Urbild des männlichen, und einen anderen Aspekt, nach dem er das Urbild des weiblichen Seins ist: insofern der Vater sein „inneres Wort" ausspricht bzw. seinen Sohn zeugt in einer zeitlosen Bewegung *aus sich selbst heraus*, und es zugleich empfängt *in sich selbst hinein*.[7] Von daher läge es nahe, *direkt* von einem *männlichen* und einem *weiblichen Aspekt in Gott* zu sprechen. Man muss sich jedoch bewusst machen, dass ein solcher Sprachgebrauch leicht Missverständnisse hervorrufen kann. Denn das männliche und das weibliche Sein sind dem Sinn nach einander entgegengesetzt und so gegeneinander abgegrenzt: Das eine besagt eine Seinsqualität, die das andere gerade nicht hat; so zeigen beide eine essenzielle Ergänzungsbedürftigkeit durch das jeweils andere. Im göttlichen Sein ist aber keinerlei Begrenztheit; die *Männlichkeit* und *Väterlichkeit* Gottes bedeutet daher keine gegen *Weiblichkeit* und *Mütterlichkeit* abgegrenzte Eigenschaft (und umgekehrt).

Beide Aspekte finden sich daher in Gott auf eine nur *analoge*, das heißt *höhere* Weise. Dabei wird die in Männlichkeit und Weiblichkeit ausgedrückte Vollkommenheit durchaus festgehalten, alle (durch den Gegensatz zum jeweils anderen Aspekt bedingte) wesenhafte Begrenztheit aber überstiegen. Das heißt: Das göttliche Sein ist der „Archetyp" sowohl des Mannes als auch der Frau. Deshalb erscheint es unmissverständlicher, von einem „*gleichsam* männlichen" und einem anderen „*gleichsam* weiblichen" Aspekt in Gott zu sprechen; beide sind keine distinkten Realitäten in dem

---

verhält sich zu seinem Sohn wie ein „Uterus", kraft dessen er den von ihm gezeugten Sohn zugleich in sich selbst empfängt und gebiert.

[7] Vgl. auch die Rede von der „Konzeption" eines Gedankens (bzw. eines „inneren Wortes"). Wenn der Sprechende in seinem Wort sich selbst absolut adäquat ausdrückt und darstellt, wie im betrachteten Falle, so versteht sich dieser Akt des Sprechens als „Zeugung", nämlich als „Hervorbringung in die Gleichheit des Wesens" – und er meint hier selbstverständlich nicht ein materiell-biologisches, sondern ein rein geistiges Geschehen. Als (im geistigen Sinne) „gezeugt" heißt das innere Wort auch „Sohn". Diese Bezeichnung will besonders den personalen Charakter des Wortes hervorheben, der ihm als vollkommener Ausdruck der *Personalität* des in ihm sich aussprechenden Gottes eignet; so klingt in der Bezeichnung des Wortes als „Sohn" eine innergöttliche Ich-Du-Beziehung an.
Es ist die Frage, inwieweit sich bereits philosophisch von einer „Empfänglichkeit" Gottes sprechen lässt: sowohl gegenüber seinem eigenen Wesen, das er (aufgrund des Akt-Charakters seines Seins) in sich selbst ausdrückt, als auch gegenüber seiner Schöpfung, die in den inneren Selbstausdruck seines Wesens „eingebettet" ist. Dazu: Heinrich BECK, *Natürliche Theologie. Grundriss philosophischer Gotteserkenntnis*, München – Salzburg² Aufl. 1998, 199–205 und bes. 205, Fn. 48. Dort auch weitere ontologische und kulturphilosophische Vernetzungen sowie einschlägige Literaturhinweise.
In der „tiefenpsychologischen" Sicht bei C. G. Jung ist das Weibliche ein „Archetyp" im (göttlichen?) Unbewussten. Dazu (auch kritisch): Antonio VÁSQUEZ FERNÁNDEZ, *Los símbolos „familiares" de la Trinidad según la Psicología profunda*, in: Estudios trinitarios (Bd. 14) 1980, 319–385; sowie: Erich NEUMANN, *Die große Mutter. Eine Phänomenologie der weiblichen Gestaltungen des Unbewussten*, Olten 1985.

einen und unteilbaren Sein Gottes.[8] Der innergöttliche Zusammenhang, wonach Gott sich zu seinem inneren Wort und Sohn wie ein Vater und zugleich wie eine Mutter verhält, hat fundamentale Konsequenzen für das Verständnis des Verhältnisses Gottes zur Schöpfung: Denn durch dieses sein Wort ruft er auch die Schöpfung hervor; diese hat insofern am Sein des Wortes teil (und in ihm gewissermaßen ihren „innertrinitarischen Ort"). Entsprechend betrifft das „doppelte" Verhältnis Gott-Vaters zu Gott-Sohn auch die Schöpfung.

Dies findet sich bestätigt bei Isaias 49,15:

> Vergisst wohl eine Frau ihres Säuglings, erbarmt sie sich nicht ihres leiblichen Sohnes? Möge auch diese vergessen, ich vergesse dich nicht! – Oder kurz: Selbst wenn eine Mutter die Frucht ihres Leibes vergessen könnte – ich vergesse dich nicht!

Im Hinblick auf den in Jesus Christus Mensch gewordenen Sohn Gottes lässt sich fortfahren: Wir leben mit ihm als seine Brüder und Schwestern im Schoße des Vaters als unserem „Wohnraum", geschützt und zärtlich geliebt.

Es ist gerade dieses Verhalten des Vaters, das durch Maria uns nahe kommt, indem durch sie das verborgene innergöttliche Geschehen offenbar wird. Sie fungiert gewissermaßen wie ein „Kanal", durch den die Weiblichkeit und Mütterlichkeit Gottes sich uns in höchster personaler Weise zuwenden und

---

[8] Das Mann-sein und Frau-sein in Gott ist daher auch nicht auf verschiedene göttliche Personen „ver-teilt" zu denken, sodass die eine Person als der „Vater" und eine andere als die „Mutter" des Sohnes fungieren würde; vielmehr wird durch den einen und selben göttlichen Zeugungsakt (der ja mit dem göttlichen „Seinsakt" identisch ist!) das innere Wort zugleich hervorgebracht und empfangen – wenngleich das Erstere die „Bedingung" des Letzteren darstellt und ihm insofern „vorgeordnet" ist.

Man könnte versucht sein den Einwand zu erheben, dass ähnlich wie in dem einen und unteilbaren göttlichen Sein gemäß der traditionellen Lehre Gott-Vater und Gott-Sohn zwei verschiedene Personen darstellen, die nicht gegeneinander abgegrenzt sind (sondern nur eine verschiedene personale Subsistenz des selben göttlichen Seins bedeuten), so auch der „männliche" und „weibliche" Aspekt im „väterlich-mütterlichen" Ursprung des Sohnes. Doch der wesentliche Unterschied besteht darin, dass der männliche Aspekt zwar dem weiblichen vorausliegt, aber nicht dessen *Ursprung* ist (der eine reale und personale Verschiedenheit begründen würde); es handelt sich nur um verschiedene Aspekte oder Sinnmomente an dem einen und selben zeitlosen göttlichen „Geschehen".

Im Hinblick auf die „archetypische Identität" der beiden Geschlechter in Gott ist ein antiker Mythos interessant, wonach die Geschlechter auf der Erde ursprünglich eine einzige und identische Realität darstellten, den sogenannten „androgynen Status", und ihre spätere Trennung (die einen unvollkommeneren und bedürftigen Seinsstatus bedeutet) auf eine „Urschuld" zurückzuführen ist. Nach diesem Mythos erklärt sich die gegenseitige Attraktion der Geschlechter als Ausdruck einer Sehnsucht nach Re-integration, nach Rückkehr zur ursprünglichen Einheit. – Vgl. z. B. PLATON, *Symposion* (dort die Rede des Aristophanes); weitere Erläuterungen in: Heinrich Beck und Arnulf Rieber, Anthropologie und Ethik der Sexualität. Zur ideologischen Auseinandersetzung um körperliche Liebe (Salzburger Studien zur Philosophie Bd. 13), München – Salzburg 1982; 131–151: Kap. 8: 'Sexualität zwischen Trinitätsteilhabe und Urschuld: Franz von Baader'.

mitteilen kann.[9] Diese Dimension der Wirklichkeit Gottes ist die entscheidende Quelle, die gravierenden Defizite unserer technischen Kultur auszugleichen, die sich in einem einseitig männlichen und weitgehend inhumanen Zustand befindet.

So ergibt sich als Perspektive: Die Intervention Marias, eine Kooperation mit ihr und der Einsatz in ihrem Geiste können wesentlich zur Heilung unserer Gesellschaft beitragen.

3. Ergänzung

Es muss sich der Einwand erheben: Wenn Gott in seiner Beziehung zu seinem Sohn sich nicht nur wie ein Vater, sondern auch wie eine Mutter verhält: Warum hat Jesus Christus dies niemals erwähnt, sondern seinen göttlichen Ursprung immer nur als seinen *Vater* bezeichnet?

Die Auseinandersetzung mit dieser Frage kann einer noch weiteren Erläuterung des Zusammenhangs dienen; sie umfasst vier Schritte:

a) Jesus Christus verstand sich selbst als von seinem göttlichen Ursprung in die Welt *gesandt*. „Senden" aber bedeutet eine „Bewegung nach außen" und entspricht so mehr einem Mann als einer Frau; denn der anthropologischen Grunddisposition nach erscheint das männliche Sein „nach außen", das weibliche „nach innen" hin akzentuiert. So stellt die „Sendung" in gewissem Sinne eine Kontinuation des Aktes der Zeugung dar. Von daher entsprach es wohl dem Selbstverständnis Jesu, dass er sich auf seinen Ursprung nicht als auf seine *Mutter*, sondern als auf seinen *Vater* bezog.

b) Dazu kommt sicher der Aspekt einer „kosmischen Einbettung" des Geschehens. Jesus Christus sollte die Verbindung zwischen Gott und Schöpfung herstellen. Der Mensch bezeichnet nun nach seinem sinnbildlichen Erleben Gott als das ihm gegenüber „höhere" Seiende; vgl. die Anrede im Herrengebet „Vater unser, der du bist („oben") im Himmel!" oder auch die Bitte: „Dein Wille geschehe wie („oben") im Himmel also auch („unten") auf Erden!". Der Himmel aber wird als ausgreifend und umfassend – und insofern als „männlich" –, die Erde hingegen als in sich hinein aufnehmend und das Leben gebärend – und daher in Analogie zum „weiblichen Prinzip" – empfunden. So entspricht es dem kosmischen Erleben

---

[9] *Das geschöpfliche Sein des Schoßes Marias hat „abbildlich" am ewigen Sein des Schoßes Gott-Vaters teil und „kontinuiert" es zu uns.* Durch die Vermittlung Marias empfangen wir das Wort, den Sohn, in menschlicher Gestalt und sind mit ihm (als seine „Brüder" und „Schwestern") im Schoße des Vaters geborgen.

So kommt die Sehnsucht des Menschen nach dem bergenden Schoß Gottes in einer hervorgehobenen Verehrung Marias zum Ausdruck – die in manchen Gegenden sogar mehr im Zentrum des christlichen Kultes zu stehen scheint als die Gottesverehrung, besonders dort, wo Gott einseitig als der „Herr" verstanden wird.

Jedenfalls entspricht dem dienenden „ontologischen Ort" Marias die Rolle der „Fürbitterin"; vgl. auch das Bildwort vom „Schutzmantel" Marias.

des Menschen, wenn Jesus seinen göttlichen Ursprung seinen *Vater* nennt, seinen irdischen Ursprung aber, Maria, seine *Mutter*.

c) Ebenso ist auch der kulturelle Zusammenhang zu sehen. In der Gesellschaft der damaligen Zeit standen das Ansehen und die Autorität des Mannes im öffentlichen Leben ungleich höher als das der Frau – besonders, wenn es sich um weitreichende öffentliche Aktivitäten handelte, wie die Verkündigung der Ankunft des Reiches Gottes. Von daher erschien es zur Rechtfertigung seines Auftrags vor dem Volk und im Hinblick auf die Effektivität seines Wirkens angemessener, wenn Jesus von der göttlichen Person, die ihn sandte, als von seinem *Vater* und nicht als von seiner *Mutter* sprach.

d) Jedoch: Es gehörte auch wesentlich zum Auftrag Jesu, Gott als Ort unserer Geborgenheit darzustellen – was ein grundlegend weibliches und mütterliches Charakteristikum ist (vgl. die oben zitierte Stelle aus Isaias 49,15). Aber dieses „mütterliche Antlitz" Gottes leuchtet – anders als durch das gesamte Verhalten und durch alle Worte eines Mannes wie Jesus selbst– durch das Sein der Frau Maria. Insofern ist Jesus Christus unser Zugang zu Gott *in Einheit mit Maria*, die (nicht nur durch ihr Handeln, sondern grundlegender bereits) *durch ihr Sein* an der Sendung Jesu teilhat. Deshalb ist zu sagen: Auch Maria offenbart und verkündet Gott – aber nicht unabhängig von Jesus Christus, sondern als seine Mutter und Gefährtin, durch welche die „Weiblichkeit und Mütterlichkeit" Gottes in besonderer Weise durchscheint.[10]

---

[10] Zur Präzisierung: Nach christlichem Verständnis ist die durch Jesus Christus geschehene Offenbarung Gottes (auch hinsichtlich seiner „Mütterlichkeit") absolut vollkommen. Sie kann deshalb durch Maria *nicht inhaltlich vermehrt*, wohl aber *in ihrer Darstellungsweise verdeutlicht* werden, sofern das Mann-sein eine gegenüber dem Frausein (und dieses gegenüber jenem) begrenzte Seinsweise verkörpert, die auf Ergänzung durch den „Gegenpol" angelegt ist. Die Person Jesu Christi ist daher nicht in einem „individualistischen" Sinne zu verstehen (Gefahr europäischer Seins- und Menschenauffassung), sondern zu ihrem Umfeld und zur Relationalität ihrer Seinsweise gehört *wesentlich* auch Maria; vgl. die Aussage von „Begegnungsphilosophen" (wie z. B. Ortega y Gasset): ‚Der Mensch ist er selbst *und* seine Umstände'.

Die unüberbietbare Offenbarung Gottes in Jesus Christus, die durch seine Beziehungseinheit mit Maria verdeutlicht wird, gründet darin, dass er „Gott selbst – in menschlicher Gestalt" ist, das heißt das Wort, durch das Gott sich *adäquat* in die menschliche Sichtbarkeit hinein ausgesprochen hat. Denn Jesus zeigt sich von seiner Personmitte her in seiner Macht und Liebe nicht begrenzt – weder durch die Gesetze der Natur noch durch die Gesetze der ihn umgebenden Gesellschaft; der Seinsakt Jesu, aufgrund dessen er sich so unbegrenzt frei verhalten konnte, ist offenbar un-begrenzt und göttlich. Dem entspricht auch das Selbstbewusstsein Jesu („Wer mich gesehen hat, hat den Vater gesehen", Joh 14,9; „Ehe Abraham ward, *bin* ich", Joh 8,58 u. ä.). –Vgl. dazu: Heinrich BECK, *Anthropologischer Zugang zum Glauben*, Salzburg – München 1979, 2. Aufl. 1982, 70 f.; sowie ders.: *Dimensionen einer ganzheitlichen Entsprechung von philosophischer Vernunft und christlichem Glauben*, in: Albrecht Graf v. Brandenstein-Zeppelin, Alma v. Stockhausen, J. Hans Bernischke (Hg.), Die göttliche Vernunft und die inkarnierte Liebe,

4. Zusammenfassung

Hier wird versucht, die biblische Aussage von einer auch „weiblichen Seite" Gottes (vgl. Gen 1,26 f.) nicht nur vordergründig als eine bloße „Handlungsweise Gottes gegenüber dem Menschen" zu sehen, sondern sie im Blick auf Gottes Identität tiefer zu verstehen. Den entscheidenden Zugang bildet Maria.

Dabei werden die Begriffe *männlich* und *weiblich* im Sinne einer entfernten „analogischen Annäherung an das Geheimnis" verstanden.

Dann aber lässt sich sagen: Wie sich *Maria* zum göttlichen Logos verhält (nämlich empfangend, in sich tragend und gebärend), so verhält sich – ursprünglicher noch – *Gott selbst* zum Logos. Ersteres betrifft den Logos hinsichtlich seiner *menschlichen Natur*, die er aus Maria angenommen hat, das Letztere aber in seinem *ewigen Sein*, mit dem er „aus dem Vater geboren" ist „vor allen Zeiten" (Nikäno-Konstantinopolitanum). So ist Maria die Vermittlerin und unser Zugang zu dieser hintergründigen Dimension in Gott. Dies ist deshalb für uns von zentraler Bedeutung, weil wir durch den Logos hervorgerufen sind und uns von daher mit ihm im Schoße Gottes geborgen wissen dürfen.[11]

Weilheim – Bierbronnen (Gustav Siewerth-Akademie) 2007, 167 ff (Jesus Christus – Menschwerdung Gottes, sich abzeichnend im Verhalten und im Selbstbewusstsein Jesu).

[11] Vgl. zum Vorstehenden auch: Heinrich BECK, *Maria – unser Zugang zur „weiblichen Dimension" Gottes. Eine philosophisch-theologische Reflexion*, in: Jahrbuch für Religionsphilosophie 8(2009)143-155; in einem umfassenderen Zusammenhang abgedruckt in: Heinrich Beck, Dialogik – Analogie – Trinität. Ausgewählte Beiträge des Autors zu seinem 80. Geburtstag. Mit einer Einführung herausgegeben von Erwin Schadel (Schriften zur Triadik und Ontodynamik, Bd. 28), Frankfurt/M. u. a. 2009, 499–524.

Yvonne Bockmaier

Die Menschheit in „Geburtswehen"?
Ein Interview mit Heinrich Beck

Wie das Werden einer philosophischen Existenz zur Hoffnung für Europa werden könnte

Vor Kurzem las ich auf einer Zugfahrt von Augsburg nach Günzburg ein kleines gelbes Heft mit dem Titel: Europa, Asien, Afrika – in uns. Die Krise der europäischen Kultur und die Begegnung mit afro-asiatischer Kultur als kreative Entwicklungsaufgabe.[1] Die Schrift hat mich sehr angesprochen und mir eine neue Sicht und Hoffnung für Europa vermittelt. Von da an war mir klar: Von diesem Denker muss ich mehr erfahren. Durch einen glücklichen Umstand konnte ich am 16. Januar 2014 einen Vortrag von Professor Beck im Lehrhaus der israelitischen Kultusgemeinde in Bamberg hören, der dem Thema gewidmet war: Philosophische Argumente zur Existenz Gottes: Plato, Augustinus, Martin Buber. Beck plädierte – ohne einem Relativismus zu verfallen – für ein wesenhaft dialogisches Verständnis der Religionen zueinander auf philosophischer Basis, hier vor allem des Christentums und des Judentums. Mich haben nicht nur die Inhalte, sondern auch Becks Herangehensweise beeindruckt; eine solche Art der Auseinandersetzung wäre vielen Studierenden zu wünschen. Die anwesenden Bamberger Studenten haben sicher davon profitiert.

Professor Heinrich Beck, geb. 1929, war bis 1997 viele Jahre lang Inhaber eines Lehrstuhls für Philosophie an der Universität Bamberg. Über einen gemeinsamen Freund, der mich auf die Kurzschrift aufmerksam gemacht hatte, bekam ich nun diese Einladung nach Bamberg, wo im Hause der Familie Beck eine kleine private Feier stattfand. Es ehrte mich ganz besonders, dass ich direkt über seinem Arbeitszimmer nächtigen durfte und Prof. Beck sich für ein Interview zwei Stunden Zeit nahm. An der Art, wie hier das Leben gelebt und gefeiert wurde, sah und schmeckte ich den Nachweis einer für das Leben tauglichen, christlich tief verwurzelten und philosophisch klar begründeten Denkweise.

Zur Vorbereitung auf diesen Tag hatte ich seine autobiographische Schrift *Episoden und das Ganze: Werden einer philosophischen Existenz*[2] gelesen. Darin beweist er aus vielen persönlichen Erfahrungen (belangvollen „Episoden", wie er es nennt), die er philosophisch reflektiert, dass der

---

[1] Heinrich BECK, VIA MUNDI Heft 231, 2009. – Sein nachgenannter Vortrag ist inzwischen erschienen in: Grenzgebiete der Wissenschaft (GW) 63-2014-2, 155-176
[2] Reihe *Schriften zur Triadik und Ontodynamik* Band 30, Frankfurt/M. 2012.

Mensch darauf angelegt ist, sich von widrigen Umständen und eigenen Schwächen nicht entmutigen zu lassen, sondern aus sich herauszugehen (zu „ek-sistieren"!) und sich seinen Aufgaben mit Vertrauen zu stellen; dann können die Dinge sich fügen, und der Mensch gelangt zu einer tieferen Identität. Dies gilt nicht nur für den Einzelnen, sondern – und das eben hat mich auch bei unserem Gespräch noch einmal sehr wachgerüttelt – auch für die Völker und die Kulturen und letztlich für die Menschheit im Ganzen. Die gegenwärtigen wirtschaftlichen, politischen und geistigen Krisen und Leiden deutet Prof. Beck als „*Geburtswehen der Menschheit auf dem Wege zu einer neuen menschlichen Identität*". So stehe die Menschheit vor einem kreativen Sprung ihrer Evolution – wobei man allerdings nicht vorhersagen könne, ob der Sprung gelingt. Der Mensch wird in Zukunft entweder tiefer reifen und verantwortlicher die unerhörten Herausforderungen angehen oder er wird sich selbst zerstören.

Als gefragter Redner auf internationalen Kongressen war Beck rund um den Globus gereist und hatte mehrere Titular- und Honorarprofessuren erlangt. Er hatte sich stets intensiv mit den ihm begegnenden Kulturen und Religionen auseinandergesetzt. Der Philosoph interessierte sich für die Menschen, und so berührten ihn Begegnungen nicht nur theoretisch, sondern auch praktisch in seinem Wesen als ganze Person. Dadurch wird Begegnung zum Gewinn für alle Beteiligten. Seine durch und durch dialogische Denkweise begründete in Lateinamerika sogar eine eigene Schulrichtung, die man mit dem Ehrentitel „Beckismo" bezeichnet. In seiner autobiographischen Schrift, die Greshake in seiner Rezension[3] auf die Ebene der *Confessiones* von Augustinus stellt, durchleuchtet Beck sein eigenes Leben auf der Suche nach Sinn und entfaltet dabei die Grundzüge seiner Philosophie, die eine Philosophie des „sinnvollen Wagnisses" ist. Der Autor verschweigt neben den Höhen nicht die Tiefen seines Ringens, welches ihn auch als Menschen nahbar macht. Mit seinem Mut und seiner großen Weite, bei gleichzeitiger Konzentration auf die eigene Mitte, wird er für mich zu einem geistigen Welteroberer des 20. Jahrhunderts, welcher durchaus Perspektiven für Suchende im 21. Jahrhundert eröffnet, denn er beschreitet neue Wege der Auseinandersetzung in einer globalisierten Welt.

Bundespräsident Rau würdigte Heinrich Beck 2003 mit dem Bundesverdienstkreuz für seine bedeutungsvolle kulturphilosophische Arbeit.

---

[3] Gisbert GRESHAKE, in: „Stimmen der Zeit", München 2013, 231(2013)715–716. Vgl. auch die Rez. von Uwe Voigt in: AUFGANG 11/2014, 350 ff.

Das Interview:[4]

YB: In Ihrem Buch *Episoden und das Ganze – Werden einer philosophischen Existenz*[5] schälen Sie Ihre philosophischen Kerngedanken anhand einiger bedeutungsvollen Ereignisse Ihres persönlichen Lebens heraus. Dabei schildern Sie auch Transzendenzerfahrungen.

Beck: Das ist teilweise als anstößig empfunden worden!

YB: Ich habe das bei meiner Lektüre nicht als anstößig empfunden, im Gegenteil: Mich hat das hellhörig gemacht. Ihr Buch ist ja auch philosophisch. Ich erfahre nicht gleich zu Beginn, hier ist ein Christ, der philosophiert, sondern hier ist ein Philosoph auf der Suche nach Sinn und Lebensaufgabe, und dabei setzt er sich auch ernsthaft mit der Gottesfrage auseinander.

Beck: Denken ist eine berufsnotwendige Fähigkeit von mir, die ich pflegen muss. Aber das rationale Element hat nicht die zentrale Stellung in meiner Persönlichkeit – nach meiner eigenen Wahrnehmung. Mein Tiefstes, wenn ich das so sagen darf, ist eben schon das Herz, nicht der Kopf. Das Denken steht bei mir im Dienste der Liebe. Ich versuche also, wenn ich etwas erkenne, es mit dem Herzen zu berühren. Ich habe eine Art „Fühldenken"; ich versuche, im Geist mich heranzufühlen an das, was mich berührt und ich zu erkennen glaube, um es mit dem Herzen, mehr intuitiv zu erfassen und in einem zweiten Schritt dann auch zu durchdenken.

YB: Ich wollte einen Menschen kennenlernen – und den habe ich vor mir – der Glauben und Denken nicht nur theoretisch, sondern auch lebenspraktisch unter einen Hut bringt. Ich meine, dass ich eben dies wahrgenommen habe, an Ihrem Reden und Leben, auch gestern bei Ihrem Vortrag in der Synagoge.

Beck: Thomas von Aquin sagte, wer eine starke Sinnlichkeit hat, der braucht auch einen starken Geist – das Essen z. B. schmeckt mir manchmal zu gut (schmunzelnd, mit Blick auf das herrliche Tablett, denn seine Frau hatte uns gerade frische Brötchen und Tee serviert) und ich muss aufpassen, dass ich nicht zu sehr zugreife; aber es ist ja gerade die Herausforderung für den Geist, zu ordnen. Dem Wortsinne nach heißt „Philosophie": Streben nach Weisheit, und diese bedeutet die Fähigkeit zu ordnen, den Dingen den rechten Ort zu geben – und dies gelingt letztlich nur aus dem Herzen heraus.

YB: Welches ist ihrer Meinung nach der erste Schritt beim Erkennen?

Beck: Der erste Schritt beim eigentlichen Erkennen ist, wie ich schon sagte, ein inneres Berühren (und sich berühren lassen). Erst in einem zweiten – aber unbedingt notwendigen! – Schritt geht es darum, das „Erfühlte" durch den Einsatz des Denkens herauszuarbeiten und „auf den Begriff" zu bringen. Ich greife es heraus, nicht um es rational zu beherrschen, sondern um das auszusagen, was die Wirklichkeit mir sagt. Dann analysiere ich es auf seine Elemente hin, um es geistig zu durchdringen. In einem dritten Schritt

---

[4] Das Interview fand am 16. Januar 2014 statt.
[5] Vgl. Anm. 2.

beginne ich dann zu „über-legen", in dem ich gewissermaßen eine Seite der Sache über eine andere lege und so mit ihr vergleiche. Dabei komme ich oft zu neuen Fragen, die ich durch reines Nachdenken nicht mehr lösen kann.

YB: Stoßen wir hier auf die Grenzen der Philosophie?

Beck: Nein, nicht unbedingt. Ich wende mich vielmehr dann erneut dem Konkreten zu, aber jetzt schon mit Fragen im Hintergrund, die ich durch das vorherige Nachdenken entwickelt habe. So ist die zweite Berührung mit dem, was ich zu erkennen suche, schon eine strukturiertere – und so geht es dann weiter in einem fortlaufenden Hin und Her zwischen Berührung und Zurücknahme; es ist ein Rhythmus von „Hinein" und wieder „Heraus". Ähnlich geht es mir auch mit meiner Beziehung zu Gott, mit der Suche nach Sinn.

YB: Ihr Weg ist ein sehr ungewöhnlicher Lebensweg. Ich kenne wenig Christen, die einen so weiten Horizont haben wie Sie. Sie scheinen die ganze Welt umarmen zu wollen mit Ihrer Art, wie Sie an sie herangehen. Das hat mich zutiefst berührt, hat mein Herz geweitet und mich hellwach gemacht Ihnen zuzuhören. Sie spiegeln für mich die Art Gottes, wie er mit seiner Welt umgeht. Er ist eben unbegrenzt und braucht sich vor nichts zu fürchten. Er ist offen für seine ganze Schöpfung, auch für die gefallene.

Beck: Es freut mich, wenn Sie mich so wahrnehmen. Das ehrt mich sehr und berührt mich. Ich muss sagen, dass meine innerste Motivation und mein Bedürfnis die Liebe ist. Auch die Beziehung zum andern Geschlecht habe ich von der Sinnfrage her entwickelt: von der Liebe her. Ich habe also nach Liebe gesucht, nicht als körperliche Begegnung nur, das stand mehr im Hintergrund. Obwohl ich schon auch körperlich sehr ansprechbar bin für das andere Geschlecht, ist das nicht das Entscheidende, sondern ich bin eben unterwegs nach Liebe. Auf diesem Wege sind mir die Hinweise von Martin Buber sehr wichtig, und auch die Schau von Platon. Auch das Gottverlangen ist letztlich eine Suche nach Liebe, nach Anerkennung, nach Geborgenheit, nach Geliebtwerden.

YB: Ist Ihre philosophische Existenzweise auch ein Ausdruck davon? Sie benutzen in ihrem Buchtitel das Wort „Werden".

Beck: Die Suche nach Liebe erfolgt bei mir auch sehr stark rational, sie ist eine denkerische Auseinandersetzung, im Sinne eines ergründen wollenden Denkens. Und diese Gottesbeziehung ist, meine ich, immer wieder durch Antwort von der Gegenseite her belebt worden. Nicht zuletzt auch durch Erlebnisse, die ich als „Engelserfahrungen" deute.

YB: Sie beschreiben zwei Arten von Transzendenzerfahrungen. Können Sie diese kurz erläutern?

Beck: Neben „Gotteserfahrungen" glaube ich auch spezifische „Engels-erfahrungen" erlebt zu haben. Unter „Engel" verstehe ich eine rein geistige Energie persönlicher Art. Der Begriff „Engel" hat gemeinsam mit dem Begriff „Götter" – das sagte übrigens auch schon Augustinus –, dass es sich in beiden Fällen um personale Energien handelt, die gewissermaßen von oben her auf den Menschen einwirken und denen der Mensch ausgesetzt, aber nicht ausgeliefert ist. Der Unterschied zwischen den beiden Begriffen besteht darin, dass der Engel von einem noch darüberstehenden Schöpfergott herkommt: Das lat. Wort „Angelus" meint den „Boten" Gottes, der ein geschaffenes, geistig-persönliches Wesen darstellt. Er hat den Auftrag, an der Erhaltung und Weiterentwicklung der Schöpfung mitzuwirken, obwohl Gott als Allmächtiger diese Mitwirkung nicht nötig hätte. Aber es entspricht seinem Wesen als „sich Verströmender", andere an seiner Schöpfertätigkeit teilnehmen zu lassen. So dachte auch schon Platon, der übrigens sehr wichtig ist für die Entwicklung des Christentums.[6]

YB: Würden Sie mir die für Sie besonders bedeutsame Engelserfahrung in Mexiko kurz andeuten, die Sie in Ihrer Autobiographie ausführlich beschreiben?

Beck: Nachdem ich in Mexiko-City eine Vorlesung gehalten hatte, besuchte ich mit Kollegen ein vornehmes Gasthaus, das im Parterre eines Hochhauses etabliert war. Dieses Lokal war sehr frequentiert und dicht besetzt. In einer Ecke des Raumes spielte eine kleine Gruppe Musik. Die beiden Kollegen und ich setzten uns an einen Tisch und fingen an zu diskutieren. Andere setzten sich dazu und das Gespräch wurde immer lebhafter. Schließlich kam sogar einer von den Musikern und setzte sich direkt mir gegenüber. Zwischen ihm und mir entwickelte sich eine heftige Diskussion. Er forderte mich immer mehr heraus und fragte mich am Ende, worin ich überhaupt den Sinn des Lebens sähe − eine ungewöhnliche Frage. Ich antwortete − ebenso lakonisch wie auch provozierend −: darin, Gott zu loben und zu preisen und sich ihm hinzugeben.

YB: Das hat dem Musiker bestimmt gefallen?

Beck: Nein, im Gegenteil, er fühlte sich angegriffen! Er unterstellte, ich sei der Meinung, dass Gott auf unser Lob angewiesen ist; ein solcher Gott wäre aber nicht in sich selbst vollkommen und uns gegenüber nicht wirklich frei. Ich habe ihm geantwortet: Notwendig hat er unsere Anerkennung und unser Lob zwar nicht, aber er liebt den Menschen und steigt deswegen zu ihm herab. Er *macht* sich selber angewiesen auf die Gegenliebe seines Geschöpfes. Das ist eine Handlung Gottes aus Freiheit, nicht aus innerer Notwendigkeit. Denn er hat ja alles und alles kommt von ihm; er ist in seinem Wesen unbegrenzt. Aber indem er aus freier Liebe heraus Geschöpfe hervorbringt, macht er sich − in Freiheit! − von ihnen abhängig, von ihrer Anerkennung und Gegenliebe. Unser Gespräch war sehr kontrovers und wurde immer heftiger. Er widersprach ununterbrochen und ich versuchte, seine Gegenargumente zu entkräften. Die Menschen um uns herum waren sehr interessiert und begeistert. Allmählich wurde unser Tisch zum Mittelpunkt des ganzen Lokals, es ging bis tief in die Nacht. Langsam gingen dann die Menschen nach Hause, und schließlich hat sich auch dieser Gast, der Kontrahent, wenn ich ihn so nennen darf, verabschiedet. Wir gingen zur

---

[6] Werner BEIERWALTES, *Platonismus im Christentum*, Frankfurt/M. 1998.

Tür und er nahm seinen Mantel. In dem Augenblick, als er in den Mantel schlüpfte, wurde er ganz groß vor unseren Augen.

YB: Vor Ihren Augen?

Beck: Ja, vor unser aller Augen – darunter wir drei als kritische Wissenschaftler. Er dehnte sich mächtig aus, und seine Augen wurden zu glühenden Bällen, die er stechend auf mich richtete. Mit dem Zeigefinger auf mich deutend sprach er, meine Aufgabe sei es, den Menschen zu sagen, wer Jesus Christus ist. Seine Stimme klang majestätisch und war von hoher geistiger Autorität erfüllt, die jeden Widerspruch ausschloss. Was er sagte, hatte ich jedoch immer schon irgendwie gefühlt, er machte es mir jetzt nur ausdrücklich bewusst. Diesen „Lebensauftrag" verstand ich aber nicht so, als sollte ich möglichst oft Jesus Christus im Munde führen, sondern vielmehr in seinem Geiste handeln (nach dem Motto: „Der Buchstabe tötet, der Geist macht lebendig."); das schloss aber bei gegebenem Anlass eine rationale Argumentation durchaus ein – wenn sie in mein „Lebenszeugnis" eingebettet ist.

YB: Wie reagiert man in so einer Situation?

Beck: Wir sind zutiefst erschrocken! Der Mann öffnete die Tür und verschwand. Wir rannten ihm sofort nach, aber er war nicht aufzufinden. Wir waren tief betroffen. Alle unsere Versuche, das Erlebnis als Halluzination zu deuten und etwa auf Alkoholgenuss zurückzuführen, verblassten angesichts der Klarheit und Deutlichkeit, die das Geschehen hatte mit seiner Leuchtkraft und Evidenz. So deutete ich es als die Erscheinung eines Engels – eines Boten, der mir sagen sollte, worin die Aufgabe meines Lebens letztlich besteht. Es war eine Erfahrung, die mich zutiefst aufwühlte, die mich aber nicht ‚wie von außen' traf.

YB: Sie hatten noch ein anderes Erlebnis, welches für Sie in einer Notlage bedeutungsvoll war.

Beck: Ja, ich war nach einem Herzinfarkt im Bamberger Klinikum, vorbereitet zur Herzkranzgefäßerweiterung auf einer Bahre. Auf der einen Seite stand der Arzt, der mich operieren sollte, auf der andern Seite ein Bildschirm, auf dem ich dieses Geschehen beobachten konnte. Plötzlich wurde mir schlecht und ich hatte das Gefühl, ich müsste jetzt wohl sterben. Es überkam mich furchtbare Angst. Da nahm ich auf der anderen Seite, auf der der Monitor stand, eine Gegenwart wahr – jedoch ohne die physischen Umrisse eines Menschen. Von dieser „Wesenheit" ging eine Stimme aus, nicht akustisch wahrnehmbar, sondern in meinem Bewusstsein: „Alles ist gut! Sei ganz ruhig und atme gleichmäßig." Das habe ich befolgt und es ging gut. Es hatte sich wohl nicht um eine Gotteserfahrung gehandelt, denn diese „Gegenwart" war etwas Begrenztes und hatte den Charakter einer „Botschaft in einem Auftrag"; so denke ich an den Auftritt eines Schutzengels.

YB: Diese ungewöhnlichen Erlebnisse verdeutlichen sehr gut, was Sie über die Art Ihres Denkens gesagt haben: Sie versuchen also zuerst das Erlebte vom Herzen her zu fassen – Sie haben sich betreffen lassen. Und erst im zweiten Schritt haben Sie versucht, es zu analysieren und in Worten auszudrücken.

Beck: Ja, ich meine, es waren Engelserfahrungen. Das ist natürlich eine Deutung mit Begriffen, durch die ich den Inhalt meiner Erfahrung auszusagen versuche.

YB: In Ihnen ist mir eine große Freiheit begegnet, die ich bei Christen manchmal schmerzlich vermisse. Weil man in vielerlei Hinsicht klein denkt, so eng, und sich abgrenzt, anstatt sich zu öffnen für die Menschen. Ich habe die Schilderung Ihres Engelserlebnisses als eine Bestätigung von oben gesehen, fast als eine Art Belohnung für Ihren Mut, für Ihren bemerkenswerten Lebensweg.

Beck: Ich war einmal in Indien auf einem Weltkongress der „International Society of Universities". Mein Forschungsprojekt bezog sich auf das Thema dieses Kongresses, es hieß *World Civilisation And Cultural Roots* (Weltzivilisation und ihre kulturellen Wurzeln). Dabei hatte ich eine Begegnung mit einem Psychologieprofessor aus Kanada, der mir sagte, ich hätte drei „Lastungen": Ich sei kopf-lastig, herz-lastig und bauch-lastig (durch einen starken Lebensakzent in meinen Sinnen): Ich hätte also drei überdurchschnittlich ausgeprägte Schwerpunkte – die leider miteinander nicht in idealer Harmonie stehen. Ich fühlte mich erkannt.

YB: Nicht zuletzt gerade das macht Sie als Philosoph bemerkenswert – und menschlich.

Heinrich Poos

Kleine Apologie des Notenlesens

An drei Beispielen aus Bachs *Wohltemperiertem Klavier* möchte ich anzudeuten versuchen, was sich unter der Lektüre einer Fuge bzw. eines Präludiums verstehen lässt und unter welchen Voraussetzungen diese zu einem plausiblen, d.h. diskussionsfähigen Ergebnis führen kann.

I. Zu Marpurgs Beantwortung des Themas der h-Moll-Fuge (BWV 869)

Der „Liebhaber" Bach'scher Fugenkunst – eingeschüchtert von der fulminanten Rhetorik, mit der Marpurg im Vorwort seiner *Abhandlung von der Fuge* sich zum Praeceptor Germaniae in Sachen Fugenlehre aufgeschwungen hatte, und in Ermangelung handwerklicher Vorkenntnisse in Kontrapunkt, Harmonie- und Formenlehre – vermochte nicht zu begreifen, dass dieser immer nur an die Fuge Telemanns dachte, wenn er vorgab, von der Bach'schen zu reden, und hatte somit keine Möglichkeit, Marpurgs Beantwortung des zweifellos anspruchsvollsten Fugenthemas des *Wohltemperierten Klaviers* als fehlerhaft zu erkennen. Aber auch die Kenner Bach'scher Fugenkunst wollten offenbar nicht zur Kenntnis nehmen, dass schon Marpurg das Thema nicht mehr zu beantworten verstand.

Zum Thema der Fuge

1. Das zunächst einstimmig vorgetragene Hauptthema der Fuge lässt sich als ein sog. Fortspinnungstypus beschreiben, dessen fünftöniger „Vordersatz", sequenzieller Entwicklungsteil und fünftöniger Epilog durch Hypotaxen ineinander „verfugt" erscheinen. Um die „innere Modulation" des einstimmigen Dux-Vortrags zu verdeutlichen, hat Bach das Hauptthema über dessen nur flüchtig angedeutete Klausel hinaus durch einen Epilog erweitert, der seine Peripetie erreicht im Einsatz eines Cantus-firmus-artig fallenden Tonleiterausschnitts, der gleichzeitig mit dem Comes im wiederkehrenden Grundton der initialen fugalen Periode endet.
2. Die h-Moll-Fuge beginnt wie jede Fuge des *WK* mit dem *attentum parare* eines in harmonischer Hinsicht noch fragwürdigen einstimmigen Themenvortrags. Durch dessen Verfugung mit einem Kontrasubjekt finden alle Fragwürdigkeiten des Themas ein vorläufiges Ende. Das durch ein Nebenthema ergänzte Hauptthema lässt sich, wie ein Blick auf die Gesamtform der Fuge zeigt, als das Doppelthema einer sog. Doppelfuge begreifen. Doch damit nicht genug: Die erste Periode der Fuge kann als deren Erfindungskern gelten, weil durch diesen die Mannigfaltigkeiten von

systolischem Dux und diastolisch-rückmodulierendem Comes auf den Nenner einer ersten Einheit gebracht sind.

Beispiel 1

Marpurgs Beantwortung des Themas

„[…] Hätte man hier nicht die Secunde g–fis im ersten Tacte in die Terz d–h verändern, sondern mit Beybehaltung dieser Fortschreitung alsdenn den Gefährten auf folgende Art setzen wollen:
– h – a fis – d cis – fis eis | h ais – g fis – cis his – a fis | eis fis – d h – cis – |h
So hätte doch am Ende die Melodie durch Veränderung der Secunde d–cis im zweyten Tacte in die Terz a–fis, wie man selbiges allhier durch die Buchstaben ausgedrücket hat, müssen unterbrochen werden. Beyde Arten der Gefährten sind den Ausweichungen des Führers gemäß."[1]

Beispiel 2

1. Marpurg hatte schon den Sinn der Themenkopfbeantwortung Bachs nicht verstanden. Bachs Comes beginnt mit einer fünftönigen Phrase, dem sog. Kopfmotiv, also mit einem zweimalig vorzeitigen Fingerzeig auf die Zieltonart des Comes.

---

[1] F. W. MARPURG, *Abhandlung von der Fuge*, Berlin 1753, Bd. I, 84; dazu das Notenbeispiel Bd. 2, Tab. XXV, Fig. 4.

2. Schon Bachs Kontrapunkt zur initialen Phrase des Comes antizipiert die Zwischendominante zu einer Subdominant-Variante (T. 4, Ende), die ihrerseits als Zwischendominante zur doppelten Subdominante der Zieltonart weitergeführt erscheint (T. 5,1–2), bevor ihre reguläre Auflösung unterdrückt und durch eine Sequenzierung fortgesetzt wird. Durch die „innere Modulation" des Comes hindurch lässt sich also noch die Emphase, mit der schon hier von der Subdominante der Zieltonart die Rede ist, nicht überhören.

3. Die Beantwortung eines modulierenden Fugenthemas ergänzt die förmliche Ausweitung des Themas durch eine zweite, gegenläufige: Der harmonischen Hinbewegung antwortet die Rückbewegung: T → D ~ D → T. Unter der Voraussetzung, dass sich die Ausweichung in die Oberquinte als das Selbstverständliche, die in die Unterquinte dagegen stets als das Umständliche, Besondere erweist, scheint für Bachs Beantwortung des modulierenden Themas das Prinzip der sog. „Notwendigkeit von unten" zu gelten: Die Rückmodulation des Comes hat eine „vorübergehende Ausweichung" in die Tonart der Unterquinte zu ihrer Voraussetzung.[2]

4. Eine Aufklärung darüber, wie er unter den Bedingungen des „reinen Satzes in der Musik" die Wechseldominante von fis-Moll (Beispiel 2: T. 2,3) in den Epilog des Comes rückzuführen gedachte, ist uns Marpurg schuldig geblieben.

Gleichgültig also, ob Marpurg seinen Comes als Alternative verstand oder an eine andere, einfache Fuge dachte: Seine Beantwortung ist falsch.

II. Zu Dahlhaus' Unterstellung einer enharmonischen Fortschreitung in Bachs Wohltemperiertem Klavier

In seinem Kongressbeitrag *Zur mitteltönigen und gleichschwebenden Temperatur* hatte Hans-Heinz Dräger[3] die Ansicht vertreten, „[...] daß Bach im *Wohltemperierten Klavier* keine Enharmonik verwendet." In seinem Aufsatz *Innere Dynamik in Bachs Fugen* unternahm Carl Dahlhaus[4] den riskanten Versuch, dieser Ansicht zu widersprechen. Doch schon dessen implizite Voraussetzung, eine einzige dreigliedrige Akkordprogression in Achtelbewegung könnte seinen Einwand bekräftigen, muss dem mit Bachs Enharmonik einigermaßen vertrauten Leser von vornherein suspekt erscheinen, war doch hier nicht von Regers Fuge die Rede.

Die folgende, hier notwendig äußerst geraffte Zusammenfassung einer aufmerksameren und wiederholten Lektüre der As-Dur-Fuge (BWV 886;

---

[2] Vgl. hierzu T. 4, T. 13 sowie die doppelte Quintsequenz des Zwischenspiels vor T. 21 (Dux).

[3] *Bericht über die wissenschaftliche Bachtagung der Gesellschaft für Musikforschung*, Leipzig 1951, 389–404.

[4] *Neue Zeitschrift für Musik* 123 (1962), 498–501.

siehe Notentext im Anhang)[5] soll deutlich machen, dass auch in der Fuge eine „Wahrheit" nur durch das Ganze zu haben ist und Dahlhaus' Lektüre zu einer Abstraktion führen musste. Und weil hier nicht der Ort sein kann, die Zusammenhang stiftenden Potenzen des Doppelthemas dieser Fuge in extenso zu einer begrifflichen Vorstellung zu bringen, beschränke ich meine Themendiskussion auf einen einzigen, für die Beurteilung der Dräger-Dahlhaus-Kontroverse mir wesentlich erscheinenden Aspekt.

1. Dux und Comes sind jeweils auf die Töne 1 bis 6 ihrer Gebrauchstonleiter beschränkt.

2. Durch deren Kontrasubjekte wird diese Tonleiter jeweils zu einer neuntönigen erweitert.

3. Unter Berücksichtigung seiner Schnittmenge liegt dem initialen Zwillingspaar – unter der selbstverständlichen Voraussetzung, dass man den anfangs einstimmigen Dux bereits als Doppelthema versteht – eine elftönige Tonleiter zugrunde.

4. Die auch hier so genannte Fughetta[6] (Takte 1 bis 24) bleibt auf diese elftönige Gebrauchsskala beschränkt.

5. Nimmt man diesen Tatbestand nicht bloß achselzuckend zur Kenntnis, so sieht man sich nolens volens mit der Frage nach dem Verbleib des 12. bzw. 13. Tones konfrontiert, der die lineare Gebrauchsskala auf enharmonische Weise zum Quintenzirkel schließen würde.

Und in der Tat: Der Versuch scheint lohnend, lässt sich doch schon aus der Vogelperspektive einer bloß flachen Lektüre der Gesamtfuge erkennen, dass die Gebrauchsskala der Fughetta zwar elf Töne einer lückenlose Quintenfolge umfasst, deren Grenztöne – die äußeren Quinttöne a und heses, die diese zur enharmonisch zwölftönigen ergänzen würden – aber geradezu ostentativ vermieden werden. Der mediale Abschnitt der Fuge, mit dem Bachs Bearbeitung der Fughetta in T. 24 beginnt, ergänzt die Gebrauchstonleiter mit dem Ton a, den er im finalen Abschnitt (T. 37,3 bis 46) sowie im Epilog (T. 47–50) durch den Ton heses ersetzt.

Dahlhaus hat übersehen, dass Bach in Takt 44 zum Zwecke seiner förmlichen Ausweichung von As-Dur nach des-Moll, auf dessen trugschlüssigen Tonikagegenklang er zielte, um dem Ton heses zu dessen wirkungsästhetischem Höhepunkt zu verhelfen (und diesen als Grundton des neapolitanischen Sextakkords in die Haupttonart zurückzuführen), einen Topos seiner Rezitativharmonik verwendet hatte, der sich als detractio (Zusammenziehung) einer viergliedrigen Akkordfolge beschreiben lässt.

---

[5] Vgl. POOS, *Bach-Lektüren* (in Vorbereitung).

[6] Vgl. Präludium und Fughetta BWV 901, die Bach als Vorlage seiner As-Dur-Fuge verwendete.

Beispiel 3: (a) Die Sequenz und (b) deren detractio

1. Die Frage, ob es sinnvoller ist, die zeitliche Akzeleration einer viergliedrigen rezitativharmonischen Akkordfolge grammatisch, d.h. durch die Enharmonik des verminderten Septakkords, oder rhetorisch, d.h. durch eine detractio, zu erklären, kann nur im Hinblick auf die Gesamtform entschieden werden. Unter dieser Perspektive wurde aber bereits deutlich, dass seit der Scheinreprise des Doppelthemas in Des-Dur (T. 37,3), die notwendig wurde, um den Ton heses überhaupt ins fugale Spiel zu bringen, von dem Ton a nirgends mehr die Rede ist. Also: von Enharmonik keine Spur.

2. Die „innere Dynamik" der Fuge, die auch hier ihr Kraftzentrum im Thema hat, erreicht ihr Telos *nicht* in einer enharmonischen Umdeutung, sondern in einer „vorübergehenden Ausweichung" der fugalen Handlung in die „freie Fantasie", deren formsprengende Wucht das Machtwort einer superlativischen, fünfstimmigen Peroratio im förmlich letzten Augenblick der Fuge notwendig machte.

Persönliche Nachbemerkung

„Es gibt Kunstwerke." Aber: „Wie ist das sinnvoll möglich?"[7] Die Antwort, die Künstler, Philosophen und Theologen schon immer auf sie gaben, war sie nicht immer schon diese: „Die Welt muss einen Sinn haben." Dieser aber scheint einer entzauberten Welt fraglich geworden. Doch in der Bach'schen Fugenkunst, die eine intime und keine monumentale ist, der ein Musiker mit Demut und mit dem Thorafinger in der Hand begegnet, lässt sich immer noch der Geist spüren, der über ihre Schädelstätte weht, „der Geist, der da lebendig macht", dem sich die materialen Mannigfaltigkeiten noch zur Einheit eines Gedankens fügen in dessen oft mühevollem Nachdenken, ohne welches das Kunstwerk verstummen müsste.

Der Leser und Hörer einer instrumentalen Bach-Fuge muss damit rechnen, dass er sich unversehens einem tönenden Experiment konfrontiert sieht, bei dem es immer auch um die letzten Fragen des Lebens geht. Und dies immer in einem Ton, als ob dabei nur von „Zahlen und Figuren" (Novalis) die Rede wäre. Wie könnte also die „letzte Frage" lauten, die hier adressiert worden

---

[7] Max WEBER, *Wissenschaft als Beruf.*

ist? Wer sich ihr stellt, der weiß, dass von „Bedeutung" nur als Einsicht in deren Verlust die Rede sein kann. Also könnte nicht die „Wahrheit" der zwielichtigen As-Dur-Fuge darin zu finden sein, dass hier der enharmonische Kurzschluss ausgeschlossen blieb, Bach also – der auch pythagoräisch dachte, wenn er enharmonisch schrieb – die Dissonanz der Grenztöne a und heses unaufgelöst ließ und die Auflösung der Grunddissonanz seiner As-Dur-Fuge verweigerte, um in deren prekärer Schönheit die Wahrheit einer aus ihren Fugen geratenen Welt einer chromatischen Zerreißprobe auszusetzen?

III. Zu Busonis Weigerung, die Form des F-Dur-Präludiums (BWV 856) zu beschreiben

„Von einer Einteilung der Form mußte der Herausgeber hier ebenso absehen wie anderwärts bei der ersten der dreistimmigen Inventionen. Sie gehören zu jenen Bach'schen ‚Würfen', die sich nun einmal nicht in die Grenzen starrer Dogmatik fügen und die durch ihren wahrhaft ‚praeludierenden' Charakter ihre Benennung am meisten rechtfertigen."[8]

Dass Busoni die Ritornellform der Bach'schen Da-capo-Arie im instrumentalen Präludium (siehe Notentext im Anhang) nicht wiedererkannte, die nicht nur hier von Bach nachgeahmt wurde (und die bekanntlich Wilhelm Fischer als einen „Fortspinnungstypus" beschrieben hatte), muss auch dann wunderlich erscheinen, wenn er nicht erkannte, dass Bach den Epilog des ersten mit dem Prolog des zweiten Fortspinnungstypus zusammengezogen hatte. Was aber am Erstaunlichsten scheint: Der Verfasser der *Fantasia contrappuntistica* hatte offenbar übersehen, dass der Gerüstsatz der chromatischen Sequenz, mit der der mediale Teil des ersten Fortspinnungstypus über die Quintschrittsequenz in den d-Moll-Epilog führte, zu Beginn des zweiten Teils, als dessen Krebs im doppelten Kontrapunkt der Oktave wiederholt erscheint. Dass der erfahrene Bach-Epigone hier über einen einzigen Vorzeichen-Fehler stolperte, muss unvorstellbar bleiben.

Nun, das sagt sich zwar leicht, doch ist es alles andere als leicht, den massenhaften Konsens aller gedruckten Ausgaben des WK (einschließlich der Alten und Neuen Bach-Ausgabe sowie der sog. Urtextausgaben) infrage zu stellen, die den Verdacht nahelegen, die von Fehlern makulierte fragmentarische Abschrift Friedemann Bachs[9] – möglicherweise ein aus dem

---

[8] J. S. BACH, *Klavierwerke. Busoni-Ausgabe*, Bd. I, Das Wohltemperierte Klavier, 1. Teil, Heft 2, S. 15.

[9] Vgl. Johann Sebastian BACH, *Clavier-Büchlein vor Wilhelm Friedemann Bach*. Edited in Facsimile with a Preface by Ralph Kirkpatrick, New Haven 1959. Diese Quelle, ergänzt durch andere Quellen, liegt auch der Urtextausgabe in der Neuen Bach-Ausgabe, Ser. V, Bd. 5, hrsg. von Wolfgang Plath, zugrunde.

Gedächtnis verfasstes Unterrichtsprotokoll – könnte wegen der ihr unterstellten Nähe zum Komponisten als Vorlage der Abschriften und Druckausgaben dieses Präludiums gedient haben.[10]

Wie dem auch sei: Weder Herausgeber noch Verlagslektoren haben bemerkt bzw. vermutet oder die Tatsache einer Anmerkung im kritischen Bericht für würdig gehalten, dass der Gerüstsatz der chromatischen Sequenz (T. 3–5,1), der die Basstöne f–e–g–f exponiert, um diese mit dem Kontrasubjekt h–c–cis–d zu kontrapunktieren, in den Takten 9–10 als transponierter Krebs im doppelten Kontrapunkt der Oktave wiederholt erscheint, wie das folgende Beispiel zeigt.

Beispiel 4

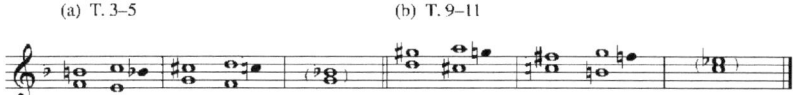

Hier stellen sich unabweislich die folgenden Fragen:
1. Ist die Differenz von (a) und (b) sinnvoll? 2. Wenn nicht: Ist (a) oder ist (b) richtig? 3. Und wenn die Antwort darauf lauten muss: (a) ist falsch und (b) ist richtig und mit dem Hinweis sich begründen lässt, dass der Bass von (a) der Comes von b–a–c–h ist, so ist dem nichts mehr hinzuzufügen.[11]
Der geringen Mühe einer solchen Vergleichung hat sich Busoni, den man wohl einer temporären Begriffsstutzigkeit, nicht aber einer musikalischen Legasthenie bezichtigen wird, nicht unterziehen wollen.
Welch absurde Vorstellung: Die Pianisten unter den Komponisten, die ihre Spuren als Fingersätze in den gedruckten Ausgaben des *WK* hinterlassen hatten – Chopin, Busoni und Bartók –, hatten das Ihrige dazu beigetragen, dass die Herausgeber der Neuen Bach-Ausgabe Quellenkritik durch Quellenstatistik ersetzten. Sie konnten offenbar nicht anders.

Postscriptum, durch die Blume gesprochen

„Etwas können ist fast gut. Dann dardurch wird wir destmehr vergleicht der Bildnüs Gottes, der alle Ding kann. Wir künnten gern viel. Dann es ist uns van Natur eingegossen, daß wir geren viel weßten, dordurch zu erkennen ein rechte Wahrheit aller Ding. Aber unser blöds Gemüt kann zu solicher Vollkummenheit aller Künsten, Wahrheit und Weisheit nit kummen. Doch sind wir nit gar ausgeschlossen van aller Weißenheit. Woll wir durch

---

[10] Vgl. hierzu den kritischen Bericht der Neuen Bach-Ausgabe, Ser. V, Bd. 6.1, 247f.
[11] Ausführliches dazu in POOS, *Bach-Lektüren*, Kap. „Zu Präludium und Fuge in F-Dur (BWV 856)“.

Lernung unser Vernunft schärpfen und uns dos einüben, so mügen wir wohl etlich Wahrheit durch recht Weg suchen, lernen, erkennen, erlangen und darzu kummen. […]

Die Kunst des Molens kann nit wohl geurteilt werden dann allein durch die, die do selbs gut Moler sind. Aber fürwahr, den anderen ist es verborgen, wie dir ein fremde Sprach. In dieser Kunst sich zu üben wär den subtilen müßigen Jungen ein edel Ding. […]

Vor viel hundert Johren sind etlich berühmt Moler gewesen, als mit Namen der Phidias, Praxideles, Abelles, Polteclus, Parchasias, Lisipus, Protogines und die anderen, unter denen etlich ihr Kunst beschrieben haben, und zumal künstlich angezeigt, klar an Tag bracht. Doch sind dieselben ihre löbliche Bücher uns bisher verborgen und vielleicht gar verloren, […].

Ich hab oft Schmerzen, daß ich der vorbestimmten Meister Kunstbücher beraubt muß sein. Aber die Feind der Künst verachten diese Ding.

Item hör auch kein Neuen, der etwas beschrieb und aus ließ gehen, den ich zu meiner Bessrung lesen möcht. Dann ob etlich sind, so verbergens doch ihr Kunst. So schreiben etlich van den Dingen, die solchs nit künnen. Das laut dann zumal blo, dann ihre Wort sind am besten. (Soll heißen: Sie machen nur schöne Worte.) Wer etwas kann, der merkts gar bald. Auf solchs will ich mit göttlicher Hilf das wenig, so ich gelernt hab, anzeigen, wiewohl solchs ihr viel verachten werden. Do leit mir nit an.“[12]

---

[12] Albrecht DÜRER, *Entwürfe zum „Lehrbuch der Malerei“*, Kap. 6 und 7. Zitiert nach Albrecht DÜRER, *Schriften und Briefe*, Leipzig 5. Aufl. 1989, 150 und 152–153.

Johann Sebastian Bach, Fuge As-Dur (BWV 886)

256

258

259

Johann Sebastian Bach, Präludium F-Dur (BWV 856)

Gisela Dischner

Inspiration, Intuition, Muße in der Musik

„Mich soll der Staat erhalten, ich bin für nichts als das Komponieren auf die Welt gekommen."

(Franz Schubert zu Anselm Hüttenbrenner 1817)

Inspiration

Nichts dringt so unvermittelt ins Innere wie die Musik. Die Augen können wir schließen, nicht aber die Ohren. Vom Wiegenlied bis zum Grabgesang begleitet sie uns, die „Sprache wo Sprachen enden": Die Musik offenbart dem Menschen, dass er ein metaphysisches Wesen ist, sich selbst ständig transzendierend. In ihr vereint sich strengste mathematische Gesetzmäßigkeit mit freier Intuition, Disziplin mit spontaner Virtuosität. „Bei jeder schöpferischen Tätigkeit gibt es drei Stufen: Die Inspiration, die Arbeit, das fertige Werk", schreibt der Komponist Olivier Messiaen:

> Die Inspiration ist wie der Tod: Sie erwartet uns überall. In einer Gebirgskette, in einem Kirchenfenster, in einem Buch über Medizin, über Astronomie, über Mikrophysik […] Der Musiker findet Musik auf allen Seiten […]. Und welche Schwingungen, welche geheimnisvollen Symphonien sind in einer Wolke, in einem Stern, im Blick eines Kindes verborgen. Ich glaube an die musikalische Inspiration […]. Die Inspiration ist wie die Liebe […]. Dabei verstehen wir unter Inspiration nicht eine plötzliche und einmalige Erleuchtung, nicht einen mehr oder weniger wilden Rausch, sondern vielmehr einen Traum, der die Technik leitet, bestimmt, stützt, vollendet und über sich hinaustreibt.[1]

Die Inspiration ist präexistent wie die kosmische Energie, mit der sie uns verbindet. Wie der Mensch mit der Quelle der Inspiration als Empfänger in Verbindung gelangt, bleibt ein Geheimnis. Goethe nennt es das offenbare Geheimnis: Es offenbart dem Menschen, dass er mehr ist als Geschöpf – dass er Schöpfer ist. Er fühlt die schöpferische Freude, das Einströmen, sich selbst als Durchgang. „Etwas strömt durch mich hindurch", sagte der konkrete Poet Helmut Heißenbüttel. Im Spiel des Kindes können wir den Beginn dieser schöpferischen Freude beobachten, im Prozess der Menschwerdung: Denn der Mensch ist nur dort ganz Mensch, wo er spielt. Aus ihm, dem Spiel, kann die lebendige Gestalt entstehen, sagt Schiller. Das ist die Verantwortung der

---

[1] Olivier MESSIAEN, in: *Musik und Erleuchtung. Der Weg der großen Meister.* Hg. K.D. Muthmann, München 1985, 206 (Im Folgenden abgekürzt als Sigel M.u.E.).

menschlichen Übersetzungsarbeit aus dem Urquell des Präexistenten. Mein David war schon da, soll Michelangelo behauptet haben, ich musste ihn nur enthüllen. Enthüllen, ausarbeiten, erschaffen werden im schöpferischen Prozess zu Synonymen.

Rilke kommentierte nach Vollendung der *Duineser Elegien*: Er habe sie wie unter Diktat geschrieben. Der Künstler ist ganz liebende Hingabe – der schöpferische Prozess ist Zeugung *und* Geburt. Die zeugende Schaffensfreude kann mit Mühsal und schmerzlicher Anstrengung verbunden sein, bevor das Werk *geboren* wird. Josef von Spaun schrieb davon, wie tief seinen Freund Franz Schubert seine Schöpfungen angriffen,

> wie er sie in Schmerzen geboren. – Wer ihn nur einmal an einem Vormittag mit Komponieren beschäftigt gesehen hat, glühend und mit leuchtenden Augen, ja selbst mit anderer Sprache, einer Somnambule ähnlich, wird den Eindruck nie vergessen. Am Nachmittag war er freilich wieder ein anderer […]. (M.u.E.: 95)

Und abends trug er in geselliger Runde oft vor, was er vormittags in einsamer, äußerster Konzentration komponiert hatte.

Der Maler Moritz von Schwind war nicht nur mit Schubert eng befreundet, er wohnte mit ihm ein Jahr lang auf demselben Hausgange wie Friedrich Schlegel in Berlin mit dem Freund Schleiermacher. Das Künstlerleben als Vorform der Wohngemeinschaft war ein Rhythmus aus Einsamkeit und Geselligkeit. Nur in der Zeit der Jenaer Frühromantik steigerte sich dies zu gemeinsamer Produktion, zum *Sym*philosophieren und *Sym*poetisieren.[2] Gegenseitige Achtung und Liebe war die Voraussetzung für die Möglichkeit gemeinsamen Kunsterlebens. Das Wissen um den Vorgang der Inspiration, dem Disziplin und Genauigkeit der Ausarbeitung folgten, verband diese schöpferischen Menschen miteinander.

> […] kein glücklicheres Dasein konnte es geben!" rief Schwind in seiner humoristischen Weise aus. Jeden Morgen komponierte er (Schubert, G.D.) etwas Schönes, und jeden Abend fand er die enthusiastischen Bewunderer. Wir vereinigten uns in seinem Zimmer – er spielte und sang uns vor – wir waren begeistert, und dann ging es in die Kneipe. Geld hatten wir keines – aber wir waren selig […]. (M.u.E.: 94)

Nicht erst die posthum gefeierten Dichter, Maler und Komponisten lebten zum Großteil in Armut – nicht anders als heute. Auch die zu Lebzeiten berühmt gewordenen Künstler hatten Geldsorgen und mussten einen Teil ihrer kostbaren Lebenszeit zum sozialen Überleben mit einer Arbeit außerhalb ihres eigenen Schaffenswillens zubringen. Als der zwanzigjährige Schubert täglich neun Stunden Schulgehilfendienst leisten musste und sich danach in seiner ungeheizten Kammer ins Bett legte, um zu komponieren, sagte er zu Anselm Hüttenbrenner: „Mich soll der Staat erhalten, ich bin für nichts als das Komponieren auf die Welt gekommen." (M.u.E.: 88)

---

[2] Vgl. Gisela DISCHNER, *Madame Luzifer. Ein Leben zwischen bürgerlicher Vereinzelung und romantischer Geselligkeit. Caroline Schelling, gesch. Schlegel*. Nordhausen 2010.

Genau das würde einem Staat zur höchsten Kultur verhelfen, aber diesen schönen Zustand finden wir nur in der Renaissance. Heute wäre er, dank der zunehmenden Automation, die einen Großteil entfremdeter Arbeit schon übernommen hat, möglich. Ein bedingungsloses Grundeinkommen könnte den Paradigmenwechsel vom *homo oeconomicus* zum *homo aestheticus* in die Wege leiten. Wie viel verschüttete Inspiration könnte dann auf dem Weg der Schaffensfreude und der von keiner entfremdeten Arbeit mehr abgelenkten Konzentration zu Werken erblühen: Inspiration, die jetzt verkeimt, weil dem schöpferischen Menschen keine Muße bleibt, sich zu entfalten!

Selbst der schon angesehene und berühmt gewordene Beethoven hatte Geldsorgen und wusste manchmal nicht, wie er seine Miete bezahlen sollte. Immerhin verhalf ihm seine Berühmtheit, dies mit eigener Kompositionsarbeit zu bewerkstelligen – er musste sich wenigstens keiner fremdbestimmten Tätigkeit unterwerfen. Er klagte dem Freund Karl Amenda 1798 seine Not,

> […] er müsse Miete bezahlen und wisse durchaus nicht, wie er das anstellen solle. ‚Da ist leicht zu helfen', sagte A., gibt ihm ein Thema (Freudvoll und leidvoll) und schließt ihn in sein Zimmer ein bei dem Bescheide, er müsse nach drei Stunden die Variationen begonnen haben. Als A. wieder kommt, findet er Beethoven noch recht mürrisch auf demselben Fleck und erhält auch auf die Frage, ob er angefangen habe, ein Stück Papier mit dem Bemerken: ‚Da ist der Wisch!' A. bringt die Noten ganz erfreut zu Beethovens Hauswirt und sagt, er solle damit in die Verlagsbuchhandlung gehen, dort würde er ein schönes Stück Geld dafür erhalten. Der Hauswirt will anfangs darauf nicht eingehen, entschließt sich aber endlich doch zum Gang und kehrt von demselben ganz freudig zurück mit der Frage, ob nicht noch solche Zettel zu haben wären. (M.u.E.: 52)

In der kunstliebenden Stadt Venedig finden wir viele Lokale, die tapeziert sind mit Werken von Malern, die sich mit einem Bild ein Abendessen erhandelten. Wie aber ergeht es jenen in die Zukunft weisenden und deshalb oft unbekannt und unverstanden bleibenden Künstlern, die Nietzsche, sich einschließend, die „zu früh Gekommenen" nennt? Wie erging es van Gogh, der zu Lebzeiten ein Bild verkaufte und ohne die Hilfe seines Bruders verhungert wäre?

Als Beethoven bereits von Taubheit bedroht ist, freut er sich auf dem Lande (in Baden bei Wien) zu sein, wo ihn sein ‚unglückseliges Gehör nicht plagt' und jeder Baum zu ihm spricht:

> Im Walde Entzücken. – Wer kann alles ausdrücken? – Schlägt alles fehl, so bleibt das Land selbst im Winter […]. Leicht bei einem Bauern eine Wohnung gemietet, um diese Zeit gewiß wohlfeil. – Süße Stille des Waldes! –

Das lesen wir in Beethovens Notizbüchern 1815.

Stille, Ruhe und Muße – Voraussetzungen, eine Inspiration überhaupt vernehmen zu können, sind in der heutigen Leistungsgesellschaft fast nur Privilegierten zugänglich.

Und doch verbreitet sich, oft auf subversiven Wegen, der *homo aestheticus*. Und es ist gerade Musik, die sich auf diesem Weg zu einer neuen noch subversiven Kultur entfaltet. Denn Musik verlangt das Zuhörenkönnen, gebunden an einen Rhythmus, an eine Form der Interpretation, die nicht mit dem Computer hergestellt werden kann – so wenig wie ein Gedicht, so wenig wie ein Bild. Die seelenlosen Versuche auf diesem Gebiet haben nicht wirklich einen Weg zum menschlichen Auge und Ohr gefunden. Das Profil im Netz ist niemals identisch mit dem Menschen, den es als dessen Doppelgänger nachzuahmen versucht.

Der schöpferische Mensch kann Inspiration aus allem empfangen, auch aus Computerspielen, und diese Spiele selbst haben – außerhalb der die Menschen verdummenden Massenproduktion, in kleinen Kreisen ein Niveau erreicht, das auch auf dem musikalischen Gebiet neue Möglichkeiten aufzeigt, in denen Technik und Inspiration verschmelzen. Außerdem können wahlverwandte Musiker sich raumüberwindend verbinden und gegenseitig anregen. – Die besten Musikinterpreten sind über das Internet aus allen Zeiten und Ländern zugänglich geworden: Ein weltweites Netz der musikalischen Inspiration ist im Entstehen begriffen – unterhalb des katastrophalen Status quo, in welchem sich die offiziellen vom Ökonomismus diktierten Politiker in kalte und heiße Kriege verstricken. Die Musik ist das Medium, das an keine nationalen und sprachlichen Grenzen gebunden ist, sie kann weltweit gehört werden. Die Inspiration ist in Verruf geraten. Schon Messiaen beklagt diesen Tatbestand:

> Die meisten Musiker von heute verleugnen die Inspiration und bezeichnen sie als romantisch und überlebt. (M.u.E.: 206)

Entsprechend seelenlos sind dann auch die Produkte. Sie sprechen uns nicht wirklich an. Dem Anspruch hörbar inspirierter Werke empfangsbereit zu folgen, versetzt, so denke ich, den Zuhörer selbst in einen inspirierten Zustand. Der inspirierte ist der ästhetische Zustand. Das empfangsbereite Zuhören wird selbst zu einem schöpferischen Vorgang. Ein inspirierter Interpret hilft dem Zuhörer das Werk schöpferisch nachzuvollziehen.

Ich erinnere mich an diesen Vorgang während der Bachwoche in Ansbach 1964: Sie inspirierte mich als Zuhörerin so intensiv, dass ich imstande war, die Wirkung in mein Medium zu übersetzen: Ich fand zu einem eigenen Stil des Schreibens in Tagebuchform. Ich hatte die einmalige Gelegenheit, durch meinen Freund Hanns, der mit dem Cembalisten Ralph Kirkpatrick befreundet war, über diesen Vorgang, den ich mit Erstaunen an mir selbst wahrnahm, zu sprechen. Ich sagte Ralph, dass mich seine wunderbare Bach-Interpretation zum Schreiben inspiriert hätte. Die durch die dicke Brille des stark kurzsichtigen Künstlers vergrößerten Augen wurden in diesem Moment noch größer: „Ich glaube das nicht!" Als ich ihn fragend ansah, setzte er, in seinem breiten amerikanischen Akzent, zu einer langen Rede an. Er bange wegen der professionell bedingten ständigen Wiederholung derselben Stücke gerade um *seine* Inspiration. Er fühle sich zu Zeiten „wie eine barocke Spieluhr". Ich erinnere die Szene in dem Ansbacher Gartenlokal, es war ein heißer Augusttag, Ralph hatte sein Jackett über den Stuhl gehängt und ich sah, während er mit seinen riesigen Händen gestikulierte, den schweißnassen Fleck des Hemdes unter der Achselhöhle. Das nahm mir die ehrfürchtige Scheu, mit der ich zuerst zu ihm gesprochen hatte. Ermutigt durch solch menschliche Nähe wagte ich, ihm impulsiv zu widersprechen: Das könne gar nicht sein, denn eine barocke Spieluhr könne mich nicht in einen solchen Zustand versetzen, das könne nur sein seelenvolles Spiel! Was ich nicht auszusprechen wagte: Ich fühlte mich augenblicksweise bei seinem Spiel der Erdatmosphäre entzogen, ich erlebte eine Art geistiger Levitation, aus der ich, wie aus einem anderen Reich kommend, benommen zurückkehrte. Nein, solch eine Wirkung konnte nicht von einer barocken Spieluhr ausgehen. Spiel und Zuhörer eins werden zu lassen, das geschah durch Ralphs musikalische Magie. Nach seinem Spiel geriet ich in eine Art Erschöpfungszustand und zog mich aus sozialer Kommunikation zurück in den Ansbacher Park, den ich den Kaspar-Hauser-Park nannte. Ich hörte dann alles wie Musik, das Rauschen der Bäume, fernes Hupen von einer Straße und manchmal Gesprächsfetzen von Vorübergehenden – alles wurde ein harmonisches Konzert. Das steigerte sich einmal zu synästhetischer Wahrnehmung, die mich in staunenden Schrecken versetzte. Später fiel mir auf, dass die Umgangssprache offensichtlich solche Wahrnehmungsmöglichkeiten enthält – spricht man doch von einer Klang*farbe* oder einem Blau*ton*. Die Aufnahmefreudigkeit kann durch die *life*-Interpretation in einem Maße gesteigert werden, dass Menschen verwandelt aus einem Konzert hervorgehen.

In diesem Sinn war Ansbach für mich zu einer Art Rauminsel geworden, aus der ich auch noch erinnernd – Energie schöpfte: Der erinnerte Klang ließ sich zu einer anderen Realitätswahrnehmung transzendieren. Die Inspiration ereignet sich in einem Stillstand der Zeit, weil sie, von außerhalb der Zeit kommend, den Zeitfluss unterbricht. Im dann einsetzenden Prozess des Schaffens wird die Zeit wieder bewusst: Die Musik ist an einen genauen Zeitablauf gebunden. Komponist, Interpret, Zuhörer, alle sind, auf unterschiedliche Weise, an diesem Schaffensprozess beteiligt, der durch die Inspiration eingeleitet wird. In ihm verbinden sich Emotion und Reflexion. Im Nachvollzug der formalen Gestaltung kann der Zuhörer ergriffen werden, ohne sich im Emotionalen zu verlieren. Die Schönheit der ‚lebendigen Gestalt' (Schiller) ist es, die ihn ergreift.

In der Theatertradition der Antike gab es dafür strenge Regeln. Nach ihnen wurde ein Autor, der das Publikum *nur* zum Weinen brachte, von der Bühne verbannt: Er hatte es nicht zur Katharsis geführt.

Im Gleichgewicht von Inspiration und Verstand erscheint die Schönheit der Harmonie: „wie beim Bogen und der Leier" sagt Heraklit.

Intuition

Der gespannte, also gebundene Bogen ist es, der die Freiheit des Spiels in Schönheit ermöglicht. Nur so wird über den Takt hinaus der Rhythmus erreicht, der nach Plato die proportionierende Anordnung des langsameren und schnelleren Tempos ist – die Vermischung des Egalen und des Unegalen, die Schönheit hervorbringt.

Der Verstand reicht nur zum Takt – erst die empfangsbereite Hingabe an die Intuition wird den die Seele in Schwingung versetzenden Rhythmus hervorbringen.

Als Pablo Casals nach der Rolle von Verstand und Intuition in seiner Interpretation gefragt wurde, wandte er sich gegen eine Überbetonung des Verstandes:

> Ein zu scharfer, seiner selbst zu sicherer Verstand könnte mehr im falschen als im gültigen Sinne ausrichten. Im Grunde ist es die Intuition, die nicht nur die schöpferische, sondern auch die nachschöpferische Arbeit leitet [...]. Gewiß ist es die Übung, die in der Musik, wie auch sonst überall, die Arbeit erleichtert und zur Vertiefung anregt. Aber obwohl der Verstand ein mächtiger Bundesgenosse ist, bleibt die Intuition doch fast immer der ausschlaggebende Faktor [...]. (M.u.E.: 29)

Gefragt, ob er sich für einen „Mann der Intuition" halte, antwortet Casals:

> Ja, alles was ich tue, geschieht auf Grund intuitiver Erleuchtungen [...]. Der Verstand dient dem Entwicklungsprozeß, der allmählichen Erschaffung der dunkel erschauten Formen, aber er muß von der Intuition genährt und gelenkt sein: Es hängt vom Grad des Verstandes und der Intuition des Künstlers ab, ob diese beiden Fähigkeiten zur fruchtbaren Harmonie gelangen können. (J. Ma. Corredor: Gespräche mit Casals, M.u.E.: 29)

Im Unterschied zur Inspiration, die von außen kommt, ist die Intuition ein innerer Vorgang: das unmittelbare erleuchtende Bewusstsein, den richtigen Ton getroffen zu haben, eins zu werden mit dem Klangkörper, den Urquell der Harmonie im eigenen Innern zu finden, sich der eigenen schöpferischen Kraft bewusst zu werden. Die Inspiration kann zur Intuition ermutigen: den Weg nach innen zu wagen. Die Wesensschau – der ursprüngliche Wortsinn von *theoria* – war an die Innenschau gebunden.

Novalis beschreibt sie als den Weg zur Dichtung:

> Wir träumen von Reisen durch das Weltall – Ist denn das Weltall nicht *in uns*? Die Tiefen unsers Geistes kennen wir nicht – Nach innen geht der geheimnißvolle Weg. In uns oder nirgends ist die Ewigkeit mit ihren Welten – die Vergangenheit und Zukunft [...].[3]

---

[3] NOVALIS, *Blüthenstaub 17,* in: Novalis: Werke in 1 Band. Hg. H.-J. Mähl u. R. Samuel, Hanser Bibliothek, München, Wien 1981, 430.

Wer den Weg nach innen gegangen ist, befindet sich in der *geistigen Gegenwart*: Sie ist die Atmosphäre des Dichters und Künstlers. Von dieser spricht Pablo Casals als *intuitiver Erleuchtung*. Der schöpferisch nachvollziehende Zuhörer kann sich in diese geistige Gegenwart versetzen. Sie ist durchwirkt vom Atem der Ewigkeit. Das beglückende Gefühl der Teilhabe kann ein ganzes Auditorium ergreifen. Solche Teilhabe ist eine Form der Initiation, der Einweihung wie jede Form der schöpferischen Weltbetrachtung: Der Eingeweihte hat den Schritt vom Geschöpf zum Schöpfer getan.

Auf die Dichtung übertragen sieht Novalis im empfangsbereiten Leser den Schöpfer: „Der wahre Leser muß der erweiterte Autor seyn."[4]

Der Renaissance-Philosoph Marsilio Ficino spricht von der Freude, die durch die Innenschau den Schauenden erfüllt im Unterschied zu äußeren Reizen:

> Was sich aber dem Geist von ganz innen her bietet, weil es das innigste, wahre, reine, beständige und höchste ist, flößt dem Innerlichsten der Seele eine innigste, wahre, beständige und höchste Lust ein.[5]

Ficino interpretiert Platos Gedanken der Weltseele als das, was der Geist dem Einzelnen bewusst macht – Teil eines Ganzen zu sein.

Der Therapeut James Hillman möchte Ficinos Gedanken der Weltseele, die Menschliches und Außermenschliches bis hin zu den Dingen umfasst, für eine neue intuitive Tiefenpsychologie fruchtbar machen. Es ginge dabei nicht nur um die Therapie einer Person im interpersonellen Umkreis, sondern um die Therapie alles dessen, was als ‚Material' behandelt und instrumentalisiert wird. In dieser neuen Idee einer Tiefenpsychologie bezieht Hillman sich auf Ficino,

> who writes that ‚creation is a more excellent act than illumination', so that the task of ‚raising consciousness' (as redemption of the soul is now disguised in modern therapy) becomes a raising of consciousness of created things, a therapy of the constructed world's psychic realty.

> This new focus would affect the ecology movement and such ‚mundane matters' as energy policy, nourishment, hospital care, the design of interiors. No longer would these be external – that is, political and professional – activities only but a focus of psycho therapy, because no longer would we be able to divorce consciousness-raising of the patient from the creation itself […]. This larger sense of therapy begins in the smaller acts of noticing […].[6]

Die Intuition würde sich so auf die menschliche und außermenschliche Natur richten, den nicht beachteten Dingen zuwenden, eine innere Aufmerksamkeit

---

[4] Ibid. Blüthenstaub 125, 480.
[5] Marsilio FICINO, *Einführung in die Platonische Theologie*, in ders.: Traktate zur Platonischen Philosophie, übersetzt v. Elisabeth Blum u.a., Berlin 1993, 79.
[6] James HILLMAN, *The Thought of the Heart and the Soul of the World*, Spring Publications, Putnam, Com. 2014, 77.

(„noticing") für das Nichtidentische entwickeln. Unter der Vorherrschaft des alles in zergliedernde Objekte verwandelnden Analytischen kann ich selbst den mir nächsten Menschen nur als Objekt wahrnehmen – ich bin eingeschlossen in den Kokon meiner „Identität", isoliert von anderen, von der Natur, den Tieren, den Dingen, allem, was mich scheinbar als das von mir Abgetrennte umgibt.

Weshalb bin ich nach anfänglicher Euphorie in der Liebe vom anderen so oft enttäuscht? Weil ich meine Sehnsüchte in ihn projizierte und der Täuschung wunderbarer Wahlverwandtschaft erlag? Weil ich die gemeinsame schöpferische Wahrnehmung beim Anhören unserer Lieblingsmusik, wo wir im selben Augenblick weinen mussten und uns in Freudentränen umarmten, als Basis einer Kontinuität im Alltag phantasierte? Weil so die Identität vom andern mir verbürgt, wer ich bin, nicht mehr der Zufälligkeit des eigenen Daseins ausgeliefert? Bis ich erkannte, dass die „menschliche Identität" als unwandelbar abgeschlossene der Ideologie des Analytischen entsprach? Dass ich selbst bestimmt war vom Geist des Analytischen, den die Gesellschaft entworfen hatte, in der ich mich befand? Im Nebeneinander der anderen fensterlosen Identitäten? Dass aus dieser Ideologie der *funktionale Mensch* hervorgegangen war, als Rad im Getriebe des Ganzen? Das erkennend wurde mir klar, dass die Befreiung aus dieser Doktrin des Analytischen auf ästhetischem Wege möglich war. Inspiration und Intuition sind auf analytischem Wege nicht möglich. Was dem schöpferischen Menschen als Freiheit möglich ist: eine allgemeine Öffnung des Innen zu einer schöpferischen Wahrnehmung des Außen. Eine Art geistiger Spurensicherung aus den Zufällen der Begegnung mit den Dingen, denen ich die Würde des Subjekts gebe.
Es ist eine Aufforderung

> (to) return value from the subject to the thing, where it has been prompted by price... a world without soul offers no intimacy. Things are lift out in the cold, each object by definition cast away even before it is manufactured, lifeless litter and junk, taking its value wholly from my consumptive desire to have and to hold.[7]

Der Weg nach innen, zur Wahrnehmung der eigenen schöpferischen Intuition braucht Zeit. Aber in der Zeit=Geld-Logik der gegenwärtigen Leistungsgesellschaft ist Zeit eine „Mangelware". Die von der boomenden Beraterliteratur gepriesenen Entschleunigungsrezepte beziehen sich meist auf pausenhafte „Auszeiten" zwischen arbeitsintensivem Leistungsstress unter der Herrschaft des Analytischen. Keine Chance für Inspiration und Intuition.

---

[7] James HILLMAN, op.cit.77f.

Muße

Denken, Wahrnehmen, Konzentration, Aufmerksamkeit sind Voraussetzungen, um empfangsbereit zu sein für Intuition sowohl wie für Inspiration. Die Zeit, die solche „inneren" Tätigkeiten benötigt, ist nicht Freizeit, sondern *Muße*. Freizeit ist die Zeit, in der die Arbeitskraft erneuert wird. Muße ist die Zeit des „Nichtstuns" des „Wuwei"[8], der inneren Aufnahmebereitschaft für die Intuition. Zugleich ist Muße die Zeit für freie bewusste Tätigkeit. Komponisten sprechen von Muße, die sie zum Komponieren hatten – nachdem sie oft – gegen ihren inneren Drang – beispielsweise als Kapellmeister oder Klavierlehrer für ihren Lebensunterhalt sorgten. Nie würde jemand von Muße für eine außenbestimmte Arbeit sprechen. Muße ist an Freiheit, Inspiration, Intuition, Schaffensfreude gebunden. Das Nicht-Tun ist die empfangsbereite Vorbereitung dafür.

An den Direktor der Universal Edition, Emil Hertzka, schreibt der Komponist Anton Webern am 26. September 1926:

> Ich bitte Sie vielmals und inständigst den monatlichen Vorschuß von 100 S, den Sie mir von Mai bis einschließlich September gewährten, noch auf den Oktober auszudehnen! Ich weiß nicht, wie ich diesen überstehen soll […].[9]

Zwei Jahre später, am 19. September 1928, schreibt er wieder an Hertzka:

> Hätte ich jetzt so etliche Monate freie Zeit vor mir! Wann endlich werde ich so unabhängig sein! Was könnte ich arbeiten! Was gibt es Selbstverständlicheres, als daß ein Komponist dazu da ist, um zu komponieren! […].[10]

Hörten wir nicht ein Jahrhundert zuvor dieselbe Klage von Franz Schubert? Sicher war es für Webern ein Trost, wenn Alban Berg am 12.10.1925 an ihn schrieb:

> […] so ein Lied von Dir ist für mich geradezu ein Freudenspender, ein Spender einer mein ganzes Sein überstrahlenden Freude. Wie wenn an einem trüben Tage plötzlich die Sonne hervorbricht und man gar nicht weiß, warum man plötzlich froh wird […][11]

Um die neue Musik zu verstehen (Schönberg, Berg, Webern), bedarf es des vorurteilslosen, empfangsbereiten Zuhörers: „Das Herz muß offen stehn […]. Die Erlebnisse seines Herzens werden zu Tönen"[12] heißt es von Schönbergs Musik.

Das Herz zergliedert nicht, für das Herz ist das Ganze mehr als die Summe der Teile. In seiner Harmonielehre schreibt Schönberg: „Der Künstler tut nichts, was andere für schön halten, sondern nur, was ihm notwendig ist."[13] Das Werk, das so entsteht, verlangt vom Zuhörer nach-

[8] Stichwort in G. DISCHNER, *Wörterbuch des Müßiggängers*, Bielefeld ²2009.
[9] *Die Reihe*, Information über Serielle Musik, hg. v. Herbert Eimert unter Mitarbeit v. Karlheinz Stockhausen: Anton Webern, Universal Edition Wien – Zürich – London 1955, 21.
[10] Anton WEBERN, op.cit: 22.
[11] Anton WEBERN, op.cit: 24.
[12] Anton WEBERN, op.cit: 17.
[13] ibid.

schaffende Aufmerksamkeit und Konzentration, betont Schönberg: „Vor einem Kunstwerk darf man nicht träumen, sondern man muß sich anstrengen, seine Bedeutung zu erfassen." (M.u.E.: 416)

Dies ist kein Gegensatz, sondern eine Steigerung der Freude und des Genusses. „Musik sollte genossen werden. Unleugbar bietet Verstehen dem Menschen eine seiner genußreichsten Freuden." (M.u.E.: 419)

Muße ist nötig, um sich in einem Bildungsprozess überhaupt dem Niveau zu nähern, in welchem Inspiration und Intuition möglich werden. Aber die modernen Ausbildungsprozesse, die in Wissensakkumulation tiefere Kenntnisse in Module zerstückeln und damit vernichten, sind wenig geeignet, solches Niveau zu erreichen. Es bleibt „Stückwerk". Diszipliniertes Arbeiten, geschieht es aus innerem Antrieb, ist kein Gegensatz zur Muße. Zum Gegensatz wird es erst, wenn es wie in den modernen Ausbildungsinstitutionen außenbestimmt diktiert und durch ständige Prüfungssituationen in immer kürzere Zeitabschnitte normiert wird.

Meine Freundin, die Mezzosopranistin Genja Gerber, beklagte diesen Zustand, als sie noch Dozentin in der Hannoverschen Musikhochschule war. Der Einfluss der Vorgaben aus der Kultusbürokratie 2002 habe zu einem seelenlosen Perfektionismus geführt, ein roboterhaftes Abspielen des Vorgegebenen, ohne den inneren Impuls einer eigenen Interpretation, greife immer mehr um sich: „Ich singe mir die Seele aus dem Leib und die merken es nicht einmal mehr."

Die Verbindung von Herz und Verstand ist zerbrochen in der Vorherrschaft des Analytischen. Die brutale Konkurrenz unter dem Druck einer Karriere bestärkt diese Tendenz. Die Dozenten kämpften damals für eine Abmilderung der neuen Bestimmungen und erhielten kaum nennenswerte Zugeständnisse. Dieser Kampf raubte vielen die Muße, überhaupt noch intuitiv, auf die innere Stimme hörend, tätig zu sein. Die Zeitdiebe der Bürokratie auf allen Ebenen halten künstlich eine Arbeitsgesellschaft aufrecht, die längst obsolet geworden ist. Sie lassen das Innenleben der Menschen verkümmern. Deshalb finden wir viele schöpferische Menschen außerhalb von Institutionen. Sie ziehen es vor, von einem Existenzminimum zu leben, statt vom staatlichen Verwaltungsapparat zeitlich verschlungen zu werden. Ihnen ist Zeit wichtiger als Geld. Subversive Netzwerke verbinden längst die vom Staat sich emanzipierenden Menschen, die sich in einem Gebrauchswerttausch gegenseitig unterstützen. So wird Gesangs- und Instrumentalunterricht im Tausch für Renovierungs- und Gartenarbeit, Fremdsprachenunterricht oder Krankenpflege angeboten – steuerfrei. Der Wechsel von einer zusammenbrechenden Arbeits- zu einer Mußegesellschaft wird sich auch von totalitären Maßnahmen nicht verhindern lassen. Ich kann den Vorgriff auf eine denkbare Zukunft nicht zeitlich festlegen. Aber ich kann mir vorstellen, was es bedeutet, wenn Menschen, weil sie Muße haben, ihren eigenen schöpferischen Kern wahrnehmen und von ihm aus frei bewusst tätig werden. Ich kann vorerinnern, was für ein Potenzial an Inspiration und

Intuition sich dann auf allen Gebieten entfalten könnte, und ich denke, dass Musik dabei eine Hauptrolle spielen und neue Bildungsprozesse bestimmen wird. Vielleicht würde dann wieder, wie in antiken Zeiten, ein Kulturmensch dadurch definiert, dass er den Gesang im Chor und das Spielen eines Instrumentes beherrscht.

Pablo Casals hat auf die Freiheit und Verantwortung des musikalischen Interpreten hingewiesen. Es geht nicht nur darum, etwas richtig und perfekt zu spielen – das ist die Grundlage der Übung. Sie muss von der Intuition geführt werden. Die Musik wird jedes Mal neu verlebendigt, sodass der Zuhörer sie nachvollziehen kann, als höre er sie zum ersten Mal – selbst wenn ihm das Ganze in jeder Note vertraut ist.

> Der Künstler ist verantwortlich für die Musik, die er wiedergibt. Er muß sie genau durchdenken und nachschaffen. Die wahre Ehrfurcht gegen die Musik […] besteht darin, ihr Leben zu verleihen. Das ist das erste Gebot.[14]

Dieses Lebendigwerden (die lebendige Gestalt) kann den in liebender Hingabe empfangsbereiten Zuhörer durchlässig machen für die von außen einströmende Inspiration. Möglicherweise verändert dies sein Verhältnis zu dem, was er als *Außenwelt* von sich abgespalten hat. Er wird durchlässiger für das ihm Begegnende, für Dinge, die er als Objekte sah und die nun lebendig werden: „Die Dinge schlagen die Augen auf" (Walter Benjamin). Sie werden nicht mehr zu totem Material zergliedert und instrumentalisiert. Die analytische, alles dominierende Weltsicht gerät ins Wanken. Er fühlt sich als Teil des Energiefeldes, das ihn nicht nur umgibt, sondern durch ihn hindurchströmt. Das Bewusstsein des Heraklit'schen *hen kai pan* (alles ist eins) ist ihm kein fremdes Bildungsgut mehr; er ist Mittelpunkt dieses Strömens. Jeder, der empfangsbereit ist, wird Mittelpunkt, denn das Schöpferische ist immer zentral. Programmatisch verkündet Sartre 1948 in der Vorstellung der Zeitschrift *Les Temps Modernes*:

> Wir sind überzeugt, dass der analytische Geist ausgedient hat und seine einzige Funktion heute darin besteht, das revolutionäre Bewusstsein zu trüben und die Menschen zum Nutzen der privilegierten Klassen zu vereinzeln.[15]

Stille und Muße im digitalen Zeitalter. Das Vorurteil, dass die moderne Techno-Musik vom Analytischen gesteuert sei und den Menschen nicht inspiriere, sondern nur betäube, hat Rainald Goetz 1998 mit seiner Erzählung *Rave* infrage gestellt. Auch die *Love Parade* hatte bis zu ihrem tragischen Ende dieses Vorurteil ins Wanken gebracht. Die Musik spielt in dieser Medienaffirmation „Prosumentenkultur" eine Hauptrolle. Die Techno-Musik ist für Goetz „tatsächlich ein absolutes Menschendaseinsexistential" und das Tape „eine echte Seelenerlösung."[16]

---

[14] J.Ma. Corredor: Gespräche mit Casals, M.u.E., 445
[15] Jean Paul SARTRE, *Vorstellung von Les Temps Modernes* in ders.: Ein Lesebuch mit Bildern. Hg. Christa Hackenesch, Reinbek 2005, 131.
[16] Rainald GOETZ, *Rave*, Frankfurt/M. 1998, 155.

Die Techno-Diskotheken sind dem Erzähler-Ich, das ‚Rainald' heißt, ein Ort der musikalischen Ekstase: „Man betritt so einen Laden, und der Effekt schlägt ein, auf der Stelle. Euphorie […]. Als hätte man es noch NIE erlebt […]. Als gäbe es keine Geschichte für Glück."[17] Er verschmilzt mit den ekstatisch Tanzenden. Es kommt zu „zillionenfachfunkende(n) Hirnzellen-aktivitäten, Emotionen, Gedanken, tief hinab ins Vergangene reichende(n) Geschichten […]."[18] Der Erzähler gerät dabei langsam in den hypnagogischen Zustand: „Es ist eine Art Wachdenken, das von der Gesell-schaft handelt, wie sie ist, vom Leben, das man lebt."[19] Er erlebt das Ganze als konkrete Utopie „Das macht den phantastischen Würdeappeal des nächtlichen Treibens und ewigen Feierns. Seine absolut hiesige und zugleich, doch ja: utopische Dimension."[20]

Anna Karina Sennefelder und Georg Feitscher haben in ihrer Unter-suchung des Werks von Goetz herausgefunden, dass Goetz seinen Erzähler in eine paradox wirkende Situation der Melancholie und kontemplativen Muße mitten im Rausch der rhythmisch Tanzenden versetzt:

> Ekstase und Kontemplation im mußevollen Ablauf der Techno-Party ermöglichen es dem Erzähler, sich als Schriftsteller selbst zu verwirklichen. Auf der Tanzfläche passieren Geschichten ohne Ende […]. ‚Später stand ich im Getümmel, und mein Füller huschte blau über das gewackelte Papier vor mir' […]. Wesentlicher Teil von Goetz' selbstreflexivem Schreibprojekt ist die Versprachlichung der rauschhaften körperlichen und emotionalen Zustände, denen sich der Erzähler aussetzt.[21]

Inspiration kann also aus dem *Ineinander von Musik und Tanz* zur Übersetzung in ein weiteres Medium führen: das Schreiben. Muße kann sich herstellen in einer Haltung kontemplativer Melancholie im Beobachten sowohl wie Eintauchen in ekstatische Zustände, die an die Beschreibung der nächtlichen Rauschzustände des Dionysos mit den ihn begleitenden Mänaden in der Antike erinnern. Techno-Musik – in der Wahrnehmung von Goetz – hätte dann eine Wirkung wie die dionysischen Blasinstrumente, die in der Vorstellung des antiken *musikalischen Ethos* zur Aufpeitschung der Leidenschaften eingesetzt wurden, um sie danach in einer *Katharsis* durch die apollinischen Saiteninstrumente zu reinigen.

Der Techno-Musik-Komponist Cristian Vogel schrieb die Musik für das Genfer Ballett: Kunstvollster Tanz verbindet sich hier mit einer experimentellen Musik, die über den Techno-Rhythmus hinaus melodische Elemente mit einbezieht. In einem Kurzfilm hat Cristian Vogel außerdem

---

[17] Ibid. 69.
[18] Ibid. 171.
[19] Ibid. 122.
[20] Ibid. 71.
[21] A.K. SENNEFELDER u .G. FEITSCHER, *Fernsehverweigerer und Techno-Philosophen. Konzeptionen medialer Muße bei Rainald Goetz, Adam Wilson u. Jean-Philippe Toussaint*, in: Mirke Gemmel u. Claudia Löschner (Hg.), Ökonomie des Glücks, Muße, Müßiggang und Faulheit in der Literatur, Berlin 2014, 40f.

filmische Montagetechnik mit seiner Komposition verbunden. Dabei zitiert er optisch Szenen aus Alain Resnais' Film *Letztes Jahr in Marienbad,* in denen seine musikalische Komposition übergeht in die Stimmen aus dem Film. Diese permutiert er in einer Weise, die so etwas wie *akustische Poesie* entstehen lässt. Sprache in ihrem Klang wieder wahrzunehmen, ist keine „sinnentleerte Spielerei", wie das der konkreten akustischen Poesie unterstellt wird. „Gerade weil die Wahrnehmung auf allen Ebenen immer automatisierter wird, muß diese Automatisierung auf allen Ebenen zerbrochen werden [...]."[22]

Die abstumpfende musikalische Berieselung nicht nur durch Computer und Fernsehen, sondern auch an fast allen öffentlichen Orten versmogt Herz und Hirn; die musikalische Empfangsbereitschaft für Inspiration und Intuition verkümmert. Cristian Vogel unterbricht schockartig die vom permanenten Gedudel – auch klassischer Musik (Scarlatti in Münchner U-Bahn-Stationen) – desensibilisierten Hörgewohnheiten. Vielleicht wird so ein neues Hören möglich im „digitalen Zeitalter"?

Stille und Ton sind aufeinander bezogen. In der Stille verräumlicht sich die Zeit zu einem *Klangraum.* Klang kommt aus der Stille. Muße ist die Voraussetzung, um an den Ursprung des Klangs – auch dem der Sprache – zurückzukehren. Wie aber soll dies für den, der Stille sucht, in der Dauergeräuschkulisse der Gegenwart realisierbar sein? In der Sehnsucht nach Stille suchen die Menschen nach Fluchtpunkten. Yoga und transzendentale Meditation versprechen sie ihnen. Aber erleben Menschen hier Muße, in der sie zu sich kommen? Oder befinden sie sich in einer Auszeit, nach der sie, wie erwähnt, wieder besser „arbeitsfähig" werden? Ist es mehr als Erholung? Die Tendenz, sich in Klöster für eine Zeit zurückzuziehen oder, abseits vom Wandertourismus, einsame Natur im Gebirge aufzusuchen, um *sich selbst zu finden,* nimmt zu. In der Edelsteinstadt Idar-Oberstein hat eine Abteilung der Hochschule Trier (‚Schmuckdenken') für Treffen in Muße einen Platz mit Satellitenloch ausfindig gemacht. Es gibt keinen Empfang für Mobiltelephone. Es gibt nur einen Festnetzempfang für Notfälle! Die Menschen, die in dieses gleichsam schwarze Loch fallen, kommen nach ein paar Tagen verändert in ihren Alltag zurück. Sie haben gesprochen, gesungen, getanzt und vielleicht auf den *Klang* über Sprache gehört. Der inzwischen allgemein beliebte, aus der lateinamerikanischen und asiatischen Tradition beeinflusste Tanzstil des *bodyrolling* führt die Tanzenden zu einer *körperlichen Selbstfindung,* die – in dieser Situation – gewiss geistig-seelische Auswirkungen hat. Musik ist ja etymologisch mit dem Mythos der Musen verbunden. Wie dem Sänger wird der Gesang auch dem Dichter von den Musen eingegeben. Die Inspiration ergreift Dichter, Sänger, Tanzende.

---

[22] Gisela DISCHNER, *Über die Unverständlichkeit*, in: Text und Kritik, Heft 60, Franz Mon, Zeitschrift f. Literatur, Oktober 1978, Hg. Heinz Ludwig Arnold, München 1978, 23.

Die Kunst der Musen verwirklicht sich im kitharadischen Tanzlied einer Gruppe, es gedenkt der Taten von Göttern und Heroen und verkündet ihren Ruhm. Musenkunst im griechischen Sinne ist das instrumental begleitete und getanzte Wort, umfasst also Melodie, Rhythmus, Tanz und gesungenes Wort.[23]

In seinem Buch *Gesänge der Stille*[24] hat Oliver Voß den Zusammenhang von Klang und Stille in der Literatur untersucht, von Kafkas *Das Schweigen der Sirenen* bis *Textmaids bei Joyce.* Über die Wirkung und Macht des Gesangs: „Als gedachte ist die Musik in Sprache gefasst; hier in die literarische Sprache des *Ulysses.* Der Text beschreibt die Musik im Ormond […] nicht nur direkt, sondern auch über den ‚Umweg' ihrer Wirkung auf die Anwesenden. So wird z.B. Bloom zu einem unvorbereiteten Hörer dieser Lieder, die seine Gedanken beeinflussen, indem sie sie kanalisieren und emotionalisieren.[25]

Der Klang, der aus der Stille kommt, vereinigt Inspiration und Intuition außerhalb aller gewohnten Zeitabläufe. Er setzt Muße voraus.

---

[23] Hermann KOLLER, *Musik bei Platon und den Pythagoreern*, in: Propyläengeschichte der Literatur, Hg. Erika Wischer, Band 1, Frankfurt/M. 1988:276.
[24] Oliver VOß, *Gesänge der Stille. Musik in der Literatur* Hannover 2009. www.Sprach.Klang.de.
[25] ibid. 182.

Genja Gerber

Ich singe, also bin ich – stimmig!
Über die transzendierende Kraft des Gesangs

Singen ist für mich in mehrfacher Weise etwas Existenzielles. Immer schon habe ich aus einer Art ‚Bewusstsein des Singens' die Welt wahrgenommen. Erst spät und auf Umwegen folgte ich dem deutlicher werdenden Ruf meiner inneren Stimme und machte diese Lebenseinstellung zu meinem Beruf als professionelle Sängerin, Stimmbildnerin/Gesangspädagogin. Die folgenden Ausführungen sind ein Versuch, aus dieser Perspektive über die Bedeutung der menschlichen Stimme nachzudenken.

Stimme und Seele

Die Stimme ist für mich primär das Instrument der Seele. Gefühle und Emotionen lassen sich durch Gesang am unmittelbarsten vermitteln. Die Stimme ist Teil des physischen Körpers und erzeugt Schwingungen, die nicht sichtbar, aber hör- und fühlbar sind, sowohl für den Klang-Erzeuger, als auch für den Klang-Empfänger, den Hörenden. Der Singende ist also derjenige, der zuerst seinen Gesang wahrnimmt, ihn hört (innen und außen) – und ihn fühlt. Er ist also Sender und Empfänger in einem. Danach erst nimmt der Rezipient den Klang wahr, hörend und fühlend. Wobei der Begriff „Gefühl" zwei Bedeutungen tragen kann: Gefühl als kinästhetischer Sinn – und als das „emotionale Sinnesorgan" der Seele.

Die Stimme ist quasi gleichzeitig Vermittlungsstelle und Transportmittel für die Kommunikation zwischen Körper und Seele. Auf singende Weise nach außen Gebrachtes stellt sofort beim Hörer eine Verbindung her – und trifft bei diesem auf eine gleich gestimmte Empfangsstation – die Körper-Seelen Ebene, die in Resonanz dazu kommt.

Bei Wikipedia heißt es: „Gesang (auch: Singen) ist der musikalische Gebrauch der menschlichen Stimme und wahrscheinlich die älteste und ursprünglichste Ausdrucksform des Menschen."

Sowohl aus anthropologischer Sicht, als auch von den Beobachtungen über die frühkindliche Sprachentwicklung ausgehend, lässt sich ableiten, dass bei der menschlichen Lauterzeugung der Gesang und Gesangähnliches vor dem gesprochenen Wort geäußert wird. D.h., das Wort hat sich erst später aus dem Laut, dem Klang (in der Sprachforschung auch als „Sound" bezeichnet) entwickelt.

> Frühkindliche und damit doch offenbar auch proto-menschliche Sprache entwickelt sich also unabhängig von Intelligenz und dem Bedürfnis Informationen zu übermitteln.

> Eine Grenze zwischen Sprache und Sound ist in der Evolution nicht auszumachen. Alle Urworte sind, bevor sie Sprache wurden, spielerisch entstandene Sounds – ein Prozeß, der sich noch heute in der Sprachfindung des Kindes wiederholt. […] Unser Impuls zu antworten wird nicht erst durch den Sinn der Frage aktiviert, die uns gestellt wird, sondern bereits durch den Drang zu Imitation und Variation des Sounds, den wir hören. Unser Sprech-Impuls ist ein Sound-Impuls. Das genau drücken Mythen aus, wenn sie nicht nur „Im Anfang war das Wort" sagen, sondern auch: „Im Anfang war der Ton". (Behrendt, S. 290/91)

Die Physik bezieht sich in der Theorie des Urknalls auch auf ein Klanggeschehen. Und bis heute versucht die Wissenschaft auf der Spur dieses Klanggeschehens mit immer höher spezialisierten Mitteln eine Art „Weltformel" zu entschlüsseln.

Auch der Mensch beginnt den Start in einen neuen Lebensabschnitt während der Geburt gleich nach dem ersten Atemzug mit einem Schrei. Dies ist analog zum Urknall auch ein sehr kraftvolles und dynamisches Klangereignis und gehört zu den menschlichen Urerfahrungen.

In diesem Klang – wie überhaupt in jedem Klang − sind alle musikalischen Grundparameter enthalten: Dynamik (laut/leise), Intonation (Hoch/Tief – Frequenz), Tempo (schnell/langsam).

Erzeugt der Mensch Klang, dann materialisiert sich dieses Ereignis an einer sehr wichtigen Stelle seines Körpers: im Hals, in der Kehle – am Ende der Luftröhre, die ihr offenes und bewegliches Ende in den Stimmbändern hat. Die Kehle ist der Ort einer sehr vitalen Schnittstelle zwischen Innen und Außen. Hier strömt Atem ein und aus. Gleichzeitig kann der Mensch mit seinen Stimmbändern Schwingungen und Klänge erzeugen, mit denen er in Resonanz geht zu allem, was in seinem Körper vorgeht (Hunger, Lust, Schmerz) – aber auch zu dem, was außerhalb des eigenen Körpers an Schwingung ist. Und das ist, folgt man einem Grundgedanken der Upanishaden, der gesamte Kosmos in seiner grob- und fein- und nichtstofflichen Form:

> Im Grunde gibt es zwei kosmische Wahrheiten: Klang und Nicht-Klang. Nun aber ist es so, daß der innere Klang nur durch den äußeren Klang offenbar wird. Dies ist also der Weg. (Behrendt, S. 220)

Dieses In-Resonanz-Gehen mit Innen und Außen ist ein hochkomplexer Vorgang auf unbewusster Ebene – ein Wechselspiel zwischen Empfangen (Wahrnehmung) und Senden (Ausdruck). Wenn Säuglinge und Kleinkinder bei der Sprachfindung zunächst dem Drang zur Imitation und Variation von hörbaren und ‚unhörbaren' Klängen und Schwingungen folgen, dann sind sie dabei im Sinne der Klangerzeugungsweise dem Singen viel näher als dem Sprechen.

Sprechen mit Worten ist eine spezialisierte Form von Klängen, die dazu dient, Informationen emotionaler, geistiger und intellektueller Art weiterzugeben. Physikalisch gesehen wird bei gesprochenen Worten das stimmlich mögliche Klangspektrum stark reduziert. Gesprochenes Wort ist leiser, weniger melodiös, hat einen kleineren Tonumfang, in dem es sich bewegt – und das wahrnehmbare Obertonspektrum ist auch sehr viel geringer als beim Singen.

Beim Gesang werden die musikalischen Parameter, die uns mit den emotionalen Aspekten unseres Seins verbinden (z.B. Liebe, Freude, Angst, Leid) und die so schwer in Worte zu fassen sind, viel deutlicher wahrgenommen (Fühlen/Hören). Dabei können Einheitsgefühle entstehen, die der Säugling natur- und entwicklungsbedingt nicht mit Worten beschreiben kann. Jedoch liegt die Vermutung nahe, dass er bei der Lautäußerung Erfahrungen macht, die man einer ‚Transzendenten Erfahrung mit Singen'(TES) zuordnen könnte.

Der schwedische Musikwissenschaftler Prof. A. Gabrielson hat den Begriff „Strong Experiences of Music" (SEM) geprägt. Er betreute mit S. Lindström in den achtziger Jahren ein groß angelegtes mehrjähriges Projekt zu diesem Thema mit über 900 Teilnehmern. Während dieser Arbeit entstand die Unterkategorie – „Transzendenz-religiöse Erfahrungen", – „Transcendend Experiences with Singing" (TES). Die Erfahrungen der Teilnehmer dieser Studie, die vorwiegend beim Singen in Gruppen gemacht wurden, wurden noch einmal unterschieden in Kategorien:
1. Himmlische/überirdische Gefühle
2. Trance, Ekstase
3. Out-of-the-body-experience
4. Erfahrung von Totalität (Erfahrung jenseits von intellektueller Beurteilung)
5. Kosmische Erfahrung, Vereinigung mit etwas Größerem (kosmische Erfahrung, jenseits von Zeit und Raum)
6. Erfahrung anderer Dimensionen, anderer Welten (Bossinger S.210–214).

Die Gefühlsbeschreibungen dieser TES-Kategorien stammen von Erwachsenen, die versuchten, über ihre eigentlich jenseits aller Sprache liegenden Einheitsgefühle während des Singens zu berichten. Warum sollte nun ein Säugling nicht gleiche oder ähnliche Erfahrungen bei der Lauterzeugung machen? Diese Vermutung findet auch eine positive Bestätigung aus dem Bereich der Hormonforschung. Oxytocin ist auch unter dem Begriff „Kuschelhormon" oder „Hormon für soziale Bindungsfähigkeit" bekannt geworden. Bei der Geburt leitet Oxytocin die Wehen ein, beim Stillen werden im Säugling höhere Mengen Oxytocin ausgeschüttet. Es verstärkt die Mutter-Kind-Bindung, stärkt insgesamt die Bindungsfähigkeit und das Immunsystem und beeinflusst das Gedächtnis. Freigesetzt wird Oxytocin u.a. durch taktile Reize, Massage, Streicheln und nicht zuletzt durch das Singen, sowohl durch das eigene Singen, als auch das direkt gehörte Singen.

Durch und mit Gesang können wir diese TES-Erfahrungen, die vorwiegend seelisch-körperlicher Natur sind, schon in einem sehr frühen Stadium unseres Daseins machen. Sie wirken auf unser Vor- und Unterbewusstsein, gehören zu den prägendsten Erfahrungen unseres Seins – und gehören auch zu der Basis, auf der sich unser weiteres Leben entfaltet.

Die Säuglingsstimme ermöglicht von Anbeginn die Äußerung einer breiten Palette von Emotionen (Säuglingssprache – auch „Baby-Talk" genannt, Lallen, Brabbeln, Sing-Sang usw.). Die Kommunikation – mit der Mutter, der Familie und mit der Umwelt – findet dabei hauptsächlich auf emotionaler Ebene statt.

Auch später, im Erwachsenenalter, wird der Großteil (ungefähr 90 %) der menschlichen Sprache nonverbal über Stimmklang, Tempo, Atemmuster, Melodie, Körperhaltung, Mimik und Gestik übermittelt.

> Die nonverbalen Botschaften der Stimme werden als Prosodie (Pros – odie = griech. ‚das, was hinzu singt') bezeichnet – das heißt, neben Worten transportieren wir quasi ‚singend' und weitgehend unbewusst Informationen darüber, wie es uns geht und wie wir dem Gesprächs-/Gesangspartner gegenüber eingestellt sind. (Bossinger, S. 47)

Die Stimme ist in der ersten Phase unseres Lebens der Ausdruck unserer Emotionen, und damit vorwiegend Ausdruck dessen, was oft mit „Seele" bezeichnet wird. Dieser Aspekt des Singens scheint der Anteil zu sein, der uns in unserer Existenz am tiefsten und nachhaltigsten berührt – und auch auf einfachste Weise sogenannte transzendentale Erfahrungen machen lässt.

Insofern ist es nur folgerichtig, dass in den Frühformen der kultischen Gottesverehrungen und -Anrufungen der Gesang eine ganz zentrale Rolle spielte. Bis heute ist Gesang *das* Medium, um die (Wieder-)Verbindung der Seele (religio) mit dem Göttlichen herzustellen. Seit der Entstehung der Sprache und der Schrift gibt es hierfür unzählige Beispiele, von denen hier exemplarisch ein paar wenige frühe genannt seien:

Die frühvedischen Texte, die zunächst mündlich und singend überliefert wurden und viele Hymnen, Lobgesänge enthielten, fanden ihre erste schriftsprachliche Dokumentation 1500–1000 v. Chr. Die Entstehung der Bhagavad Gita, (deutsch: „Der Gesang des Erhabenen"), die sich z.T. auf der vedischen Tradition begründet, wird auf das 5.–2. Jh. v. Chr. datiert.

Das Li Gi, das „Buch der Riten und Sitten", das auf Konfuzius zurückgeht und das reflektiert, wie der Mensch sich in Harmonie mit dem Welt-Ganzen bringen kann, ist ca. 500 v. Chr. entstanden.

Das Hohelied Salomos des Alten Testaments ist eine Sammlung liturgischer, poetischer und weisheitlicher Schriften und wird auf 1000 – 600 Jahre v. Chr. datiert. Etwas jünger sind die Psalmen mit ihren Liedern und ihrer Gebetspoesie.

Man nimmt an, dass die Entstehungszeit der Ilias und der Odyssee, als deren Autor Homer, der Wandersänger, der auch als „der blinde Sänger" als erster Dichter des Abendlandes postuliert wird, ca. 850–750 v. Chr. war.

Die Entstehungszeit des Mythos vom Sänger/Dichter Orpheus, der aus der Antike überliefert ist, wird belegbar um ca. 550 v. Chr.

Atem und Stimme

In vielen Sprachen gibt es Synonyme, die den Atem, den Gesang, das Singen, den Klang und die Musik mit Transzendenz in Verbindung bringen.

Im biblischen Hebräisch ist das Wort für Atem und Seele [ruach] gleich. Aber auch das Wort für Gesang und Gebet [rinAn] kann im Hebräischen synonym gebraucht werden.

Im Altgriechischen hat das Substantiv ,psyche' gleich drei Bedeutungen: Hauch, Atem und Leben.

Unser Körper schwingt rhythmisch – bis in die kleinste Zelle hinein. Das tut er sogar schon ab dem Zeitpunkt der Konzeption. Noch im Mutterleib fängt das Herz zu schlagen und das Ohr zu horchen an.

> Lange bevor der Mensch das Licht der Welt erblickt, beginnt er im Dunkel des Uterus seine seelische Entwicklung. […] Das wichtigste ,Organ der Menschwerdung' ist das Ohr, das Hören unser am frühesten entfalteter Sinn. Die Basis aller Erfahrung bildet der Klang des Lebens, der dem Embryo durch den *Körper,* vor allem durch die *Stimme* (Hervorhebung: GG) der Mutter, vermittelt wird und auf den er reagiert. Das Gelingen dieses intrauterinen Dialogs ist erste Voraussetzung für Lebensbejahung und Liebesfähigkeit […]. (Tomatis/Manassi, Vorwort)

Der Mensch lebt also schon, bevor er atmet. Der Atem markiert Anfang und Ende unserer Existenz außerhalb des Mutterleibes. Der erste Atemzug bei der Geburt markiert auch den Anfang der geistigen Entwicklung des Individuums. Der Begriff ,Inspiration' (lat. für Einatmung, besser Be-Atmung, das Ein-Hauchen von Geist) beschreibt sehr treffend, was während des Geboren-Werdens geschieht.

> Der Atem hat also zwei Eigenschaften: Einerseits ist er eine Lebensfunktion, die untrennbar mit unserem Körper verbunden ist. Andrerseits können wir mit unserem Willen, der eine Funktion unseres Geistes ist, Einfluß auf ihn nehmen: Der Atem befindet sich also, versucht man es bildlich darzustellen, zwischen Körper und Geist und verbindet beide miteinander (Gerber, Dipl. S. 2). Er ist deshalb niemals eine Funktion nur des Geistes oder nur des Körpers allein, sondern stets Ausdruck von beidem. […] Wir haben durch den Atem – bzw. durch seine Verbindungsstellung einen Zugang zu den bewußten *und* unbewußten Vorgängen des Körpers. (Gerber, Dipl. S. 23)

Das heißt, wir haben dadurch auch eine Verbindung zu unseren seelischen Anteilen. Nun verhält es sich mit der ,Verbindungsstelle Stimme' als Teil des Atemsystems ähnlich. Im Tönen und im Gesang wird der Zugang zu Gefühlen, zur Seele und dem Unbewussten deutlich. Im Sprechen zeigt sich der Zugang zum geistigen Bereich, dem Bewusstsein.

Aus den vorangegangenen Beobachtungen (die uralt sind und inzwischen durch Wissenschaft und Forschung immer genauer bestätigt werden) haben sich schon sehr früh eine Vielzahl von Meditationstechniken, Atemtechniken und Atemtherapien entwickelt. Es sind viele alte und neue Atemtherapien bekannt, die sich diese Erkenntnisse zu Nutze gemacht haben. Die Atmung ist ein wichtiger Teil aller Entspannungstechniken. Einige dieser Therapien (z.B. Holotropes, Atmen nach S. Grof) nutzen gezielt Atemtechniken, um den Patienten/Klienten transzendente Erfahrungen zu ermöglichen. In diesem Falle geht man den Weg über den Geist, d.h. man kommt durch bewusstes Lenken des Atems zu einer transzendenten Erfahrung.

Es gibt Therapien, die auch die Stimme mit einsetzen. Dabei werden Mantren, Heilige Laute und Worte der Kraft gesungen, bzw. getönt. Beispielsweise „Die sechs heiligen (auch heilenden) Laute" aus China (H. Höting). Diese Lehre wurde laut Überlieferung im achten Jahrhundert vom taoistischen Meister Sun Su Mao entwickelt und soll eine heilende Wirkung durch Harmonisierung von Energien auf Organe haben. Ähnlich wie bestimmte Strömungen des Yoga – wo verstärkt mit Atmung und Mantren gearbeitet wird – verstehen sich diese Methoden vornehmlich als Atemtherapien, die dann auch aus dem Eigenverständnis heraus in die Kategorie „Geistheilung" eingeordnet werden. Das Begriffspaar Geistheilung–Atemtherapie findet man also schon recht früh in verschiedenen Kulturen. Ein Grund dafür ist sicherlich der Einsatz des bewusst gelenkten Atems. Das, was noch zusätzlich durch Singen und Tönen auf unbewusster, seelischer Ebene evoziert wird, bleibt – zumindest bei der Namensgebung dieser Methoden – jedoch unbeachtet.

Umgekehrt könnte man alle Formen des Singens (Chor, Solo, usw.) als Atemtherapien bezeichnen. Singen bedarf immer der Atmung, bzw. ist Teil der Atmung während der Exspiration. Der Atem wird so durch den Gesang (die Ausatmung) auf eine ganz besondere Art gelenkt und geschult. Dies geschieht sogar noch weniger bewusst, weil auch die Einatmung, die Inspiration sich eher automatisch-intuitiv den Gegebenheiten der Komposition (Rhythmus und Melodie) und des Textes angleicht. Insofern ist der zum Singen benötigte Atem während der In- und Exspiration den unbewussten, seelischen Bereichen, die therapeutisch relevant sind, sehr nah. Interessant ist an dieser Stelle zu hinterfragen, wie das deutsche Wort „Ausdruck" besonders im Zusammenhang mit künstlerischen Formen und im allgemeinen Sprachgebrauch solch eine große übergreifende, dominante Bedeutung bekommen konnte. Die zweite Silbe ‚Druck' scheint mir in vielerlei Hinsicht unangemessen.

Einen Ton singend in Schwingung zu setzen, erfordert physikalisch gesehen im subglottischen Raum unterhalb der Stimmbänder einen gewissen Unterdruck, also eher das Gegenteil von dem, was landläufig unter Druck verstanden wird. Dieser Vorgang gleicht eher der Erzeugung eines Vakuums unter den Stimmbändern, als dem des Überdrucks, der auf einem Ventil lastet. In der klassischen Gesangsmethodik wird dieser Vorgang sehr treffend auf Italienisch mit „inalare la voce" (= die Stimme einatmen) bezeichnet. Sicher können wir auch mit einem Überdruck die Stimmbänder in Schwingung versetzen. Diese Art der Stimmgebung wirkt sich jedoch bald schädlich auf die Stimme und alle damit verbundenen Systeme aus. Auch wird Singen unter Leistungs- und Zeitdruck niemals seine volle positive Wirkung entfalten können.

Sprachlich brachten und bringen wir immer noch viele der menschlichen Äußerungen mit dem Begriff „Druck" in Verbindung. Damit geben wir Vorgängen eine Bezeichnung, die sie meist nicht treffend charakterisieren. Wer assoziiert beim Wort „Druck" Vorgänge, die unsere Seele berühren, unseren Geist beflügeln – und uns inspirieren? Könnte es sein, dass uns auch die Sprache zu dem macht, wie wir sind? Fallen wir auch dem allgemeinen Leistungsdruck, dem Zeitdruck – mit all seinen Folgeerscheinungen – anheim, weil wir über unsere geistigen Errungenschaften vergessen haben, dass zum Menschsein der „Ausgleich", die Homöostase von Einatmung und Ausatmung, die beim Singen besonders deutlich erfahren werden kann, gehört?

Glücklicherweise gibt es Entwicklungen, die hoffen machen und erkennen lassen, dass der Zugang zu unseren ursprünglichen, (selbst-)heilenden und künstlerischen Fähigkeiten immer mehr Menschen ein Bedürfnis wird. Vielerorts bilden sich Gruppen zum Freien Singen (und auch Tanzen), „Ich-kann-nicht-singen-Chöre" und „High-Fossility-Chöre" (für Leute ab 60) werden gegründet (‚chorkreativ' Konzept von Michael Betzner-Brandt), die deutsche Chorlandschaft scheint wieder zu blühen, unzählige A-capella-Gruppen und Chöre bilden sich in den ungewöhnlichsten Formationen; die von Yehudi Menuhin und Karl Adamek gegründete Initiative „I canto del mondo" Internationales Netzwerk zur Förderung der Alltagskultur des Singens e.V. verbreitet sich immer mehr, Kirchen laden zum meditativen Gesang ein, freie und esoterische Gruppen treffen sich zum Chanten, Circle Singing und anderen Formen des Singens für Amateure. Wer weiß – vielleicht bekommen wir durch diese Entwicklungen ein neues oder anderes Wort für Aus*druck*? Eines, das mehr der gewünschten (Gemüts-)Stimmung, der Übereinstimmung, des Einstimmens und Eingestimmt-Seins entspricht, eines das stimmt und uns stimmig macht?

Stimme und Sprache

Im Laufe der Evolution des Menschen hat sich erst die gesprochene Sprache und später die Schrift entwickelt. Damit einher geht sowohl kollektiv als auch individuell die Entwicklung des Bewusstseins. Stimme wird zum Medium der Äußerung von Gedanken, Beobachtungen, Erkenntnissen über unsere äußere und innere Welt. Die Fähigkeiten des Geistes und auch der Sprache entwickeln sich aus den Erfahrungen mit dem naturgegebenen polaren Spannungsfeld, in welchem wir leben und welches wir versuchen zu bezeichnen: positiv – negativ, angenehm – unangenehm, Leben – Tod, richtig – falsch, usw. Unser Bewusstsein, unser Geist kategorisiert, systematisiert und wertet und erzeugt damit eine Art von „Trennung". Durch Beobachten, Benennen und Bezeichnen wird Distanz zwischen Subjekt und Objekt geschaffen. An der (Sprach-)Entwicklung des Kindes kann man sehr gut beobachten, wie der Wechsel von der Erfahrung von Ich und Welt als Einheit zu der Erfahrung der Trennung zwischen Ich und Welt stattfindet: Erst ab einem gewissen Zeitpunkt bezeichnen sich Kinder mit dem Personalpronomen „Ich". Vorher sprechen sie in der dritten Person, meist mit Nennung ihres eigenen Namens, von sich.

Auch die Klangerzeugung verändert sich analog zur Bewusstseins- und Sprachentwicklung. Die Stimme macht Bewusstseinsinhalte (Gedanken, Geschriebenes, etc.) mit Hilfe akustisch-musikalischer Parameter hörbar. Diese werden jedoch im Vergleich zur gesanglichen Äußerung deutlich reduziert eingesetzt. Und deswegen werden sie physisch/kinästhetisch auch viel weniger gefühlt, wahrgenommen. Vielleicht liegt es auch daran, dass gesprochenes Wort mehr eine Funktion unserer geistigen Fähigkeiten ist, dass Sprache nicht Musik/Gesang ist, sondern nur musikähnlich.

> Sprache bedarf des wachen Bewußtseins, um ihre Inhalte aufzunehmen. Es hat zwar auch einen Reiz, ein Buch vor dem Einschlafen zu lesen und die Sätze nur noch verschwommen wahrzunehmen, aber dem Sinn wird man so nicht gerecht, und ohnehin behält man nichts. Musik aber läßt sich sehr wohl in solchem Dämmerzustand hören – und es bleibt trotzdem viel. Wohl jeder weiß – zum Beispiel beim Hören von Wagner – um jene Momente, Minuten, womöglich Viertel-Halbestunden, wo man in einem seltsamen (Halb)Schlaf versinkt und beim Aufwachen doch den (keineswegs falschen) Eindruck hat, alles mitbekommen zu haben. Musik ist eben Medium des Psychischen und reicht hinab in die Schichten des Vor-, ja Unbewußten. Sie vermag davon unvermittelt zu **singen** (Hervorhebung:GG), während die Sprache das dort Erlebte nur mühsam, sozusagen in indirekter Rede zu Begriff zu bringen vermag.[1]

Sicherlich haben auch die frühen Sprecher, Sprachkreativen, die Poeten, Philosophen und andere diese unvermittelte, direkte Wirkung der Musik/des Gesanges vermisst. Dies wird einer der wichtigen Gründe gewesen sein, weshalb in den frühen Schriftkulturen Texte ausschließlich vorgesungen wurden. Diese Vortragsweisen entwickelten sich dann weiter zur Rezitation und Deklamation. Eine Lesung im heutigen Sinne gab es in der Antike nicht. Interessant ist unter diesem Aspekt auch die Entwicklung des Begriffs Person von der Antike bis heute. Person „bedeutet ursprünglich die den ganzen kopf des schauspielers bedeckende maske[2] mit trichterförmiger mundöffnung zum verstärken der stimme […]" (Grimm, Bd. 13). Hindurchtönen heißt lateinisch *personare*. Der Idee der Person, dessen, was einen Menschen zu einer unverwechselbaren einmaligen Persönlichkeit macht, liegt eine klangliche Erfahrung zugrunde, die sich auf die Stimme und zuerst auf die tönende, singende Stimme bezieht. Angemerkt sei hier auch, dass inzwischen „durch ein Sonogramm (d.h. eine Spektralanalyse des Stimmklangs) nachgewiesen werden kann, dass der Stimmklang eines Menschen so individuell und unverwechselbar ist wie sein Fingerabdruck. Der Klang der Stimme beinhaltet das Einzigartigsein" (Gerber in: Aufgang 2, 236) und – auch wie schon anfangs ausgeführt – das All-Einssein.

Wenn wir nun einen Gedanken *laut aussprechen*, dann verändert sich auch etwas in der Weise, wie wir denken. Schon H. v. Kleist hat die Unterschiede und den Vorgang in seinem Aufsatz *Über die allmähliche Verfertigung der Gedanken beim Reden* beschrieben. Wenn wir einem interessierten, aber

---

[1] Dieter Schnebel in: Riethmüller, Albrecht: (Hg.) *Sprache und Musik,* Laaber 1999, 32
[2] Vgl. Lat. *persona* = Maske, vielleicht etruskischen Ursprungs.

vielleicht unwissenden Zuhörer einen Gedanken, eine Idee erklären wollen, strukturieren sich die Gedanken meist recht klar, und es können Ideen erklärt werden, über die man alleine, nur leise denkend, Stunden und Tage brüten würde. Bei Kleist spielt bei diesem ordnenden Vorgang, wo vielleicht vorher schon ahnend, in etwas verworrenen Gedanken eine Idee vorgeformt wurde und dann beim Sprechen in kurzer Zeit klar und anschaulich geäußert wird, der Begriff ‚Gemüt‘ eine Rolle.

> Aber weil ich doch irgend eine dunkle Vorstellung habe, die mit dem, was ich suche, von fern her in einiger Verbindung steht, so prägt, wenn ich nur dreist damit den Anfang mache, das Gemüt, während die Rede fortschreitet, in der Notwendigkeit, dem Anfang nun auch ein Ende zu finden, jene verworrene Vorstellung zur vollen Deutlichkeit aus, dergestalt, daß die Erkenntnis, zu meinem Erstaunen, mit der Periode fertig ist.[3]

> [...] es ist so schwer, auf ein menschliches Gemüt zu spielen und ihm seinen eigentümlichen Laut abzulocken, es verstimmt sich so leicht unter ungeschickten Händen, daß selbst der geübteste Menschenkenner, der in der Hebammenkunst der Gedanken, wie Kant sie nennt, auf das Meisterhafteste bewandert wäre, [...] Mißgriffe tun könnte.[4]

Hier – wie auch in der allgemeinen Praxis des Sprechens – wird klar, dass wenn wir sprechen, auch etwas fühlen – und auch, wenn die Körpererfahrung beim Sprechen eine kleinere, feinere und reduziertere ist, so bleibt sie doch eine körperliche Wahrnehmung, und diese verbindet uns über den Kinästhetischen- und den Hör-Sinn (Heidegger: Das Sprechen ist auf das Hören angewiesen – M. Vogel, Jabbok 1995, S. 9) mit unserem ‚Gemüt‘, mit unserer Seele. Die Stimme hat also auch beim Sprechen eine Vermittlungs- Übersetzungs- und Kommunikationsfunktion zwischen Geist und Seele. Treffend beschreibt Kleist, dass in der Einzigartigkeit der Stimme, zunächst die Gemüts (und Seelen-)Eigenschaften erklingen. Zusätzlich beschreibt er Gemüt als ein Instrument, welches der „Stimmung" bedarf. So hilft die Stimme beim ‚Verfertigen der Gedanken beim Reden‘ sowohl das Gemüt, als auch die Gedanken in Ordnung, in Harmonie zu bringen und ein-zu-stimmen.

Die gesungene Sprache

> Darum ist der Güter Gefährlichstes, die Sprache dem Menschen gegeben [...] damit er zeige, was er sei [...]. (Hölderlin aus: Jabbok 1995 S. 10)

> Die Sprache ist ein Gut. Aber ein Gefährliches. Mit ihr kann der Mensch Zeugnis ablegen. Er kann dies erst durch die Sprache, die ihm ermöglicht, in „der Offenheit von Seienden zu stehen". Denn die Sprache kann das Sein offenbaren als worthafte Nennung, wie etwas ist. Doch dies kann auch umschlagen in ein Negatives: In der Sprache ist auch immer die Möglichkeit gegeben, das Offenbare zu verbergen und so Verwirrung und Seinsvergessenheit zu stiften [...]. (M. Vogel, Jabbok, 1995 S. 10/11)

---

[3] Kleist, SW III, 319f.
[4] A.a.O., 324.

Es gehört zu unserem Ich-Bewusstsein und zum Charakter der Sprache, dass sie dieses trennende Moment in sich trägt, das Polarität mehr als Gegensatz, denn als Einheit bewertet. Dies geschieht besonders dann, wenn bewusste und unbewusste Ängste die geistige Urteilskraft beherrschen und damit Trennendes noch stärker empfunden und *ent-sprechend* ausgedrückt wird.

Im Gesang hingegen ist die Einheit des Individuums mit dem Psychischen, Physischen, Geistigen und Transzendenten erfahrbar, sowohl als Einzelner, als auch in der Gruppe, als Solist oder im Chor. Der einfachste und umfassendste Begriff für gesungene Sprache ist das Lied: Hymnen (Lob- und Dankeslieder), Gebete (Bitt- und Beschwörungslieder), Balladen (Lieder, die etwas erzählen), Liebes-, Trauer- und Klagelieder.

Von Dichtern und Komponisten wird Sprache nicht als etwas Trennendes verstanden. Sprache wird vielmehr als Teil der gesamten (harmonischen) Klangwelt wahrgenommen. Sie wird durch die Stimme, durch die ihr innewohnende Musik, durch die Schwingungen der singenden oder singend empfundenen Stimme zu etwas Verbindendem.

Hölderlin fand in der so empfundenen Klangwelt einen Ort der Zuflucht:

> Die Heimat des Dichters ist, „im Lichte der U-topie“, sein Gesang. Dies auch ist, in der Welt des Besitzes, sein „Eigentum“. Die Strophen 10–12 des gleichnamigen Gedichtes lauten: (Dischner, „[…] bald sind wir aber Gesang“, S. 157)

> Und daß mir auch zu retten mein sterblich Herz,
> Wie anderen eine bleibende Stätte sei,
> Und heimatlos die Seele mir nicht
> Über das Leben hinweg sich sehne.

> Sei du, Gesang, mein freundlich Asyl! Sei du,
> Beglückender! Mit sorgender Liebe mir
> Gepflegt, der Garten, wo ich, wandelnd
> Unter Blüten, den immerjungen,

> In sichrer Einfalt wohne, wenn draußen mir
> Mit ihren Wellen allen die mächtge Zeit,
> Die wandelbare, fern rauscht und die
> Stillere Sonne mein Wirken fördert.
> *(Hölderlin, Mein Eigentum)*

Gesang ist für Hölderlin demnach die Heimat der Seele.

In einem anderen Text geht er noch einen Schritt weiter. Dort wird der ganze Mensch selbst zum Gesang – er identifiziert sich und löst sich gleichzeitig auf im Einssein der Körper-Geist-Seele-Schwingung.

Viel hat von Morgen an,
Seit ein Gespräch wir sind und hören voneinander,
Erfahren der Mensch; bald sind wir aber Gesang.
Und das Zeitbild, das der große Geist entfaltet,
Ein Zeichen liegts von uns, daß zwischen ihm und andern
Ein Bündnis zwischen ihm und anderen Mächten ist.
(Hölderlin, Friedensfeier)

Dichter, Poeten, Komponisten – allen Künstlern ist gemeinsam, dass sie in der Lage sind, die Kommunikation zwischen Seele und Geist zu verstehen. Sie können sich auf die ‚Wellenlänge des Sendekanals' zwischen Seele und Geist, dem Unbewussten und Bewussten einschwingen, das, was sie dort vernehmen, den jeweiligen Code der Information entschlüsseln, und übersetzen in Musik, Gesang, Dichtung, Prosa, Bilder, Skulpturen, usw.
Für viele stellen dabei die Informationen, die sie aus dem Raum der Seele, der Phantasie, des Unbewussten empfangen, die Quelle ihrer künstlerischen Tätigkeit dar.
Leonard Bernstein beschreibt sehr anschaulich, wie sich für ihn diese intuitiv-inspirativen Eingebungen gestalten.

Wenn man auf dem Bett, auf dem Fußboden oder sonstwo liegt und das geistige Bewußtsein mehr und mehr verschwimmt, senkt sich allmählich die geistige Ebene, und man befindet sich irgendwo im Grenzland einer Zwielichtsphäre, sagen wir dort, wo nachts beim Einschlafen die Phantasie zu spielen beginnt. Jeder Mensch kennt diesen Zustand, mag er schöpferisch veranlagt sein oder nicht […]. Wenn die Phantasie dann zufällig eine schöpferische ist, wenn sie sich in Noten, oder von einem Schriftsteller inWorten, oder von einem Maler in Bildern ausdrücken läßt – mit andern Worten, wenn man eine schöpferische Vision hat und genügend wach ist, sich an sie zu erinnern, sie zu beurteilen und zu wissen, wie man sie festhalten kann –, dann glaube ich, hat man den idealen Zustand erreicht.

Was empfängt man in dieser Trance? Ja, das Beste, das Äußerste, was man erhalten kann, ist ein Ganzes, eine Gestalt, ein Werk. […]. Mit andern Worten, man weiß vielleicht nicht einmal, welches die erste Note sein wird. Man hat die Vision von einer Gesamtheit, man weiß, daß es da ist, und alles, was man tun muß, ist, es herauskommen zu lassen und weiterzuführen. Die Führung mag ein recht bewußter Vorgang sein, aber man weiß, daß das Unbewußte auch da ist. Man hat eine Vorstellung, das ist das Größte, das geschehen kann. Das zweitgrößte Erlebnis ist das Gefühl einer Atmosphäre, einer allgemeinen Stimmung, was nicht dasselbe ist wie die Gesamtheit eines Werks, denn es hat nichts mit dem formalen Aufbau zu tun. Jedoch ist es wichtig, die Stimmung zu erfühlen, wenn sie von irgendwoher aus dem Innern kommt […]. Hat man aber dieses Glück nicht, kann einem immerhin ein Thema einfallen. Anders ausgedrückt, es können ein grundlegender, fruchtbarer Einfall oder ein Motiv vorhanden sein, die gute Ergebnisse und Entwicklungsmöglichkeiten versprechen […]. Dies ist ganz anders, als wenn einem bloß eine Melodie einfällt, was ich als viertbeste Sache bezeichnen würde – sie ist weniger brauchbar und weniger erwünscht als ein Thema. Denn ist eine Melodie, so schön sie auch sein mag, einmal zu Ende, dann ist sie fertig. Melodien können nicht entwickelt werden wie Themen. Also haben wir vier Stufen von Möglichkeiten. Ich glaube, es gäbe noch eine fünfte, die am wenigsten zu ersehen ist, und das wäre, in unserer berühmten Trance die Idee von einem Stückchen Musik zu empfangen, von einem harmonischen Fortschreiten oder von einer Figuration, von einer kleinen Zeichnung, von irgendeinem Effekt oder einer instrumentalen Kombination […]. Ja, und das sechste Stadium ist natürlich, daß man einschläft. Das kommt sehr häufig vor. In der Tat glaube ich, daß es sogar meistens geschieht.[5]

Interessant ist, dass Bernstein die Botschaften, die aus dem Bereich des Unbewussten auftauchen, die in einer unsagbaren Ganzheit als eine Gefühlsgewissheit erscheinen, favorisiert. Er spricht auch von einer allgemeinen *Stimmung*, die er in sich erfühlt. Auch hier spielt die Fähigkeit der Stimme, des sich Einstimmen-Könnens eine wichtige Rolle. Fast zuletzt in seiner Liste erwähnt er Ideen aus dem geistig-sprachlich-mentalen Bereich. Ebenso tranceartig – „schlafwandlerisch" – vollzieht sich dieser kreative Prozess für viele Komponisten und Dichter (man weiß das z.B. von Mozart, Schubert, Goethe, Novalis u.v.a.). Es ist bemerkenswert, dass in ebensolcher Weise empfangene „Ton-Dichtung" (Musik und Sprache) beim Rezipienten meist auch auf offene Ohren (und Herzen) trifft.

Robert Jourdain beschreibt in seinem Buch *Das wohltemperierte Gehirn* recht anschaulich, wieso Musik eine transzendente Erfahrung werden kann. Das im Folgenden Zitierte gilt für den Gesang gleichermaßen – möglicherweise sogar zuerst.

Man kann die Erfahrung einer perfekten Ordnung, einer, die gleichzeitig auf jeder Wahrnehmungsebene besteht, geradezu als Arbeitsdefinition für das Wort „Schönheit" ansehen. […] Viele behaupten, nur die Schönheit allein zöge sie bei der Musik an, aber großartige Musik liefert uns mehr. Musik vermittelt uns die Möglichkeit, Beziehungen zu erfahren, die weit tiefer gehen als unsere Alltagserfahrungen, indem sie dem Gehirn eine künstliche Umwelt schafft und es so in kontrollierte Denkbahnen zwingt. Bei einer genialen Komposition ist jede Note sorgfältig ausgewählt, um Unterstrukturen für außergewöhnliche tiefe Beziehungen zu bilden, keine Möglichkeit wird ausgelassen, keine Abweichung erlaubt. In dieser perfekten Welt kann unser Gehirn größere Verständnisstrukturen aufbauen, als das in der Alltagswelt jemals möglich ist, und so allumfassende Beziehungen wahrnehmen, die viel tiefer sind als die unserer Alltagserfahrung. Aus diesem Grund kann Musik eine transzendente Erfahrung sein, für wenige Augenblicke macht sie uns größer, als wir tatsächlich sind, und bringt Ordnung in eine Welt, die in der Realität kaum vorhanden ist. Wir reagieren dabei nicht nur auf die Schönheit ihrer inneren Beziehungen, die sich uns enthüllen, sondern es befriedigt uns schon, daß wir sie wahrnehmen können. Wenn unser Gehirn auf diese Weise bis an seine Leistungsgrenze gebracht wird, dann fühlen wir, wie sich unser Dasein erweitert, und erkennen, daß es da mehr gibt zwischen Himmel und Erde, als wir uns vorstellen können, und das ist Grund genug für Ekstase.[6]

---

[5] Bernstein, Vielfalt, 260, 262ff.
[6] Robert JOURDAIN, *Das wohltemperierte Gehirn*, Heidelberg, Berlin, 1998, 399f.

Auf-Hören: Stille

Beim Verfassen dieses Aufsatzes habe ich mich gefragt, wie ich mir den Schluss, das Ende davon wünsche, wie ich aufhören möchte. Dabei wurde ich aufmerksam auf das Verb „aufhören". Es wird meist gebraucht im Sinne von nicht länger andauern, enden, mit etwas nicht fortfahren, Schluss machen. Aber sagen die Worte nicht doch etwas ganz anderes? Darin liegt doch eher die Aufforderung *auf* etwas *zu hören*. Auf was sollen wir denn hören, wenn wir etwas beenden? Die Antwort wird möglicherweise durch die Tatsache begründet, dass für den Menschen der Hörsinn nicht bewusst beeinflussbar oder abschaltbar ist. Demnach könnte sich die Aufforderung darauf beziehen, Schluss zu machen mit allem, was „Lärm" bedeuten kann. Dies bezieht sich nicht nur auf akustischen Lärm, sondern auch auf mentalen – und emotionalen –, auf geistigen und psychischen Lärm/Alarm. Aufhören heißt auch, sich vom Lärm abzuwenden und sich in die Stille hinein zu begeben, d.h. auf die Stille hören, in die Stille hineinhören.

> Stille ist unsere innerlichste Art des Tuns. In unseren Augenblicken tiefer Ruhe entstehen alle Gedanken, Gefühle und Kräfte, die wir schließlich mit dem Namen des Tuns beehren. Unser gefühlvollstes aktives Leben wird in unseren Träumen gelebt, unsere Zellen erneuern sich am eifrigsten in unserem Schlaf. Wir erreichen das Höchste in Meditation, das Weiteste im Gebet. In Stille ist jedes menschliche Wesen fähig der Größe; frei von Erfahrung von Feindseligkeit, ein Dichter, und am ähnlichsten einem Engel. Doch Stille verlangt eine tiefgründige Disziplin, man muß sie sich erarbeiten, und sie gilt uns um so mehr darum als kostbarer Schatz.[7]

Und so möchte ich meine Ausführungen abschließen mit Betrachtungen über ein Stück für Stimme Solo, in welchem Stille eine wichtige Rolle spielt und welches gleichsam zeigt, wie gesungenes Wort und nur gesungene Melodie ohne Worte wirkt. Der Komponist ist John Cage (1912–1992).

> ...[Cage] ... hatten östliches und gnostisches Denken und vor allem der Zen Buddhismus beeinflußt, er vermied es bewußt, einen Klang dem anderen vorzuziehen, und erreichte so eine Offenheit für alles, was an Klang und Schall entsteht […]. Die Musikphilosophie des John Cage führt letztlich über jedes Bedürfnis nach Musik hinaus. Als er sein berühmtes schweigendes Stück 4'33" komponiert (proportioniert?) hatte, war seine Arbeit getan […]. (Godwin, S. 167)

Über ein Jahrzehnt nach der Uraufführung von 4'33" (29.08.1952 in Maverick Concert Hall, Woodstock, N.Y.) sagte John Cage (1966) in einem Interview:

> Was Stille und Lärm gemeinsam haben, das ist der Zustand der Absichtslosigkeit, und dieser Zustand ist es, der mich interessiert. (Charles, S. 24f.)

Genauer anschauen werden wir uns eine Komposition aus dem Jahr 1948: *Experiences No.2* (Cage, Urtext 1961). Für Stimme unbegleitet (voice

---

[7] Peter GRADENWITZ, *Leonard Bernstein. Unendliche Vielfalt eines Musikers*. Zürich 1984, 368f.

anaccompanied) nach einem Text von E.E. Cummings (Tulips and Chimneys (1923) – Sonetts – Unrealities, III). Ursprünglich war diese Komposition für den Tanz von J. Cages Lebens- und Arbeitspartner Merce Cunningham (1919–2009) verfasst worden, wurde später jedoch hauptsächlich nur von Stimm-Solisten aufgeführt.

Anhand dieses Beispiels lässt sich hier – auch ohne Notenbild – veranschaulichen, wie ein vorhandener Text durch Umstrukturierungen mit einer sehr einfachen Melodie (fast nur im pentatonischen Raum bleibend) und Rhythmik, mit einem besonderen Einsatz von Pausen (Sing- aber nicht Atempausen!) versehen, sowohl für den Sänger als auch den Zuhörer zu einem wenn nicht transzendierenden so doch mindestens meditativen Erleben führen kann.

Zunächst der Text von E.E. Cummings in der von ihm gewählten Struktur und Schreibweise (alles klein):

it is at moments after i have dreamed

it is at moments after i have dreamed
of the rare entertainment of your eyes,
when (being fool to fancy) i have deemed

with your peculiar mouth my heart made wise;
at moments when the glassy darkness holds

the genuine apparition of your smile
(it was through tears always) and silence moulds
such strangeness as was mine a little while;

moments when my once more illustrious arms
are filled with fascination, when my breast
wears the intolerant brightness of your charms:

one pierced moment whiter than the rest

-turning from the tremendous lie of sleep
i watch the roses of the day grow deep

Und nun die Neugliederung des Textes von John Cage (durchgehend in Großbuchstaben). Jede Zeile stellt eine in einem Atem gesungene Phrase dar. Die Zahlen vor den Zeilen geben die Dauer des gesungenen Textes, der nur gesummten Melodie und der Pausen (der durchatmeten Stille) mit der Anzahl der Takte an, sodass man auf einen Blick erkennen kann, wie die Proportionen von gesungener Sprache, gesummter Melodie und durchatmeter

Stille angelegt sind, und wie sie sich im Verlauf verändern und den Singenden wie den Hörenden fast zwingend in die Stille führen. Fett gedruckt ist die Anzahl der Takte, die gesummt oder still sind.

Taktanzahl

8 IT IS AT MOMENTS AFTER I HAVE DREAMED OF THE RARE ENTERTAINMENT OF YOUR EYES

3 WHEN (BEING FOOL TO FANCY)

1 I HAVE DEEMED

4 …WITH YOUR PECULIAR MOUTH MY HEART MADE WISE

3 --SILENCE :----

8 IT IS AT MOMENTS AFTER I HAVE DREAMED OF THE RARE ENTERTAINMENT OF YOUR EYES

3 AT MOMENTS WHEN THE GLASSY DARKNESS HOLDS

5 THE GENUINE APARITION OF YOUR SMILE

4 SILENCE --------------

6 ….HUMMING (SUMMEN)------------

2 (IT WAS THROUGH TEARS ALWAYS)

3 AND SILENCE MOULDS SUCH STRANGNESS

2 AS WAS MINE A LITTLE WHILE

5 MOMENTS WHEN MY ONCE MORE ILLUSTRIOUS ARMS ARE FILLED WITH FASZINATION

3 SILENCE -------

14 HUMMING ---9 + 5 (ECHO)--------------

3 MOMENTS WHEN MY BREAST WEARS

5 THE INTOLERANT BRIGHTNESS OF YOUR CHARMS

6 SILENCE -------------------------------

4 ONE PIERCED MOMENT WHITER THAN THE REST

3 ONE PIERCED MOMENT WHITER THAN THE REST:

12 HUMMING-----------------7+----------3+------2---------SILENCE-------------------

Der gesummte Klang der Stimme mündet buchstäblich in Stille. Fast scheint es, als würde man im Verlauf des Stückes üben und lernen, wie Stille sein kann. Cage hat in dieses Stück den Raum für Intuition und Inspiration mit hineinkomponiert – auch proportioniert, sowohl für den Interpreten als auch für den Zuhörer.

Ich habe dieses Werk selbst schon an unzähligen verschiedenen Orten gesungen. Selten habe ich es in der Musik deutlicher und direkter erlebt, dass die eigenen transzendenten Erfahrungen, die ich beim Singen und Atmen hatte, ähnliche Reaktionen beim Publikum auslösten. Bevor ich meinen Vortrag beginne, versuche ich mich sehr bewusst auf den Raum, in dem ich singe, einzustellen: Ist er eng, weit, kurz, lang, hoch – und wie tief? Wo befinden sich die mir zuhörenden Menschen? Wie groß oder klein ist die Gruppe? Wenn ich das wahrgenommen habe, beobachte ich meinen Atem – welchen Rhythmus er in diesem Raum in diesem Moment hat. Daran orientiere ich meist das Metrum/Tempo für meinen Vortrag.

Wenn ich sehr gelassen bin, finde ich den Mut und richte mich bei der Wahl des Tempos nicht nach dem Atem, sondern nach dem eigenen Herzschlag, nach meinem Puls. Meist wird er im Verlauf des Vortrags langsamer. Bei solchem Singen und Atmen in der Stille des Raums erfahre ich meine Stimme gleichsam als ein Echo aus einem transzendenten Raum. Der letzte gesummte Ton klingt in die Stille hinein. Und ich atme in diesem Raum im Metrum meines Pulses weiter ein und aus. Ich erlebe es regelmäßig, dass das Publikum dabei sehr lange mit mir atmet. Meistens muss ich als Sängerin/ Interpretin/*Über*setzerin das Zeichen zum „Aufhören" geben, indem ich nichts anderes tue, als den Atemrhythmus zu unterbrechen, d.h. dass ich deutlich aus dem am Puls koordinierten Atemrhythmus aussteige. Das Publikum zeigt meist sehr schnell, nach einem kurzen Nachhorchen, dass es verstanden hat, dass nun Zeit für anderes ist, und applaudiert.

Immer wieder bekomme ich danach erstaunte und dankbare Rückmeldungen darüber, wie so etwas „Einfaches" so eine tief greifende Wirkung entfalten kann.

Stimme versichert uns unseres Seins, unseres Fühlens, Denkens und auch unserer Verbindung zum Transzendenten – zu dem übergeordneten kosmischen Raum – und zur Stille. Indem wir uns singend stimmig machen und erfahren, verbinden wir uns, stimmen uns ein auf das Unsagbare, das große Konzert der Stille, aus der heraus alles kommt und in die alles wieder eingeht.

Stephan Heuberger

Olivier Messiaen
Schöpfungsspiritualität im Orgelzyklus „Méditations sur le mystère de la Sainte Trinité"

„Ich bin, der ich bin" (Ex 3, 13). Diese rätselhafte Selbstdefinition Gottes, der Moses im brennenden Dornbusch erscheint, veranlasste Exegeten zu unterschiedlichsten Interpretationen. Die vielleicht bis heute radikalste stammt von Thomas von Aquin,[1] der den Satz so interpretierte, dass Gott selbst das Sein ist. Die Essenz Gottes, sein Wesen ist die Existenz; ein Satz, den manche Interpreten des mittelalterlichen Denkers für nichts weniger als eine „Revolution" in der Geschichte der Ontologie halten.[2]

Ohne diese zunächst sehr abstrakt klingende Aussage ist die Spiritualität des französischen Komponisten Olivier Messiaen nicht denkbar. Seinen aus meiner Sicht musikalisch reichsten und theologisch dichtesten Orgelzyklus *Méditations sur le mystère de la Sainte Trinité* (1969) durchziehen wie ein roter Faden Zitate des Thomas von Aquin, die der Komponist mithilfe eines selbst entwickelten musikalischen Alphabets sogar direkt zum Klingen bringt. Dem vierten und dem letzten Satz des neunteiligen Werkes legt der Komponist die elementare Selbstaussage vom Gott Israels zugrunde: „Ich bin, der ich bin." Thomas folgert aus seiner Interpretation dieses Wortes: „Weil Gott kraft seines Wesens das Sein selber ist, darum ist notwendig das Sein der Kreatur seine wesenseigentümliche Hervorbringung." Und: Darum muss Gott notwendig in allen Dingen sein, und zwar auf die innerlichste Weise."[3]

Messiaens intensive Zuwendung an alle Dinge der Welt, sein lebhaftes Interesse an Landschaften, Pflanzen und Tieren, seine Begeisterung für Astronomie und theoretische Physik sind also ein direkter Ausdruck seiner Spiritualität. Es gab für ihn keinen direkteren Weg zu Gott, als sich allem Seienden zuzuwenden. Dass es sich dabei nicht um einen Ästhetizismus, sondern um einen existenziellen Akt handelt, macht der Komponist in einer Szene am Ende des 2. Bildes seines größten Werkes, der Oper *Saint François d'Assise* (1976–1982) deutlich. Die Worte des Franziskus spiegeln hier sicher auch den eigenen Reifungsprozess Messiaens wider:

---

[1] THOMAS VON AQUIN, Philosoph und Theologe des Hochmittelalters (1225–1274).
[2] Siehe dazu: Josef PIEPER, *Thomas von Aquin, Leben und Werk*, München 1986, 191.
[3] Zitiert nach Josef PIEPER (Anm. 2), 196.

O Du! Der Du die Zeit erschaffen hast! Die Zeit und den Raum, das Licht und die
Farbe, den duftenden Schmetterling, den Tropfen klaren Wassers und das Lied des
Windes, das in jedem Baum anders erklingt! Du hast auch die Existenz des Hässlichen
gestattet: Dass die krätzige Kröte und der giftige Pilz Nachbarn der Libelle und des
blauen Vogels sind [...] Du weißt, wie sehr ich mich vor den Aussätzigen ekle. [...]
Herr! Lass mich einem Aussätzigen begegnen [...] mach mich fähig, ihn zu lieben
[...][4]

Auf der musikalischen Ebene spiegelt sich diese Würdigung aller Formen
des Seins in Messiaens Offenheit für die vielfältigen Aspekte der
musikalischen Sprache wider. Seine Musik enthält tonale und nichttonale,
konstruktive und intuitive, traditionelle und experimentelle Elemente und er
lehnte alle ideologischen Einengungen konservativen oder progressiven
Anstrichs entschieden ab.

Im ersten Satz der *Méditations sur le mystère de la Sainte Trinité*
verzichtet Messiaen beispielsweise vollständig auf tonale Bezüge, der
musikalische Hauptgedanke des Satzes ist aus den Proportionen der
Planetenbahnen unseres Sonnensystems abgeleitet. Den eindrucksvollen
Schlussteil – drei Ostinati unterschiedlicher Dauer überlagern sich hier und
lassen komplexe Akkorde in unerbittlicher Härte aufeinanderprallen –
kommentiert Messiaen lapidar im Notentext mit dem Hinweis „Die Sterne
kreisen". Der Teil ist dem Vater und Schöpfer Gott gewidmet; die
Behaglichkeit eines ästhetischen Genusses wird hier aufgesprengt zugunsten
einer Öffnung für unbegreifliche Dimensionen des Seins, die alle
Vorstellungskraft übersteigen.

Ganz anders ist die Klangwelt der zweiten Meditation: In ungetrübt
diatonischem A-Dur leuchtet eines der gregorianischen Lieblingsthemen
Messiaens: das Halleluja des Kirchweihfestes; Ketten komplexer Farb-
akkorde münden dann immer wieder in einen strahlenden, lange
stillstehenden A-Dur-Sextakkord.[5] Später gab der Komponist dem Satz den
Titel *Die Heiligkeit Jesu Christi*. Gemäß der Seinsphilosophie Thomas von
Aquins deutet Messiaen diese nicht als exklusive Heiligkeit, sondern als eine,
die die Heiligkeit allen Seins der Welt[6] mit einschließt und in der Person
Jesus Christus ihren tiefsten Ausdruck erfährt. So integriert der Komponist
konsequenterweise in die Musik dieses Satzes den Gesang seiner
Lieblingsgeschöpfe, der Vögel. Die hier auftauchenden Vogelstimmen sind
keineswegs besonders exotisch oder selten zu hören, es sind Gesänge, die
den Alltag in den meisten Gegenden Mittel- und Südeuropas begleiten: der

---

[4] Das Libretto verfasste der Komponist selbst.
[5] Bei der Tagung „Musik und Spiritualität" im Juni 2014 in St. Ottilien habe ich von dem
Komponisten Peter Michael Hamel erfahren, dass für ihn ebenfalls der strahlende, reine
A-Dur-Akkord auf der Orgel eine wichtige Rolle bei seiner musikalischen Entwicklung
gespielt hat. A-Dur ist für Hamel die „Christustonart".
[6] Dazu Josef PIEPER (Anm. 2): „[...] die Welt ist, weil ihr Sein Teilhabe ist an dem sie
innerlichst durchwaltenden göttlichen Sein, [...] in einem sehr präzisen Sinn heilig."
(197) .

schnell vibrierende und sehr hohe Gesang des winzigen Zaunkönigs; die volltönenden melodischen Strophen der Amsel, in denen sich das vorausgehende A-Dur-Leuchten widerspiegelt, den kurzen Ruf des Buchfinks mit einem charakteristischen Triller in der Mitte; den schier endlosen, virtuos perlenden und chaotisch vielgestaltigen Gesang der Gartengrasmücke; schließlich die melodische kurze Strophe der Mönchs-grasmücke über dem still leuchtenden A-Dur-Klang im Hintergrund.

Messiaens Interesse an den Vogelstimmen hat nichts mit romantischer Naturverklärung oder dem Rückzug in eine liebliche Idylle zu tun. Mit wissenschaftlichem Eifer sammelte er die Vogelgesänge zunächst in seiner französischen Heimat und später in der ganzen Welt. Akribisch genau zeichnete er das Gehörte auf, analysierte die melodischen und rhythmischen Strukturen und ergründete die feinen Schattierungen der Klangfarben. In einem letzten Schritt versuchte er dann, die Ergebnisse für die Wiedergabe auf traditionelle Musikinstrumente zu übertragen. Dabei spielte bei aller wissenschaftlichen Genauigkeit die Intuition des Komponisten eine große Rolle. Allen Klischees entgegen analysierte er z. B. den Gesang der Nachti-gall, versuchte sein zerklüftetes Klangspektrum mit hohen Geräuschanteilen genau zu erfassen. Im letzten Bild der Oper *Saint François d'Assise* überträgt er dann die Ergebnisse auf ein Riesenorchester und betrachtet die reiche Klangwelt der Nachtigall quasi mit der akustischen Lupe.

Die Bedeutung der Vogelgesänge für die zweite Schaffenshälfte Olivier Messiaens ist fundamental. Sie waren für ihn Rettung aus einer schweren schöpferischen Krise und die Befreiung aus der Gefangenschaft der eigenen, begrenzten Phantasie. So waren sie für den Komponisten ein sehr konkreter Weg, das eigene Ich für das ganz andere aufzubrechen.

Wieder eine andere musikalische Welt eröffnet die sechste Meditation, vom Komponisten nachträglich mit dem Titel: *Der Sohn, Wort und Licht* versehen. Inspirationsquelle für Messiaen ist hier ein Vers aus dem berühm-ten Prolog des Johannesevangeliums: „In ihm war das Leben, und das Leben war das Licht der Menschen" (Joh 1, 4). Verschiedene einstimmige gregorianische Themen aus der Liturgie des Epiphanie-Festes werden in Kaskaden von Farbakkorden weitergeführt, die sich später in unter-schiedlichen Geschwindigkeiten überlagern. Als deren Zielpunkt wird immer wieder ein „milchig weiß-golden"[7] leuchtender C-Dur-Sextakkord erreicht.

Am eindrucksvollsten in diesem Satz ist vielleicht die letzte Partiturseite. Den melodischen Ausgangspunkt bildet das gregorianische Halleluja, das zunächst einer parallel geführten Oktav-Quint-Harmonisierung unterworfen wird, eine Praxis der frühen Mehrstimmigkeit im Mittelalter. Im weiteren Verlauf wird die Komplexität der Harmonik schrittweise gesteigert: Es folgen reine Dur-Dreiklänge, dann Vier-, Fünf- und Sechsklänge im diato-nischen Raum und schließlich bis zu neunstimmige Akkorde aus Messiaens selbst entwickeltem harmonischen Repertoire im gesamten chromatischen

---

[7] So Messiaen in seinem Einführungstext.

Tonvorrat. Der Komponist schickt den Hörer innerhalb einer knappen Minute gleichsam auf eine musikgeschichtliche Zeitreise durch acht Jahrhunderte. Messiaen hält die Zeit für das erste Werk der Schöpfung, das wie alle Kreaturen selbst der Vergänglichkeit unterworfen ist.[8] Die letzte Phrase von sieben aneinandergereihten Akkorden von zunehmender Dauer mündet am Ende ins „weiße" C-Dur, jetzt durch die Töne *d* und *a* zur Pentatonik angereichert, und in gleißender Helligkeit des vollen Orgelwerkes strahlend. Das „weiße Licht" dieses Schlussakkords, gleichsam die Summe aller (Klang-)Farben, ist ein eindringliches Symbol für die Ewigkeit, in der nach Messiaens Überzeugung die gesamte Geschichte wie alle Schöpfung nicht vernichtet, sondern aufgenommen ist. Das drückt sich in einem Zitat Romano Guardinis aus, das Messiaen dem sechsten Satz des unmittelbar nach den *Méditations sur le mystère de la Sainte Trinité* entstandenen Orchesterzyklus *Des canyons aux étoile …* (1971–1975) vorausstellt: „Die zeitlichen Dinge werden nicht ausgelöscht, sondern in die Ewigkeit übernommen."[9]

Olivier Messiaens Zuwendung zu allen Dingen der Welt und seine Jenseitsvisionen[10] sind also keineswegs Gegensätze, sondern die zwei Seiten einer Medaille: der großen Liebe zum Sein.

---

[8] Messiaen legte z. B. großen Wert darauf, dass der Titel seines Kammermusikwerkes: „*Quatuor pour la fin du temps*" korrekt übersetzt wird mit „Quartett für das Ende der *Zeit*" und nicht mit „Quartett für das Ende der *Zeiten*".

[9] Romano GUARDINI, *Der Messe, Kapitel 26* (so die Angabe Messiaens)

[10] Stellvertretend für viele Titel sei hier das letzte Werk Messiaens genannt, der Orchesterzyklus „*Éclairs sur l'Au-delà…*"(vollendet 1992), übersetzbar etwa mit „Streiflichter über das Jenseits".

Natascha Nikeprelevic

Ein Leben zwischen Andacht und Ekstase

Ein Nachruf zum singenden Maler und malenden Komponisten Michael Vetter

Michael Vetter, 2005. Foto: Natascha Nikeprelevic

Michael Vetter war ein durch und durch beseelter Mensch und besessen davon, das Wesen der Dinge zu erforschen. Als Künstler ein selbst gewählter Außenseiter, zeichneten ihn eine eindringliche Unbestechlichkeit und geistige Unabhängigkeit aus. Das explizite Denken in Umwegen, die kreative Integration der Unberechenbarkeit und die un-bedingte Liebe zum Sein waren die maßgeblichen Komponenten seines Lebens. Er liebte die Stille, was ihn aber nicht daran hinderte, als Musiker der Avantgarde mit provokativ-innovativen Klängen von sich reden zu machen. Der konzentrierte und konsequente Blick ins Innere der Dinge waren ihm zeitlebens aber so wichtig, dass er immer wieder die dafür notwendige Einsamkeit aufsuchte.

Musik

Als zweites Kind der Opernsängerin Doris in der Elst und des Komponisten, Dirigenten und Hochschulleiters Hans-Joachim Vetter hat Michael, wie er selbst sagte, „die Musik mit der Muttermilch aufgesogen". Dies hatte zur Folge, dass das Ausdrucksmittel Musik ihm und seinen beiden Geschwistern seit frühester Kindheit vertraut war. Musik erschien ihm als eine Notwendigkeit des Lebens, gerade so wie Essen und Schlafen. Sie war fester Bestandteil seiner Existenz. Das gemeinsame Musizieren im Sinne familiärer Hausmusik war bei den Vetters eine Selbstverständlichkeit, und so kultivierten sie das Familienquintett nicht nur an Sonntagen zu Hause, sondern auch an Werktagen öffentlich.

In einer Vetter-Anekdote heißt es, dass einmal eine Freundin der Familie anrief und nur die Haushälterin ans Telefon bekam. Diese verkündete trocken, dass Herr und Frau Vetter nebst Kindern sämtlich im Zuchthaus seien. Der Schreck der Dame am anderen Ende der Leitung war groß. Es stellte sich aber bald heraus, dass die Familie Vetter im Quintett für die Gefängnisinsassen musiziert hatte.

Malerei

Ganz eigenständig und von seinen Eltern unabhängig entdeckte Michael schon sehr früh die Malerei. Diese wurde im Folgenden und bis zu seinem Tod zu seiner eigentlichen, ganz persönlichen Leidenschaft, der er sich in jeder freien Minute engagiert und ernsthaft widmete.

Musikmachen war wie Sprechen für ihn, etwas ganz und gar selbstverständlich Kommunikatives. Malen hingegen war sein stilles Privatvergnügen, seine heimliche Begegnung mit Papier und Pinsel, ein inniger, intimer Liebesakt. Er malte bereits, bevor er in die Schule kam, Aquarelle, Federzeichnungen und Ölbilder. Aufgrund einer ausgeprägten Rot-Grün-Blindheit war seine Farbgebung wunderbar eigenwillig. Er malte Bilder, „in denen Architektur und Natur ununterscheidbar ineinander leben"[1] und gab ihnen Titel wie *terra in ultimo die, Golgatha, Pfingstaltar, Verendende Landschaft, Dorische Säule* und *Augenlicht*.

Sehen

Seine Wertschätzung der Malerei hatte sicher auch damit zu tun, dass er in hohem Maße kurzsichtig war. Mit minus 20 Dioptrien blieb ihm ein Rest-Sehvermögen von etwa 20% und ohne Brille war er praktisch blind. Er hatte schon in früher Kindheit wiederholt Netzhautablösungen und die Ärzte prognostizierten, dass er bis zum Erwachsenenalter wohl sein Augenlicht ganz verlieren würde. Dies machte alles Visuelle für ihn sehr kostbar. Da die

---

[1] M. VETTER, *Biographische Notizen.*

hohe Kurzsichtigkeit auch mit den stärksten Brillengläsern nicht vollends kompensiert werden konnte, sah er nicht, was all die Anderen sahen: Menschen auf der anderen Straßenseite, Gegenstände im Raum oder die Schrift auf der Schultafel. Alles war nur schemenhaft für ihn zu erahnen und somit konnte er wichtige Aspekte des sozialen Lebens nur mit großer Anstrengung erschließen. Zudem war er als Brillenträger dieses Ausmaßes (die Gläser waren gute 1,5 Zentimeter dick) während der Schulzeit regelmäßig Zielscheibe für Spott, was zusätzlich dazu führte, dass er sich mehr auf seine Innenwelt zurückzog. In seiner Autobiographie schreibt er in seinen Kindheitserinnerungen im Kapitel *Schulwege*:

> Der Schulweg geht eine halbe Stunde durch Duisburgs Vorstadt. „Tach Jung!", sagt einer von den beiden Großen, die mir entgegen kommen, und stößt mich, als sei das so eine Art kameradschaftlicher Handschlag, in den Trümmerhaufen gleich nebenan. Ich brülle und blute. Ein Mann nimmt mich auf und führt mich zu einem Arzt in der Nähe, der die klaffende Wunde über meinem linken Auge zunäht. So etwas macht Angst, Schulweg-Angst. Jeder, auf den ich zu gehe, könnte wieder so einer sein. Jeder, der sich mir schnellen Schrittes von hinten nähert, könnte es auf mich abgesehen haben. In der Schule schlägt irgend jemand mir während der Pause die Brille von der Nase. Sie fliegt im hohen Bogen auf den steinernen Flur und zersplittert in viele kleine glitzernde Teile. So was reizt natürlich zur Wiederholung.[2]

Stille

Vetter war schon als Kind ein Mensch von leiser Intensität: eigenwillig und selbstbewusst, dabei emphatisch und zart, konsequent und durchdringend. Er konnte sich stunden- und tagelang damit beschäftigten, den Dingen ihre Wesentlichkeit abzulauschen. Er dachte gerne und viel nach und die Stille war dabei einer seiner liebsten Gefährten.

Gegen Kriegsende geboren und anfangs in Trümmerbergen des zerbombten Deutschland in Krefeld und Duisburg aufgewachsen, ging es in Michaels Leben und um ihn herum von Beginn an auch immer wieder um Leben und Tod. Diese Stimmung des „Alles oder Nichts" prägte ihn und ließ ihn das jeweilige „Jetzt" tief schätzen.

Und weiter heißt es in seinen Kindheitserinnerungen im Kapitel *Sterben müssen – ohne mich*:

> Die Angst vor dem Tod ist mir wichtig geworden. Angst? Ja, Angst! Im Dunkel der Nacht rufe ich sie wach in mir. Schlummert sie noch, dann kann ich mich zwar an sie erinnern, aber ich spüre sie nicht leibhaftig, und ich bin dann sogar in der Lage, sie zu verleugnen. Ist sie wach, dann spüre ich sie im Bauch, als sauste ich in einem Aufzug ins Bodenlose, oder als fiele ich rücklings durch ein Loch in der Erde in die Leere des Welt-Raumes. Es ist mein größtes Geheimnis. Es ist die Verabredung, zu der ich gehe, wenn die andern meinen, ich ginge jetzt ins Bett. Ich merke, ich muß mich dem Todesgefühl in dieser radikalen Weise stellen, um dahinter zu kommen, was es auf

---

[2] M. VETTER/Mario von WEGEN, *Lauf, was Du kannst*, 2001/2011.

sich hat mit Tod und Leben, und ich lasse kein Wort des Trostes an mich
herankommen. Ich will keinen Kurz-Schluß. Ich will keine Leicht-Fertigkeit.[3]

Mikrokosmos

Schon als Junge entwickelte er Strategien, mit dem kleinen Rest seiner
Sehkraft auszukommen, und nahm sein Schicksal als Aufforderung kreativ
zu werden. Bald entdeckte er, dass seine Behinderung in Wahrheit eine Gabe
war, denn er konnte mit Leichtigkeit in eine Welt hineinsehen, die anderen
nur mit einer Lupe zu erschließen war, und so wurden feinste Strukturen und
abstrakte Formen („und der Dreck unter meinen Fingernägeln") seine besten
Freunde.

Michael Vetter, Fenster aus Nichts, Radierung: 1981
Foto: Natascha Nikeprelevic

Er begann, sich auf eine Welt des Mikrokosmos mit dem Gegenstand
entrissenen Strukturen zu spezialisieren. Diese Erforschung der Innenwelt
der Dinge beschäftigte ihn viel und oft, im Visuellen, wie auch im
Akustischen. Er malte mehr und mehr Bilder, die aus allerfeinsten Lineaturen
und Mikro-Zeichen bestanden, die sich tatsächlich für Normalsichtige in
ihrer Komplexität erst mit einem Vergrößerungsglas erschließen lassen.

---

[3] M. VETTER/Mario von WEGEN, *Lauf, was Du kannst*, 2001/2011.

Auch Vetters systematische Erforschung der Obertöne in der menschlichen Stimme lässt sich darauf zurückführen, dass er von frühester Kindheit an daran gewöhnt war, die Dinge nach innen hin auszuleuchten und ihnen Wesenhaftes abzulauschen. Er verstand sich selber immer vor allem als Forscher eines Innenkosmos der ansonsten sicht- und hörbaren Welt.

Avantgarde

Als Musiker und „enfant terrible" der Neuen Musik erlangte Michael Vetter zunächst mit seinen bizarr-kühnen Blockflötenklängen in den 60er/70er-Jahren internationale Berühmtheit. Als improvisierender Interpret arbeitete er u.a. mit Komponisten wie Stockhausen, Bussotti, Kagel, Ligeti und Takemitsu und realisierte zahlreiche Uraufführungen für Flöte und Stimme und Elektronik. Als Avantgarde-Komponist machte er seit Mitte der 70er-Jahre auf sich aufmerksam. Seine Kunst des mehrstimmigen Oberton-Gesangs ließ ihn zu einem Exponenten neuer meditativer Musik werden, dessen Anhänger er andererseits durch eine geradezu hemmungslose Lust am spontan-musikalischen Experiment irritierte. Vetter, dem Karlheinz Stockhausen seine kühnsten Entwürfe anvertraute und der andererseits ein passionierter Bach-Spieler war, ist stilistisch ein Musiker der Synthese, dem es geradezu existenziell darum ging, die gegensätzlichsten Pole musikalischen Erlebens miteinander in Auseinandersetzung zu bringen.

Zwischen Vetters zweitem und drittem Lebensjahrzehnt entstanden umfangreiche Schriften, Konzepte, Kompositionen und Bildwerke, die u.a. im Moeck Verlag, in der Universal Edition Wien und im Klett Verlag publiziert wurden. (*Liebesspiele: musikalische Konzepte, fotografische Notationen* − *Linienspiel: grafische Musik* – *Schreibspiele* − *Cosmic Comic: das Märchen von der Linie, die auszog, das Ziehen zu lernen* u.a.m.). Herauszuheben ist hier sein Blockflöten-Lehrwerk samt Instrumentalschule *Il Flauto dolce ed acerbo*, das heute noch als Schlüsselwerk der zeitgenössischen Blockflötenmusik gilt.

Bahnbrechend ist auch sein zweibändiger Roman *Handbewegungen,* der 1969 im Klett Verlag erschien. Darin „meditiert Vetter auf rund 650 Seiten über die mikromotorischen Fähigkeiten gegenstandslosen Schreibens, anfangs im Alleingang, dann im Austausch mit immer mehr persönlichen Handschriften, schließlich − im Sinne einer strukturellen Völkerverständigung − mit spielerischen Vergleichen, Angleichungen und Übergängen arabischer und israelischer, russischer und euroamerikanischer, indischer und chinesischer Schrift".[4] Zur Jahreswende 1969/70 kürt „Welt am Sonntag" dieses Werk zum „sinnlosesten Buch des Jahres".[5]

---

[4] M. VETTER, Manifest zur „Transverbal Stiftung", 2013.
[5] Ebd.

Theologie und Zen

Neben seiner lebenslangen Profession als Musiker studierte er nach dem
Abitur evangelische Theologie mit den Schwerpunkten Hermeneutik,
Entmythologisierung und existenziale Interpretation, weil er auch von dieser
Seite der Frage nach dem Seinsgrund nachgehen wollte.

Während seiner Japan-Zeit als Musiker, Interpret und Weggefährte des
Komponisten Karlheinz Stockhausen anlässlich der Weltausstellung 1970
begegnete er dem Zen und entschloss sich als Zen-Mönch im Kloster Bai-O-
In in Tokudoshiki bei Meister Katayama-Roshi und im Hosshinji bei Meister
Harada-Roshi für einige Zeit in diesem Sinne inne zu halten. Die Einheit von
Natur und Kunst begeisterte, ja elektrisierte ihn förmlich. Er schrieb
Konzepte zur (Lebens)kunst und *Musik des Alltäglichen* und erarbeitete seine
Zen-Spiele: Tuchspiel, Seilspiel, Steinspiel in Anlehnung an traditionelle
Zen-Künste. Daraus ging auch hervor, dass er systematisch den von ihm so
genannten *Weg der Stimme* konzipierte. Darüber schreibt er in seinem Buch
Engelsmusik:

> Was ist Singen überhaupt? diese Frage beispielsweise richte ich an niemand anderen
> als an die Stimme selbst, wo immer sie mir begegnet. Ich belausche sie, ich beobachte
> sie, ich mute ihr dies und jenes zu, beobachte ihre Reaktionen, ihre Spielräume, lerne
> ihre Feinheiten kennen, ihr Leben, und lerne und lerne − und empfange unter all den
> Lehren vielleicht als die wichtigste: den Dingen, mit denen ich umgehe, zuzutrauen,
> daß sie sich von selbst verstehen und: daß es ein Regelsystem gibt, das so vielfältig ist
> wie die Erscheinungen selbst. *Der Weg der Stimme*, wie ich ihn mir und meinen
> Weggefährten regelmäßig immer wieder neu in Worte zu kleiden pflege, nimmt kaum
> etwas so ernst wie die Beweglichkeit seiner selbst: seine letztendliche Regellosigkeit.[6]

Spiritualität und Kunst

Viele seiner Musikstücke, Konzepte, Kompositionen und Ausstellungen
beschäftigten sich mit dem Spannungsfeld von Kunst und Spiritualität auf
der Ebene des Strukturellen. Eine Ausstellung im Landesmuseum Münster
hieß *Gebetsformen*, ein Bilderzyklus aus 24 Ölgemälden, aus dichten roten
und goldenen Mikrozeichen bestehend, betitelte er mit *Die Roten Ikonen*,
vierzehn großformatige Ölbilder nannte er: *Die Gesetzestafeln*. In seinem
gleichnamigen Hörspiel, das 1999 im Auftrag des Deutschlandradio Berlin
entstand, heißt es im Exposé:

> Das Mysterienspiel für zwei Stimmen und Instrumente orientiert sich an den
> großflächigen grafischen Partituren der Tafelbilder *Die Gesetzestafeln*, die visuell
> nicht vorschreiben, was man soll und nicht soll, sondern die sich im Gespräch
> miteinander erfüllen, unabhängig davon, wie andere über sie denken und nicht denken.

---

[6] M. VETTER, *Engelsmusik,* 2010.

> Strukturprinzipien, die je für sich, vor allem aber im Spiel miteinander wirken. Die
> Gesetze sind rätselhaft. Sie ergreifen. Sie begeistern. Sie lieben.[7]

Vetter war von Natur aus spirituell und durch und durch im Dialog mit dem
Geistigen.

Diese innere Haltung formte seine Kunst und seinen Lebensausdruck. Er
war durchdrungen von einer tiefen Innigkeit zum Wesen des Göttlichen. Er
war ein Meister des Innehaltens einerseits und des auf den Punkt-Bringens
andererseits. Bereits 1978 schrieb er die Texte *M'illumino d'immenso:
Konzepte zur Unberechenbarkeit*, worin er dem Zufall göttliche Fügung
zusprach.

Japan

Vetter weitet seinen Japanaufenthalt auf insgesamt dreizehn Jahre aus. Emsig
schreibt er seine *Konzepte zur Zukunft der Künste*, eine Artikelserie in der
Zeitschrift EPISTEME, die als Buch beim Asahi-Verlag Tokyo unter dem
Titel *Shijima no oto* (Des Schweigens Ton) erscheint. Er übt sich in
japanischer Tuschemalerei, traditioneller Teezeremonie, lernt 2000
japanische Schriftzeichen schreiben, übt sich weiter in Meditation, wird
ordinierter Zen-Mönch und später Nachfolger seines Meisters Katayama
Roshi, spielt Kotoharfe, Gong, Klangschalen und andere Ritualinstrumente
und verbindet ihr Spiel mal meditativ, mal experimentell mit seiner Stimme.
Musikstücke wie *Frühlingslicht* entstehen, worin er „die Meditation über das
Wesen des Klanges mit Qualitäten des Erwachens, der Re-Generation und
Re-Kreation"[8] verbindet. Er schreibt im Programmtext dazu:

> Introvertiertes Sicherinnern an den Grund des Seins korrespondiert mit extravertiertem
> Sichumhören in die Welt allseits erwachenden Lebens. Die „Innerlichkeit" des seine
> Obertöne reflektierenden Klanges spielt mit der „Äußerlichkeit" einer die Welt des
> Hörbaren aufs Neue akzeptierenden Musikalität. [9]

Wort und Ton

Nach seiner Rückkehr nach Deutschland im Jahr 1983 erschienen im
Folgenden weitere Bücher (*Musik – Texte und Bilder zur Einführung in die
Kunst, sich in Nichts zu verlieben* (Via Nova Verlag, Petersberg 1995), *Die
Psychologie der Seinserfahrung* (Lüchow Verlag 1997), *Pianissimo* (Schott
Atlantis 1998), *Seinserfahrung – Das Buch von der Liebe zum Leben* (Verlag
Hermann Bauer 1988) u.a.m.).

Vetter war ein ständig schaffender Mensch: Er schrieb, konzertierte,
unterrichtete und malte. Auch seine zahlreichen veröffentlichten Schallplatten und CDs geben davon Zeugnis. Unter anderem erschienen bei Schott-

---

[7] M. VETTER, *Exposé: Die Gesetzestafeln,* 1999.
[8] M. VETTER, Programmheft: *Frühlingslicht*, 1996
[9] Ebd.

Wergo: *Overtones, Tambura-Meditation, Pro-Vocationes, Tambura-Preludes, Missa Universalis, Senanque: Liebes-Lied, Thoronet: Gesänge der Nacht, Zen-Gong, Zen-Glocken, Zen-Tambura, Zen-Koto, Zen-Klavier, Zen-Flöte*; bei Sonoton *Musik aus Stein*; bei Jecklin-Disco *Silence, Spaces, Wind, Flowers, Clouds, Light*; bei Amiata Records *Ancient Voices, Nocturne*; und bei Zweitausendeins *Offene Geheimnisse*.

1987 erschien im Schott-Verlag außerdem: *OM – eine Obertonschule*, in der Michael Vetter bahnbrechende Anleitungen zum Obertonsingen (preis)gab, auf die sich die meisten der heute gängigen Obertongesangs-Techniken gründen. In unzähligen Seminaren an Hochschulen und Instituten weltweit gab er sein Wissen auf diesem Gebiet an Kollegen, Musikstudenten und engagierte Laien weiter.

Zahlreiche Werke publizierte Vetter auch im Eigenverlag, deren einzelne Nennung hier den Rahmen sprengen würde. Allen Werken gemeinsam ist Vetters Thema der „meditativen Kommunikation und der kommunikativen Meditation", deren Zusammenwirken er akustisch, visuell und sprachlich lebenslang umkreiste und medial auf den Punkt brachte. Darin ging es ihm „mit Hilfe der verschiedensten Medien künstlerischen Ausdrucks (Sprache, Malerei, Fotografie, Theater, Musik, Meditation) um die Realisierung dessen, was er ‚Transverbal' nannte: Sprache ist Bewegung ist Musik." [10]

Transverbal

Der Begriff „Transverbal" und dessen inhaltliche Ausformung war, wie er selber sagte, sein ihm wichtigster und revolutionärster Entwurf. Er schrieb umfangreiche Texte und Artikel dazu u.a. *Thesen zur Zukunft der Musik*, in denen er seine Utopie eines „homo musicalis" in der Zukunft beschreibt. Diese neue Spezies, von der wir evolutionär, nach Vetters Empfinden, nur noch einen Katzensprung entfernt sind, würde auf der strukturellen Ebene des „Transverbalen", im Sinne einer „sprachlichen Musik" miteinander kommunizieren können.

In seinem Manifest zu einer zukünftigen „Transverbal Stiftung" schreibt er in seinem Todesjahr 2013:

> Transverbal – diesem Wort geht es darum, daß das Wesen aller Kunst und Natur letztlich darauf hinausläuft, als Sprache verstanden zu werden. Im Unterschied zum Nonverbalen oder Averbalen geht es nicht darum, die verbale Sprache zu vermeiden, zugunsten anderer Ebenen der Kommunikation. Die Silbe „Trans" bedeutet: es geht gewissermaßen um ein Jenseits der Verbal-Sprache. Wie man den berühmten Kuchenberg essend überwinden muß, um ins Schlaraffenland zu kommen, wo einem dann die Tauben gebraten in den Mund fliegen, so erfährt nur das Wesen des Transverbalen, der die Welt der Verbalsprache buchstäblich „ver-gessen" hat. Nur wer über die Hingabe an die Sprache, über die Liebe zu ihr zum Dichter geworden ist und als Dichter, als Sprach-Schöpfer von der Sprache „lebte", sie sich „einverleibte" und wie in Kafkas Erzählung auf der Suche nach ihrem wahren Wesen, nach ihrer

---

[10] M. VETTER, *Biographische Notizen*.

Eigentlichkeit zum Hungerkünstler wurde, wird auf ebenso selbstverständliche wie zwangsläufige Weise irgendwann erkennen, daß er selbst „Sprache" ist, er selbst und der Rest des ihn ständig neu erfindenden Universums.[11]

Und weiter heißt es in seiner Schrift: *Transverbal: Grundsätze* von 1997/2011:

> Der homo musicalis stellt die Musik in all ihren Sinnesformen, als Schau-Spiel, Hör-Spiel, Bewegungs-Spiel, in den Mittelpunkt, wie der Mönch das Gebet. Das Leben ist für ihn in der Kunst nicht als Metapher, sondern als Leben präsent, und das, obwohl er darauf besteht, daß niemand das Leben in seinen elementaren inhaltlich gebundenen Formen mehr liebt als er. In den Kunstformen des Lebens wird das Leben als Kunst derart bewußt wie im Gebet das Leben als Gebet bewußt wird, als Gespräch mit Gott. Die Kunst schließt den scheinbar unkünstlerischen Rest des Lebens in sich ein. Sprechen, Schreiben, Handwerk werden auf ihrer Spielebene, also da, wo sie noch nicht oder nicht mehr müssen realisiert. Der eigentliche Dialog ist der zwischen Hand/Auge und Linie, zwischen Ton und Stimme/Ohr, in diesen Dialog kann, muß nicht ein anderer Mensch einbezogen werden. Gott ist immer da.[12]

Der Moment

Sein Œuvre als Komponist, Schriftsteller und Maler ist bemerkenswert. Allein sein Anfang der 70er-Jahre begonnenes und bis zu seinem Tod nahezu täglich weitergeführtes Mammut-Bildwerk, das *Buch der Zeichen*, umfasst Millionen von Tuschebildern, die tagebuchartig den Moment eines Pinselwurfs festhalten. 1982 erhielt Vetter für die experimentelle Kalligrafie seines *Buch der Zeichen* den Kunstpreis des japanischen Außenministeriums.

> An die Stelle der mit Kugelschreiber zeilenweise geschriebenen quadratzentimetergroßen Zeichen meines Romanes *Handbewegungen* tritt jetzt auf Hanshi-(DIN B4)-Format mit japanischem Pinsel malend Gezeichnetes. Jedes der Blätter enthält die Improvisation eines aus dem Augenblick heraus sich erfindenden, für sich stehenden Nichts bedeutenden Zeichens. Jedes Zeichen versteht sich als Bewegungsgedicht, in sich ruhend als Einzelbild und doch dem Kontext seiner Vorläufer und seiner Nachfahren verpflichtet. In zwangloser Zwangsläufigkeit markiert jedes „Gedicht" sein „Jetzt" in karmischer Verbindlichkeit. Das Wesen sich ständig neuen Erfindens ist zum Mantra geworden, zum Lebenselixier: Im Sinne einer Folge mehr oder weniger täglich auseinander sich ergebender Gedicht-Zyklen entfaltet sich – nicht als Forschungs-Resultat, sondern in dichterisch-kalligrafischem Spiel – ein zeitlos selbstvergessen in sich hinein lauschendes exemplarisches transverbales Schrift-Stück.[13]

---

[11] M. VETTER, *Manifest zur „Transverbal Stiftung"*, 2013.
[12] Ebd.
[13] Ebd.

Das Zusammenspiel von Zufall und Absicht

Obwohl Vetter permanent und nahezu unbeeindruckt von Alltags-
widrigkeiten an seinen Gedanken und Visionen arbeitete, blieb ihm immer
auch der Blick zur Seite und zu den Menschen um ihn herum. Er war – trotz
seiner übergroßen Sehnsucht nach Stille und Alleinsein – ein Pädagoge mit
Leidenschaft und aus Überzeugung und er gab unzählige Stunden seiner ihm
so kostbaren Lebenszeit, um anderen Menschen den Zugang zu diesem
neuen, schillernden Kosmos des transverbalen Gedankens zu ermöglichen. In
seinem Buch: *Seinserfahrung* heißt es: „Der Zufall wird zum Einfall, wenn
man den Hut hinhält".[14] In diesem Sinne hat Vetter in seinen Seminaren dazu
angeleitet, den Augenblick und die eigene Intuition als Meister des
Schöpferischen anzunehmen und diesen kreativ wirken zu lassen.

Er war extrem unbestechlich und höchst genau. Er ließ sich nie von dem
Prinzip „höher, schneller, weiter" einfangen, sondern ging, als Künstler und
als Lehrer, mit Sorgfalt, Ruhe und Hingabe an jede Sache heran, die er tat. Er
wollte von den Dingen selbst betroffen werden und mit ihnen betreffen.

Wer mit Michael eine Bergwanderung machte, kam zwar streckenweise
oftmals schneller voran, erreichte aber nicht unbedingt (befriedigter) den
Gipfel. Michael ging langsam, aber stetig, dosierte seine Kraft und seine
Reserven immer wohl bemessen am zurückzulegenden Weg. (Da er immer
davon sprach, mindestens einhundertzweiunddreißig Jahre alt werden zu
wollen, ging er in seinem Leben in diesem Sinne von vorneherein einfach
von einer großzügigen Zeitspanne aus). Er liebte das Leben als Urgrund des
Lebendigen und wollte immer noch tiefer eindringen in das Rätsel der
komplexen Zusammenhänge. All die Jahre, in denen ich als Vokalistin
gemeinsam mit ihm Konzerte geben durfte, spürte ich bei ihm immer tiefste
Hingabe an den Augenblick, existenzielle Erfülltheit und maximale
Intensität.

Wartezeit als Malzeit

Er „nutzte" dazu wirklich jede freie Minute. Wo andere einfach warteten, sah
man ihn mit einem Malbuch, das er immer bei sich hatte, Strukturen
zeichnen: Linien, die sich kreuzen, sich parallel begleiten, die zu geschlos-
senen Formen werden. Linien, die ganz kurz werden und als Punkt enden.
Linien, die sich in Arabesken bewegen, oder strikt in rechten Winkeln, die
sich verknoten oder die an Schriftzeichen erinnernd für sich stehen. Im
Folgenden sang oder pfiff, flüsterte, hauchte oder brummte er das jeweils
Gemalte leise vor sich hin, bewegte dirigierend dazu seine Hand und war
ganz und gar vertieft und ausgefüllt. Bloßes Warten, wie etwa beim Arzt, an
der Bushaltestelle, bei Umbauproben, in Flughäfen etc. existierte für Michael
nicht. Er nutze alle Zeit, eben auch die Zwischenräume, um sein

---

[14] M. VETTER, *Seinserfahrung,* 1988.

Spezialgebiet malend, singend, denkend und schreibend immer tiefer zu erforschen. Er analysierte die Ergebnisse, benannte sie, grenzte sie weiter ein, um möglichst viele Unterformen katalogisieren zu können, und systematisierte sie mit dem Fleiß eines Wissenschaftlers.

Linien als Spuren des Lebens

Zu diesen Strukturprinzipien hat er bereits 1972 ein Lehrbuch geschrieben, das er *Schreibspiele ohne Worte* nannte und das im Schulbuch Verlag Klett erschien. Im Jahr 2000 hat er dieses Buch überarbeitet und mit weiteren Konzepten zur Malerei komplettiert: *Das Mandala des Linienspiels* nannte er es, und im Vorwort schreibt er:

> *Linien als Prinzip* – das erinnert an Lebenslinien: Jedes Stück Linie ist schon Lebenslinie, auch wenn sie nur die Spur von wenigen Sekunden Leben ist. Seine Lebenslinie malen, das heißt, sie direkt, direktest in die Hand nehmen: aus ihr herausfließen lassend ihr zuschauen und sie direkt beeinflussen. Biofeedback im kreativsten Sinne des Wortes. Die japanisch-chinesische Idee der Kalligrafie: Jede Bewegung ist nachlesbar. Keine Bewegung läßt sich korrigieren: retuschieren. So ist das Leben. Man kann aber durch eine neue Bewegung die alte ausgleichen. Das lehrt eine immer größere Aufmerksamkeit für den Augenblick und eine immer größere Wertschätzung des Lebens. Und vor allem: die Kunst der Improvisation. Die Einbeziehung des Zitterns, das Lernen vom Unbeabsichtigten. Die Kooperation mit dem Zufall. Das Spiel der Mini-Entscheidungen. [15]

Grenzgänger

Als programmatischer Grenzgänger und Mensch, der sein Augenmerk explizit auf Seiten- und Umwege richtete, widmete sich Michael Vetter als Interpret von Musik gerne auch Werken, die als sogenannt „unspielbar" gelten. So brachte er 1997 als Erster und 26 Jahre nach Entstehen der Plus/Minus Partitur *SPIRAL für einen Solisten* des Komponisten Karlheinz Stockhausen zur Uraufführung. Im Konzert durchlebte er vor Publikum das zweieinhalb Stunden dauernde Stück für Stimme und Kurzwellenradio mit der ihn auszeichnenden Bedingungslosigkeit, die jeden Anwesenden den Atem anhalten ließ. Ich war damals seine Schülerin und Teil der Zuhörerschaft und nach diesem Konzerterlebnis fest entschlossen, diese kompromisslose Vertiefung von ihm lernen zu wollen. Michael war ein künstlerischer Alleingänger mit provokativen Visionen, einer wunderbaren Portion Un-Verschämtheit und einer großartigen Liebe zur Komplexität des Augenblicklichen. 2008 und 2013 studierte Michael die beiden weiteren Werke in der Reihe der Plus/Minus Partituren *POLE für 2* (gemeinsam mit mir) und *EXPO für 3* (mit mir und dem Elektronik-Musiker F. X. Randomiz) ein. Die 3 CDs *SPIRAL*, *POLE* und *EXPO* sind im Stockhausen Verlag publiziert. Acht Wochen nach der Studioaufnahme verstarb Michael Vetter.

---

[15] M. VETTER, *Das Mandala des Linienspiels*, 2000.

Nach siebzehn Jahren Zusammenarbeit im „Duo Transverbal" ist mein Verlust – nicht nur als Vokalistin – enorm und doch bin ich voll dankbarer Freude, dass Michaels verrückt-einfallsreicher, inniger, humorvoller und tiefsinniger musikalischer Geist noch einmal eingefangen werden konnte und somit der Nachwelt erhalten bleibt. Es ist gleichzeitig das letzte Audio-Dokument seiner Stimme. Die CD *EXPO* ist Michael Vetter posthum gewidmet. Als Blockflötist hatte Vetter, neben seiner experimentellen Spielweise im Rahmen der zeitgenössischen Neuen Musik, auch alle Blockflötenliteratur vom Mittelalter bis zur Gegenwart im Repertoire. Ein typisch Vettersches tollkühnes Projekt war das passionierte Üben der Violin-Solo-Sonaten und Partiten von J. S. Bach (BWV 1001–1004) auf der Alt-Blockflöte. Täglich widmete er sich in einer festen Übungseinheit dem waghalsigen Unterfangen, mit seinem Instrument die komplexe Mehr-stimmigkeit zu realisieren. Auf mein begeistertes Erstaunen über seine 40-jährige eingehende Beschäftigung mit Bach nahm er 2007 seine Interpretation dieser Solo-Sonaten auf CD auf. Im Jahr 2009 entstand im Rahmen „Klangkunst" (DeutschlandRadio Berlin) das Stück *An Baches Rand* für zwei Stimmen und Instrumente, in denen Vetter-Stücke mit Bach im Wechsel kommunizieren. Im Programmtext dazu schreibt er:

> *Bachs Violin-Soli als Blockflötenmusik:* Es entspricht dem Wesen Bach'scher Philosophie, das Größte ins Kleinste hinein zu transzendieren und im Rahmen dieses Projektes der Solovioline sechs seiner längsten und musikalisch komplexesten Gedankengänge zu widmen. Michael Vetters Blockflöten-Version der Bach'schen Violin-Soli verfolgt diese Idee weiter, indem sie Bachs absurd erscheinende Idee, auf einem betont monodischen Instrument betont polyphon zu agieren, noch einmal einen entscheidenden Schritt weiter treibt. Um auf der Blockflöte Akkordisches nach Art Bach'scher Solokompositionen zu spielen, muß sie die latente Mehrstimmigkeit des Arpeggios bemühen, woraus eine neue ihm entsprechende Vision von Zeit herauf-dämmert: der gemäß es neben der bislang gültigen, der horizontal zeiträumlichen, eine zweite gibt, eine vertikal raumzeitliche, diejenige jetztzeitlich übereinander-geschichteter Töne.[16]

Gemalte Stille und singender Klang

Im Jahr 2001 schrieb er unter dem Pseudonym Mario von Wegen seinen autobiographischen Roman: *Lauf, was du kannst – der Roman einer Bewegung. Eine Geschichte der Gegenstandslosigkeit*, in der er sich selbst konsequent nur als Maler beschreibt und sich als Musiker verschweigt. Er sagte einmal, dass ihm die Stille während des Malens wesentlich mehr entspreche als das Klingen beim Musikmachen. Aber beides sei ein Ausdruck der Bewegung des Geistes in der Zeit und als solches wollte er beidem gleichermaßen auf den Grund gehen. Er empfand die unterschied-liche Wahrnehmung von Zeit beim Malen bzw. Musikmachen als sehr deutlich anders und spürte dem stetigen Wechselspiel aus Klang und Stille in

---

[16] M. VETTER, *Exposé: An Baches Rand*, 2009.

seinem Leben programmatisch nach, indem er täglich konsequent auf je eine Zeiteinheit des Musikmachens eine Zeiteinheit des Malens folgen ließ. Bis zu seinem Tod praktizierte er dies und empfand dieses Kreisen innerhalb der beiden Themen: gemalte Stille und singender Klang als ungeheure Vertiefung in etwas Neues, etwas Drittes. In beiden Fällen führt der Geist die Bewegung an: Im einen Fall mündet diese Bewegung des Geistes in der Hand mit dem Pinsel und hinterlässt Spuren auf dem Papier, und im anderen Fall mündet sie in der Spannung des Stimmbandes und im Zusammenspiel des Sprechapparates und hinterlässt akustische Spuren im Raum. Lässt man Raum, Stimme, Klang, Papier, Pinsel und Hand weg, was würde sich dann weiterbewegen? Und wie? Der Geist, der stille, unhörbare, körperlose. So stelle ich mir jetzt vor, bewegt sich Michaels Geist weiter im Raum der Unendlichkeit. In tonloser Ekstase und stiller Andacht.

Neue Bücher

Otto SPECK, *Spirituelles Bewusstsein. Nahtod-Erfahrungen –
wissenschaftliche und kulturelle Aspekte.* Norderstedt 2014, 310 S. mit 3
farbigen Abbildungen, ISBN 978-3-73575-935-1, € 26,90.

Der renommierte, lange Zeit an der LMU in München lehrende, inzwischen
emeritierte Heilpädagoge und Erziehungswissenschaftler Otto Speck legt mit
seiner Schrift „Spirituelles Bewusstsein" ein Grundlagenwerk über die
spirituelle Dimension menschlichen Lebens in einem sehr vertieft
wissenschaftstheoretisch-philosophisch-kulturellen Gesamtkontext vor.

Das Buch überzeugt durch seine klare, allgemein verständliche Sprache,
die gemessen an der geisteswissenschaftlichen Dimension ein außergewöhn-
lich hohes Maß an Präzision und Differenzierungskraft besitzt, dabei aber
absolut unprätentiös, ja fast dichterisch ist, sieht man einmal von der
metatheoretischen, aber zugleich empirisch begründeten (!) Auffassung des
Autors ab, die die *Realität einer transzendentalen Perspektive* einnimmt.
Speck analysiert die anstehenden Fragestellungen mit höchster philosophischer Expertise und tiefstem Ernst denkerischer und existenzieller
Wahrhaftigkeit.

Die spirituelle Dimension erschließt sich in einer wissenschaftlich-
philosophisch-kulturellen Gesamtschau, in einer Fülle an Literatur, deren
Auswertung dialektisch vorgeht, unterschiedliche, ja oft widersprüchliche
Positionen aufgreift, einseitig materialistisch-reduktionistische Modelle, aber
auch ego-orientiert verkürzte metaphysische Spekulationen („pathologische
Spiritualität" / Fundamentalismus) kritisch hinterfragt und mit deren eigenen
(empirischen) Methoden in einem *größeren Denkzusammenhang und
übergeordneten Weltverständnis* überzeugend zu entkräften versucht. Der
Leser lernt Schritt für Schritt die historischen Entwicklungszusammenhänge
(z.B. auch unter Bezugnahme auf Gebser und Wilber) und neuesten
quantenphysikalischen Einsichten kennen. Inhalte religiös-philosophischer
Traditionen aus Orient und Okzident werden wesentlich dargestellt und
jenseits der konfessionellen Gebundenheit im ethischen Kontext auf einer
höheren allgemeinmenschlichen Ebene diskutiert.

Die spirituelle Interpretationsdimension orientiert sich an den historischen
Beispielen der mittelalterlichen Mystiker, deren Leitfigur *Meister Eckhart*
ist. Speck erläutert aber auch dessen orientalische Parallele im intentions-
losen Handeln des Zen-Geists.

Ein Augenmerk wird auch auf die Entspiritualisierung in der Neuzeit durch die mit Descartes aufkommende Naturwissenschaft gelegt, die sich von der metaphysisch-theologischen Dimension lossagte, gegen Aberglauben und religiösen Missbrauch zu Recht zu Felde zog, aus deren Realismus sich aber nach und nach ein materiell orientiertes Menschenbild entwickelte. Erst die Quantenphysik und deren spirituell orientierte Vertreter weisen heute wieder auf eine breitere geisteswissenschaftliche Dimension hin, die den Menschen wieder mit einbezieht. Momentan seien es vor allem soziale Entfremdungs- und Beschleunigungsprozesse, die den Verfall der ethischen Autonomie durch Individualisierung begünstigen.

Großes Gewicht legt die Untersuchung auf die aktuellen Ergebnisse der *Nahtod-Erfahrungen.* Mit einer Fülle an wissenschaftlichen Belegen und erkenntnistheoretischen Einsichten wird das alte Leib-Seele-Problem unter Einbeziehung aktueller medizinischer, neurobiologischer, physikalischer und philosophischer Erkenntnisse neu belebt. Sich von verkürzten und daher irreführenden Argumentationen abgrenzend, weist Speck auf ein altes, bereits im philosophischen Hinduismus bekanntes Erfahrungswissen hin, wonach Geist und Seele *auch* auf den Leib einwirken können und die Seele als eine eigenständige menschliche Existenz oder Energie erfahren werden kann.

Aus der Reflexion über Gemeinsamkeiten der Nahtod-Erfahrungen ergibt sich für den Autor als verbindendes und zugleich höchstes menschliches Entwicklungsziel die *Liebe als die Realität der Realitäten.* Wichtig sei es für den Menschen, zu erkennen, worauf die Evolution hinauslaufe.

Aus der Vielzahl der überzeugend dargestellten Studien ergeben sich schließlich auch Konsequenzen für die spirituelle Lebenspraxis, deren wichtigste mit Bezug auf Lévinas vor allem die Achtung vor dem Anderen ist, den es als Menschen unbedingt zu respektieren gilt. Natürlich müsse der Mensch sein Tun oder Lassen selbstverantwortlich gestalten, er könne sich nicht von dieser Verantwortung befreien. Aber erst in Verbindung mit der Achtung vor dem Anderen erwächst der Selbstverantwortung Gefühl und Mitgefühl, die einen höheren Rang haben als die bloße Pflicht-Ethik (Kant). So lebe der Mensch entscheidend aus der Herzkraft, die die Basis für das so notwendige Mitempfinden-Können darstellt. Nicht zuletzt wird das Gewissen als innere Stimme, als die Stimme Gottes, beschrieben, die über allem steht und aus deren Kraft wir erst zu leben vermögen.

Speck weist auf das alte medizinisch-energetische Wissen hin, das mit der Entdeckung des biochemischen Netzwerks erweiterte Heilungschancen durch die Funktion des Bewusstseins ermöglicht. Weil in allen Zellen auch gleichzeitig der „Geist" – und nicht eben nur bloße Materie – anwesend sei, werde der Mensch zu einem Seele-Körper-Geist-Organismus. Insofern kommen der *Funktion des Bewusstseins* erweiterte Heilungschancen zu, die z.B. in der Psychotherapie nutzbar gemacht werden könnten: „Zusammenfassend möchte ich noch einmal hervorheben, dass der Mensch mit seiner spirituellen Vorstellungskraft, also seinem Bewusstsein, seinem Glauben und seinem Willen, über mehr Macht in Bezug auf seinen Körper verfügen kann, als die meisten Menschen wissen" (250).

Spirituelle Entwicklung gedeihe in der kleinen familiären Gruppe besser als in einem geplanten lernzielorientierten Gefördert-Werden. Sie werde behindert durch permanente Beaufsichtigung, allzu viel Unruhe und ständige soziale Kontrolle. Viele Kinder erlebten Familie heute als stressig und sind zu lange an elektronische Medien gebunden, was für die soziale, emotionale und spirituelle Entwicklung nicht förderlich sei.

Wenn in der Schule immer mehr Lernwissen, d.h. Detail- bzw. Verfügungswissen unter Verwertungsaspekt vermittelt werde, komme das Erfassen übergreifender Zusammenhänge, ganzheitliches Wissen und spirituelles Erleben zu kurz. So bestehe die Gefahr der Überfrachtung mit aufgedrängtem Lernstoff und Wissen, das zur bloßen Routine führe. Weil das Gehirn dadurch inaktiv werde, müsse als wichtige Gegenkraft die *Zeit der Muße* berücksichtigt werden. Eine friedlichere Welt könne nur entstehen, wenn geistige Werte wieder mehr Geltung erhielten, weshalb vor allem die gemeinschaftliche Aufgabe für Andere und das gute Herz von besonderer Bedeutung seien. Dazu könne die *Meditation* als Einübung in die innere Stille dienen.

Speck weist am Ende auf die Notwendigkeit hin, die menschliche Balance weltweit wieder herzustellen. Es müssten Bildungsprozesse initiiert werden, die dem universellen Nachhaltigkeitsprinzip verpflichtet sind und übernationale, interkulturelle und interreligiöse Motivationen vermitteln können. Der Ausgang müsse im Wesentlichen von der eigenen inneren Balance Einzelner erfolgen. Dazu interpretiert der Autor die Metaphorik eines Bildes von Paul Klee mit dem Titel „Seiltänzer", das auch auf der Vorderseite des Buches wegweisend abgebildet ist. Der Kern spirituellen Bewusstseins liege im Innern des Menschen, einem festen Platz, der Halt und Sicherheit geben könne und von außen nicht ohne Weiteres zu manipulieren sei, um seinen Weg in der Welt zu finden. Rationalität und Technologie seien nicht die alleinige Garantie für Erkenntnis und Fortschritt. Erst wenn die wichtigeren Antennen für das Mitmenschliche und Gemeinsame entwickelt würden, erschlösse sich auch ein tieferer Sinn für die eigene Existenz. Nur auf diese Weise könne sich eine empathischere Zivilisation entwickeln, die sich von gewohnten materiellen Nutzwerten und der Sucht nach Glück und Reichtum abkehrt und sich einer von mehr Mitgefühl für die anderen geprägten Welt zuwendet. Bei diesen mahnenden Ausführungen denkt man unweigerlich an Janusz Korczak, der genauso wie einst Otto Speck Lehrer für „geistig behinderte" Menschen gewesen ist.

Man wünscht dieser tiefsinnigen, für das 21. Jahrhundert und darüber hinaus wegweisenden Schrift viele Leser. Sie ist nicht nur für Pädagogen besonders geeignet, sondern wendet sich an alle, die am Aufbau einer spirituelleren Welt interessiert sind.

(Rüdiger HAAS)

Jörg BLECH, Gene sind kein Schicksal – Wie wir unsere Erbanlagen steuern können. 286 Seiten, Frankfurt am Main 2010.

Der Biologe und Wissenschaftsjournalist Jörg Blech präsentiert zum Spannungsfeld des seit Jahrhunderten bekannten und diskutierten Leib-Seele-Problems eine Fülle neuerer, gut lesbarer Studien zum Bereich der Genetik. Dabei legt er den Interpretationsfokus nicht auf die fixen, ontologisch-unveränderbaren, nach Kant prinzipiell unerkennbaren Fakten des Seins, sondern beleuchtet die Dynamik des Werdens im Hinblick auf die Möglichkeit des Menschen, sich gesundheitlich positiv zu verhalten. Seine sehr kritische Warnung vor einer leichtgläubigen Übernahme vorschneller, scheinbar naturwissenschaftlicher Ergebnisse ist tiefenphänomenologisch zu begrüßen. Der durch die Studien in neue Schläuche eingegossene alte Wein ist der Yoga-Philosophie, der Deutschen Romantik, der Mystik und aktuell auch Teilen der Neurobiologie wohlbekannt. Insofern liefern die Studien zwar nichts wirklich Neues, untermauern aber das Wissen altehrwürdiger Traditionen im Lichte aktueller empirischer Daten.

Auf der Suche nach Genen werde im Gesundheitsbereich die Ära der personalisierten Medizin ausgerufen. In Vergleichsstudien sollen Gene für alle erdenklichen Volksleiden gefunden werden. Es gebe Millionen Stellen im Genom, die sich von Mensch zu Mensch unterscheiden können, das seien SNPs (snips gesprochen für Single nucleotide polymorhismus), nach denen systematisch gesucht werde. Findet man ein auffälliges SNP, dann müsse in der Nähe ein Gen liegen, das mit der jeweiligen Erkrankung zusammenhänge. Mathematische Häufungen werden „Assoziationen" genannt. Man erwarte auf assoziierten DNA-Abschnitten Gene, die für Volkskrankheiten wie Herzinfarkt, Alzheimer, Krebs usw. verantwortlich sind. Am Ende könnte das Erbgut eines beliebigen Menschen getestet und ihm mitgeteilt werden, welche Assoziationen er habe und inwiefern sie sein persönliches Krankheitsrisiko beeinflussen. Die Vision personalisierter Medizin sei: „Wenn ein Mensch seine persönliche Erblast erst einmal kennt, dann können Ärzte mit maßgeschneiderter Vorsorge und zielgerichteter Therapie dagegen angehen." (14) In genomweiten Assoziationsstudien werden auf diese Weise Gene identifiziert, die auch angeblich für Krankheiten wie Herzinfarkt, Übergewicht, unruhige Beine, Legasthenie, lockiges Haar, Haarausfall, vorzeitiges Altern, weiblichen Bauchspeck, Treue, Langzeitgedächtnis, Starrsinn oder schlechtes Autofahren verantwortlich sein sollen. Die Erklärungen scheinen zu bestätigen, was viele Menschen sich schon immer gedacht haben, dass biologische Faktoren als überzeugend gelten. Journalisten fallen lustvoll in den Tenor ein. Blech betont, dass niemand die Rolle der Gene bestreite, dass z.B. bei monogenen Leiden der Ausfall oder die Mutation eines bestimmten Gens zum Ausbruch einer Krankheit führen könne. Es gehe aber nicht um diese Erbleiden und auch nicht um die wenigen Risikogene (wie z.B. brca 1 oder brca 2, die das Brustkrebs-Risiko erhöhen), sondern darum, dass Forscher nun auch Gene mit ähnlich großen Bedeutungen finden, die in Wirklichkeit nur ein Wust von zusammengetragenen, gerade noch statistisch nachweisbaren Assoziationen seien. Das Hochspielen der Befunde geschehe mit einem statistischen Trick: Winzige Effekte würden zu einem großen Effekt verrechnet, um die Substanz für ein Gen (Y) zu erschließen. Gründe des Aufbauschens lägen darin, dass Wissenschaftler heute nicht mehr gegen den Druck gefeit seien, ihre Ergebnisse bedeutsam zu machen, um Forschungsgelder zu erhalten.

Zusammenhänge mathematischer Signifikanzen hätten aber noch lange keinen praktischen Nutzen. So warnt der Leiter des „Duke Center for Human Genome Variation" an der Universität in North Carolina, David Goldstein, vor Gentests, die ein angebliches Risikoprofil ermitteln, denn die Tests erfassten nur Assoziationen mit erstaunlich geringer Aussagekraft. Für Goldstein sind sie nichts weiter als Entertainment. Man dürfe auf den Markt drängenden Firmen nicht einfach glauben, sie seien für die Gesundheit wichtig. Nach Entdeckung eines Gens für Einfühlungsvermögen ließ die Psychologin Sarina Rodrigues ihr eigenes Blut untersuchen. Das Ergebnis, dass sie zur „Kategorie der Kaltherzigen" gehöre, ließ sie aber nicht gelten. Die Bedeutung für andere Menschen herausstreichend, distanzierte sie sich vom Ergebnis für sich selbst. Damit, so Blech, gebe sie nur preis, was sie denkt: Gene sind kein Schicksal.

Es sei Mode geworden, nach genetischen Erklärungen für Gesundheit und Krankheit zu suchen. Leute glauben, Gene kontrollierten alles. Aber selbst wenn ein Mensch unter einer Erbkrankheit leide, stimme die Aussage nicht. Wird z.B. ein Kind, dessen Gen für das Enzym Phenylalaninhydroxylase mutiert ist und nicht mehr normal arbeitet, nach dem Neugeborenenscreening mit spezieller Nahrung frühzeitig richtig ernährt (mit wenig Phenylalanin), gedeihe es im normalen Bereich. Es seien mithin soziale Faktoren, die über das Schicksal der erbkranken Jungen entscheiden: Wird ein Screening durchgeführt und sind die Eltern in der Lage, das Kind konsequent zu ernähren, können Gene *umprogrammiert* werden und aus einer identischen genetischen Ausstattung völlig verschiedene Erscheinungsbilder entstehen. Wichtig sei, dass es darauf ankomme, wie Gene abgelesen werden.

Die Mediziner Meaney und Szyf entdeckten auf Genen kleine chemische Kappen, sogenannte Methylgruppen. Durch diese *Methylierung* werden Gene in der Zelle ausgeschaltet. Die Methylierung regle, wie Zellen zu Nerven-, Leber- oder Herzzellen werden. Sie koordiniere den Sinn einer Vererbung, der eine übergeordnete Ebene von Informationen beschreibe: die *Epigenetik*. „Die epigenetische Vererbung beschreibt zelluläre Informationen außerhalb der DNA-Sequenz." (36) Szyf kommt zum Ergebnis, dass es eine Umkehrbarkeit der frühkindlich bewirkten Verhaltensweisen im Erwachsenenalter geben könne. Nichts sei für immer besiegelt, es gebe immer Hoffnung. Der Mensch lasse sich nicht auf eine Zelle reduzieren, da er mit den Einflüssen der Umwelt untrennbar verbunden ist. Die DNA-Entzifferung als Momentaufnahme könne die Dynamik des Erbguts nicht erfassen, denn dieses sei angesichts der Veränderung äußerer Faktoren immer in Bewegung. Die

Forschung gewinne jetzt die Erkenntnis, dass wir für unsere Gene verantwortlich seien, und weise den genetischen Determinismus mit dessen biologischer Vorbestimmung entschieden zurück.

Auch seelische Leiden haben weniger mit dem Erbe von Genen zu tun. Wichtiger erscheine, wie diese Gene gesteuert werden. Hier weist Gluckman (New England Journal of medicine, 2008) darauf hin, dass z.B. Autismusprägung durchaus umkehrbar sei. Die Aktivität der DNA könne in kritischen Phasen der Entwicklung durch Signale der Umwelt aktiviert werden. Daraus ergebe sich das Prinzip der perinatalen Programmierung. Die Prägung im Mutterleib könne nach der Geburt noch verändert und überwunden werden, der Lebensstil könne die pränatale Prägung übertrumpfen, woraufhin Gene neu programmiert werden.

Für den Ausbruch von Depressionen seien äußere Einflüsse und persönliche Erfahrungen ganz entscheidend (reaktive Depressionen), das Bedürfnis, seelische Erkrankungen auf die Biologie schieben zu können, werde von der Pharmaindustrie genährt und die psychische Erkrankung dadurch auf biologische Ursachen reduziert.

Unter diesem Blickwinkel soll auch ADHS erblich sein. Es habe dafür aber bisher keine Gene gefunden, auch keine Scan-Ergebnisse des Gehirns. Aus dem postenzephalitischen Syndrom (MCD) wurde ADHS und dieses zur Krankheit. Als sie sich als biologische Erkrankung durchgesetzt hatte, begann der amerikanische Kinderarzt Charles Bradley 1937 mit dem Verabreichen von Tabletten mit paradoxer Wirkung. Mittlerweile wächst mit Methylphenidat (Ritalin) eine ganze Generation auf. Von 2001 bis 2007 stieg der Konsum von 34 kg auf 1429 kg an. Methylphenidat ist ein Aufputschmittel, das im Krankheitsfall ruhigstellt. Man kam Anfang der 70er-Jahre zum Schluss, wenn ein Kind ein Aufputschmittel schlucke und die paradoxe Reaktion zeige, müsse ein – wenn auch nur minimaler – Hirnschaden vorliegen. Die Verschreibungszahlen stiegen, die „Ära Ritalin" begann, die angebliche Hirnstörung wurde zur eigenständigen Krankheit. Leon Eisenberg, der 1961 bei Experimenten federführende wissenschaftliche Vater von ADHS, verfolgte später ungläubig den Wandel der Krankheit zum Massenphänomen. Spätere Untersuchungen ergaben, dass auch gesunde Kinder die paradoxe Reaktion zeigten und also mitnichten ein Hinweis auf eine Hirnstörung gegeben sei. Eisenberg erkannte nachträglich ADHS als eine fabrizierte Erkrankung. Es gelte daher, die psychosozialen Faktoren zu ermitteln, die zum gestörten Verhalten führen. Bis heute ist kein ADHS-Gen gefunden worden. Viele Studien belegen dagegen die Bedeutung der Umwelt für das Gehirn: Fernsehen sei z.B. ein Risikofaktor: je mehr geschaut wird, desto höher sei die Wahrscheinlichkeit für ADHS. Methylphenidat verschlimmere sogar den Effekt, weil die dämpfende Wirkung das Körperausleben abhalte und das Gehirn nicht „normal" reifen könne. Auch in der Psychiatrie werde oft auf Druck der Pharmaindustrie biologisiert.

Wenn Verhaltensgenetiker glauben, alles sei in die Wiege gelegt und die These vertreten, Menschen könnten sich nicht ändern, weil ein bestimmtes Gen eine Facette der Persönlichkeit präge, verkennen sie, dass die Annahme von Verhaltensgenen pure Spekulation ist. Bezüglich der Phänomene Selbstbewusstsein und Religiosität kommen viele genetische Mechanismen und kulturelle Faktoren zusammen. Der Einfluss der Gene auf das Verhalten sei daher keine Einbahnstraße, sondern umgekehrt wirken auch soziale Einflüsse auf Gene, Gehirn und Verhalten ein. Soziale Erfahrungen und Beziehungen zu Mitmenschen verändern die Art und Weise, wie Gene im Gehirn arbeiten. Verhalten sei nicht fixiert, sondern werde durch sozio-kulturelle Einflüsse verändert.

Untersuchungen in Boston ergaben, dass Meditation einen angstlösenden Einfluss auf die Amygdala habe, während Stress die aktuell bedrohlichste Gesundheitsgefahr darstelle, die nicht nur Herzinfarkte, sondern auch Diabetes und Depressionen auslösen könne. Aber Stresseinflüsse auf das Nervensystem sind umkehrbar. Stress ist ein reversibler Prozess, bei dem entscheidend sei, wie viel Kontrolle ein Mensch über sein Leben behält. Wer hohe Anforderungen bewältigen soll, aber kaum Einfluss nehmen kann, sei am stärksten bedroht. Stress richte mit seinem Einfluss auf den Hippocampus Schäden im Gehirn an und verringere Lernprozesse und Erinnern. Ausweg aus dem Stress könne die Meditation sein, die bildlich gesprochen den Stress aus dem Gehirn abfließen lasse. „Meditierer" haben zudem eine dickere Hirnrinde (Kortex) als „Nichtmeditierer".

Ein spezielles Phänomen sei der Placebo-Effekt, dessen große Wirkung darin bestehe, dass Endorphine (körpereigene Schmerzmittel) an Rezeptoren im Gehirn anbinden und zu einer biochemischen Antwort in und an den Nervenzellen führen. Durch die Erwartungshaltung verringere sich der Schmerz über reale körperliche Veränderungen. „Der Glaube, wieder gesund zu werden, verändert die Steuerung bestimmter Gene und erhöht die Herstellung heilsamer Proteine." (148) Das Placebo-System sei eine hochspezifische Strategie des Nervensystems, ein reales Hirngespinst, das alternative Heilmethoden wie Akupunktur in einem anderen Licht erscheinen lasse: Sie wirken auf Gehirn und Nervenzellen und mobilisieren auf diese Weise die Selbstheilkräfte des Menschen. Umgekehrt könnten unbedachte Äußerungen von Ärzten gegenüber Patienten Erkrankungen hervorrufen oder verstärken. Der ärztliche Rat könne nicht nur Placebo-, sondern auch Nocebo-Effekte auslösen. Ganz gleich, in welche Richtung Schein-behandlungen wirken, Zuversicht oder Pessimismus würden im Gehirn in biochemische Prozesse übersetzt. Die Aktivität bestimmter Gene und damit die Herstellung körpereigener Botenstoffe in den Zellen (Dopamin) werde erhöht. Ärzte könnten damit direkt auf die Neurobiologie ihrer Patienten einwirken.

Es gebe aber noch viele Klischees zu angeborenen Fähigkeiten, die ganze Länder beeinflussen. So werde auch das familiäre Krebsrisiko oft überschätzt. Wenn bestimmte Gene wie das brca-Gen zu 80% krebserregend sein sollen, wurden in diese Berechnungen andere Faktoren wie z.B. Rauchen, Bewegungsmangel oder unzureichende Ernährung nicht ausreichend einbezogen. Es gebe keinen Grund für einen biologischen Fatalismus, die Umwelt spiele eher die Hauptrolle. „Nicht nur vor Krebsgenen sollten wir uns fürchten, eher vor Gesellschaften, deren Lebensstil Krebs förderlich ist." (200) Die in den Industriestaaten besonders stark steigenden Krebsraten hingen unmittelbar mit Umwelteinflüssen der modernen Welt zusammen. 90% der Krebserkrankungen gingen auf Umweltfaktoren zurück. Mutationen im Zellkern hätten ihren Auslöser in der Umwelt (z.B. Tabakrauch, Strahlung usw.) und die Zelle verliere die Kontrolle über das Wachstum. Die Bezeichnung „Onkogene" sei deshalb irreführend, weil die Gene in unversehrter Form wichtige Aufgaben in der Zelle erfüllen. Durch Mutation könne auch ein Gen zerstört werden, das das Wachstum der Zelle kontrolliert.

Blech unterscheidet die Epi-Mutation, die nicht die Abfolge der Gene betrifft, sondern deren Steuerung, von der klassischen Mutation, die die DNA-Sequenz verändere. Über epigenetische Mechanismen wirken Faktoren aus der Umwelt auf den Zellkern und verändern die Steuerung der Gene. Bei der Chemotherapie werden Zellen getötet, bei der neuen epigenetischen Therapie umprogrammiert. Die Pharmaindustrie suche bereits nach Medikamenten, die auf die epigenetische Steuerung einwirken können. Aber auch Bewegung wirke bis in die Zellkerne. „Regelmäßige Bewegung, ausgewogene Ernährung und seelische Entspannung helfen den Genen, uns gesund zu machen." (217)

Der Glaube an die Allmacht der Biologie spende vielen Menschen Trost und schenke Entlastung, in Wirklichkeit habe dieser Glaube aber verhängnisvolle Folgen. Die Annahme einer biologischen Wurzel für seelische und körperliche Probleme raube vielen Menschen die Hoffnung und stürze sie in einen genetischen Nihilismus, mit dem sie untätig auf die „self-fullfilling prophecy" warten. Blech setzt dem alten, überholten Umwelt-Anlage-Modell, wonach Umwelt und Gene zugleich Verhalten und Gesundheit bestimmen, ein neues Modell entgegen: Umweltreize aktivieren mit epigenetischen Mechanismen Gene, die Verhalten und Gesundheit steuern. Bei diesem Modell falle dem Menschen eine aktive, eigenverantwortliche Rolle für sein Leben zu. Jeder Mensch schreibe Memoiren in seine Moleküle und entscheide „dabei mit, wie sich sein Leib und seine Seele ausprägen. Die Gene sind nicht fixiert, sondern flexibel." (260) Mit unserem Lebensstil hätten wir die Möglichkeit, ohne unerfreuliche Nebenwirkungen auf die Epigenetik einzuwirken. „Sobald wir etwas machen, das unserem Körper guttut, verändern wir die epigenetische Signatur zu unseren Gunsten." (260) Zur Bedienungsanleitung der Gene gehöre aber auch, die Seele gut zu behandeln. Zuversicht, zwischenmenschliche Beziehungen, Yoga und Meditation führen zu Umbauarbeiten in der Architektur der Nervenzellen. Und nicht zuletzt weist Blech darauf hin, dass wir eine enorme Verantwortung für die seelische Entwicklung unserer Kinder tragen: Wichtig sei, sie zu lieben, zu respektieren und ihnen Aufmerksamkeit zu schenken. In diesem Lichte erschiene die momentane Modekrankheit „Autismus" nicht unabänderlich determiniert und deshalb „unheilbar", sondern durch ein entsprechend verändertes menschliches Verhalten geradezu gesellschaftlich vermeidbar.

Mit dieser Mahnung deutet er auf uraltes Wissen hin, das die beiden ontologischen Erstbestimmungen, „Materie" und „Geist", nicht mehr kontradiktorisch, sondern in einem transzendentalen Zusammenhang erscheinen lässt, als Kontinuum von Geistmaterie. Wenn Geist in Form einer „Einstellung" an Materie anbinden kann, dann ist er auch schon ein Stück derselben Wirklichkeit, die sich nur in einer anderen Form bekundet. Geist und Materie wären demnach Pole des Spektrums der einen Wirklichkeit, die eine organische Weltsicht induziert, wie sie z. B. bei Jakob Böhme, Franz von Baader, Meister Eckhart oder Ramana Maharshi vorliegt. Die Reaktivierung des Wissens der Vedanta-Philosophie, das uns Jörg Blech implizit vermittelt, ist in höchstem Maße dazu geeignet, dem Menschen zu zeigen, wie er Krankheiten entgegen wirken kann und welche Möglichkeiten in ihm lägen, wenn er sie nur nutzen würde.

(Rüdiger HAAS)

Autorenverzeichnis

Prof. Dr. Heinrich BECK ist emeritierter Professor für Philosophie, Pädagogik und Psychologie an der Universität Bamberg. Er leitet die Forschungsstelle der Universität Bamberg für interkulturelle Philosophie und Comeniusforschung.

Yvonne BOCKMAIER ist Grundschul- und Religionslehrerin sowie pädagogische Fachkraft für Senioren. Sie war am Aufbau des Seminars für Biblisch Christliche Weltanschauung der University of the Nations in Wiler in der Schweiz beteiligt und leitete dieses.

Prof. Dr. Gisela DISCHNER lehrte deutsche Literaturwissenschaft an der Univ. Hannover und verbindet in ihren Publikationen Philosophie mit Literatur.

Genja GERBER war Lehrbeauftragte für das Fach Gesang an der Hochschule für Musik und Theater in Hannover.

Dr. phil. Rüdiger HAAS studierte Philosophie, Pädagogik und Psychologie und ist als Lehrer im Förderschuldienst in einer Kinder- und Jugendpsychiatrie in Augsburg tätig.

Prof. Dr. h.c. Peter Michael HAMEL war Professor für Komposition und Musiktheorie an der Hochschule für Musik und Theater in Hamburg. Er leitet das interkulturelle Musikinstitut in Aschau im Chiemgau.

Stephan HEUBERGER ist Organist und Chorleiter an der Pfarr- und Universitätskirche St. Ludwig in München. Er ist Dozent an der Ludwig-Maximilians-Universität München und als Komponist tätig.

Mag. Saale KAREDA ist Musikwissenschaftlerin, freiberufliche Musikredakteurin und Kulturreferentin an der Estnischen Botschaft in Wien.

Jochen KIRCHHOFF, Philosoph und Bewusstseinsforscher, lebt als freier Autor in Berlin. Lehrtätigkeit an der Humboldt-Universität und an der Berliner Lessing-Hochschule.

Natascha NIKEPRELEVIC ist Konzertvokalistin und lehrt an verschiedenen Instituten und Universitäten. Sie hält Masterclasses und Lectures zu den Themen Experimentelle Vokalistik, Erweiterte Obertongesangstechnik und Strukturelles Theater.

Dr. Thomas OGGER ist freiberuflich tätiger Vergleichender Musikwissen-schaftler (mittelöstliche Musik sowie europäische Musik des Mittelalters und der Renaissance) und Orientalist (Islamwissenschaft, Iranistik).

Prof. Dr. Heinrich POOS studierte Musikwissenschaft, Philosophie und Theologie, war Kantor und Organist in Berlin und lehrte an der Freien Universität Berlin und an der Hochschule der Künste. Er lebt in Berlin und Seibersbach.

Prof. Dr. Dr. José SÁNCHEZ DE MURILLO ist Philosoph und Dichter, Gründer und Leiter des Edith-Stein-Instituts München.

Prof. Dr. Wolfgang-Andreas SCHULTZ ist Professor für Musiktheorie und Komposition in Hamburg.

Demnächst erscheint im Aufgang Verlag:

José Sánchez de Murillo

Die Kraft der Sehnsucht

ISBN 978-3-945732-06-9 (Paperback), etwa 300 Seiten, ca. € 18,90

Foto: Martina Bieräugel

Weitere geplante Veröffentlichungen:

Carmelo Failla

Revolutionäre Gedanken fast vergessener Philosophen
Philosophische Essays eines Künstlers
(Oktober 2015)

Luise Rinser

Briefwechsel mit Hermann Hesse und Ernst Jünger
(vorauss. Ende 2015)